개정2판

Curriculum for Early Childhood Care & Education

보육과정

한성심 김현자 서지영

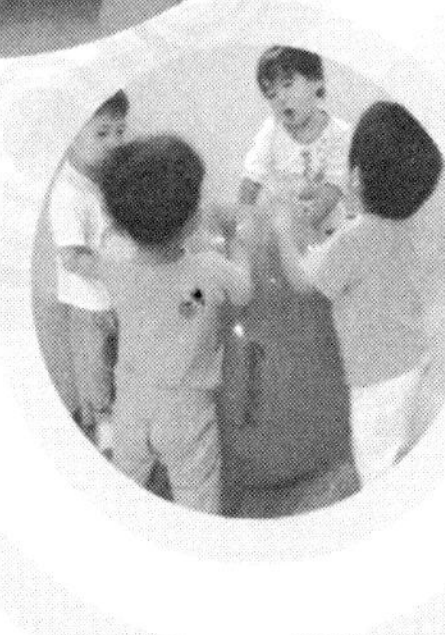

태영출판사

머리말

하나님이 주시는 지혜로 어린 영혼의 양육을 담당하게 하시며, 선한 입을 통해 제자들을 세우게 하시고 섬김의 자세를 훈련시켜 주신 하나님께 감사의 기도를 드립니다.

"마음이 지혜로운 자가 명철하다 일컬음을 받고
입이 선한 자가 남의 학식을 더하게 하느니라"(잠언 16장 21절)

보육업무가 2005년에 여성가족부로 이관되면서 표준보육과정이 고시되고 보육과정의 내용에 변화와 함께 보육현장의 질적 성장을 가져왔습니다. 2008년에 보육업무가 다시 보건복지부로 이관되어 표준보육과정이 재고시되고 보육 패러다임의 변화가 일면서 또 다른 성장을 가져오는 계기가 되었습니다. 또한 2012년 정부는 유아교육 · 보육에 대한 국가의 책임을 강화하기로 결정하고 2012년 3월에 도입한 '5세 누리과정'에 이어 2013년에는 만 3~4세까지 누리과정을 확대하였습니다.

보육과정은 시대적 배경과 철학에 따라 보육목표와 내용, 방법 등이 다양하게 변화해 왔습니다. 이는 동시대를 살아가는 사람들의 요구가 수용되었기 때문입니다. 현대를 살아가고 있는 사람들이 요구하는 보육의 요구가 무엇인지를 아는 일은 그 시대의 보육철학을 담아내고 있기에 참으로 중요합니다.

영유아보육법의 전면 개정을 통해 보육교사의 국가자격증제, 시설인가제, 평가인증제, 영아·장애아 보육서비스의 우선 실시, 표준보육과정 등 보육에 대한 공적 책임의 강화를 위한 법적 토대가 마련되었으며 보육서비스의 다양화와 질 향상이라는 결과를 가져오게 된 것입니다.

이렇게 급변하는 사회 속에서 여성의 자아실현에 대한 욕구가 높아지는 반면, 경제적·환경적 지원이 뒷받침해 주지 못함으로 인해 저출산이라는 세계적인 사회이슈로 드러나는 결과를 초래하였습니다. 영유아보육료와 가정양육수당 지원 사업, 수요자 맞춤형 보육서비스 제공, 육아종합포털 구축, 공공형 어린이집 확충, 보육인력 전문성 제고를 위한 체계 개선 등 여성의 직업생활에 대한 사회적 뒷받침인 보육 정책의 실현화가 이루어질 수 있도록 정부는 지속적인 노력을 해야 합니다. 이제 가정, 사회, 국가는 자라나는 아동을 전인적으로 성장·발달시킬 수 있도록 정책이나 서비스가 한 방향으로 나아가야 합니다. 또한 학자들과 보육인들은 합심하여 보육과정의 질적인 결실을 추구하는 노력을 해야 할 것입니다.

본 서는 이러한 관점에서 영유아보육의 질적 향상에 일조하고자 제3차 표준보육과정에 맞추어 그동안의 보육 내용을 새롭게 구성하여 집필하였습니다. 보육교사의 국가자격을 취득하기 위해 공부하는 교재로 활용할 수 있으며, 실제로 보육현장에서도 적용할 수 있도록 편집을 하였습니다.

본 서는 3부로 구성되었습니다. 제1부에서 보육과정의 기초를 다루기 위해 제1장은 보육과정의 개념, 목적과 목표, 특성과 원리 등 기본적인 개념이 이해되도록 하였고, 제2장은 보육의 철학적·역사적, 발달심리학적, 사회문화적인 관점에서 영유아보육을 조명하였으며, 제3장은 현장에서 활용되고 있는 보육프로그램의 기본개념과 철학, 보육방법, 교사의 역할 등을 구체적으로 살펴보았습니다.

제2부에서는 제3차 표준보육과정의 내용으로 제4장은 표준보육과정의 개념 및 중요성과 특성을 검토하였으며, 제5장은 연령에 따른 표준보육과정의 내용을 다루기 위해 만 0~2세의 보육과정, 제6장은 만 3~5세의 누리과정의 구성방향과 영역별 구체적 내용을 살펴보았습니다.

제3부는 보육과정의 운영편으로 제7장에서는 보육과정 운영의 원리, 제8장에서는 보육과정 운영의 실제를 다루었고, 제9장에서는 어린이집의 협력체계로써 어린이집과 가족과의 협력관계, 어린이집과 지역사회의 협력관계 부분을 살펴보았습니다. 제10장에서는 보육과정의 평가에 대한 내용을 다루었습니다.

본 서가 예비보육교사와 보육을 담당하고 있는 교사들에게 표준보육과정에 대한 이해와 보육의 질 제고를 위한 현장실천에 구체적인 도움이 되기를 간절히 바랍니다. 무엇보다도 본 서를 집필하는 일 자체가 저자들에게는 현장에서 실천할 보육과정에 대한 많은 내용들을 생각하고 고민하게 해 준 유익한 시간이었습니다. 앞으로도 미진한 내용들을 지속적으로 연구, 수정, 보완해 나갈 것입니다. 많은 선후배 학자들과 보육인들의 아낌없는 지도를 부탁드립니다.

본 서의 집필과정에서 특별히 보육과정의 실제편에서 구체적으로 설명할 수 있도록 보육계획안과 활동사진을 제공해 주신 경기도 안성시에 있는 참사랑어린이집과 공도어린이집, 하남시 은방울어린이집, 서울 강서구 햇빛어린이집 원장님께 진심으로 감사의 인사를 드립니다. 그들의 현장감 있는 자료제공으로 집필을 더욱 충실히 할 수 있었습니다.

그리고 사랑과 관심으로 가족들을 돌보아야 함에도 불구하고 오히려 저자들을 맘껏 지지해 준 가족들에게 미안한 마음과 함께 고마운 마음을 전합니다. 또한 본 서의 편집과 출판을 위해 애를 써주신 태영출판사의 김현태 사장님과 편집부 직원 여러분들께 감사의 인사를 드립니다.

2017년 7월

저자들

차 례

제 1 부
보육과정의 기초

제1장 보육과정의 이해 15

1. 보육과정의 개념 …… 16
   - 1) 보육의 개념 …… 16
   - 2) 보육과정의 개념 …… 18
   - 3) 보육과정과 보육프로그램 …… 18
2. 보육과정의 목적과 목표 …… 20
   - 1) 보육의 목적과 목표 …… 20
   - 2) 보육과정의 목표 설정 …… 21
3. 보육과정의 특성 및 원리 …… 23
   - 1) 보육과정의 특성 …… 23
   - 2) 보육과정의 원리 …… 25

제2장 보육과정의 관점 33

1. 보육과정의 철학적 · 역사적 관점 34
   1) 보육과정의 철학적 관점 34
   2) 보육과정의 역사적 관점 40
   3) 유아보육운동 44
2. 보육과정의 발달심리적 관점 48
   1) 아동의 발달 특징 48
   2) 보육경험과 아동발달 51
   3) 아동발달에 영향을 미치는 보육 변인 53
   4) 최근 발달심리학과 보육과정 54
3. 보육과정의 사회 · 문화적 관점 57
   1) 사회변화와 보육 57
   2) 사회변화에 따른 보육실천의 다양화 61

제3장 보육프로그램 67

1. 프로젝트 접근법 68
   1) 기본개념과 철학 68
   2) 프로젝트 접근법의 내용 69
   3) 교사의 역할 73
2. 몬테소리 프로그램 74
   1) 기본개념과 철학 74
   2) 몬테소리 프로그램의 내용 75
   3) 교사의 역할 77
3. 생태교육 프로그램 78
   1) 기본개념과 철학 78
   2) 생태교육 프로그램의 내용 79
   3) 교사의 역할 83
4. 발도르프 프로그램 85
   1) 기본개념과 철학 85
   2) 발도르프 프로그램의 내용 87
   3) 교사의 역할 90
5. 레지오 에밀리아 접근법 91

1) 기본개념과 철학 ······91
2) 레지오 에밀리아 접근법의 내용 ······93
3) 교사의 역할 ······97
6. 레지오 에밀리아 프로젝트 사례 ······99
1) 프로젝트 계획 ······100
2) 프로젝트 진행 ······102

제 2 부 표준보육과정

제4장 표준보육과정의 이해 ······ 117
1. 표준보육과정의 개념 및 중요성 ······118
1) 표준보육과정의 개념 ······118
2) 표준보육과정의 중요성 ······119
2. 표준보육과정의 특성 ······122
1) 표준보육과정의 기본전제와 방향 ······122
2) 표준보육과정의 목적과 추구하는 인간상 ······126
3) 표준보육과정의 구성과 내용 ······127

제5장 만 0~2세의 보육과정 ······ 137
1. 만 0~2세 보육과정의 목표 ······138
1) 만 0~1세 보육과정의 목표 ······138
2) 만 2세 보육과정의 목표 ······138
2. 만 0~2세 보육과정의 구체적 내용 ······139
1) 기본생활 영역 ······139
2) 신체운동 영역 ······142
3) 의사소통 영역 ······145
4) 사회관계 영역 ······148

5) 예술경험 영역 ······151
6) 자연탐구 영역 ······154

제6장 만 3~5세의 보육과정(누리과정) 157

1. 만 3~5세의 보육과정의 구성방향과 목표 ······158
1) 구성방향 ······158
2) 목표 ······159
2. 만 3~5세 보육과정의 구체적 내용 ······160
1) 신체운동 · 건강 영역 ······160
2) 의사소통 영역 ······164
3) 사회관계 영역 ······168
4) 예술경험 영역 ······172
5) 자연탐구 영역 ······176

제 3 부
보육과정의 운영

제7장 보육과정 운영의 원리 183

1. 보육과정의 통합운영 ······184
1) 통합운영의 개념 ······184
2) 통합운영의 계획 ······185
2. 보육환경의 구성 ······186
1) 환경구성의 원리 ······187
2) 환경 행태적 구성 ······188
3) 흥미영역별 구성 ······190
3. 교사의 역할 ······203
1) 양육자의 역할 ······204
2) 교수자의 역할 ······205
3) 평가자의 역할 ······207

제8장

보육과정 운영의 실제 209

1. 일과운영의 계획 210
2. 일과운영의 원리 212
3. 보육계획안 작성 215
   1) 연간 보육계획 215
   2) 월간 보육계획 223
   3) 주간 보육계획 235
   4) 일일 보육계획 235
4. 일과운영의 구성 269
   1) 등원 269
   2) 자유선택활동 270
   3) 정리정돈하기 271
   4) 화장실 다녀오기 및 손씻기 272
   5) 대 · 소집단 활동 273
   6) 낮잠 및 휴식 274
   7) 간식 및 점심식사 275
   8) 이닦기 276
   9) 실외놀이 276
   10) 평가 및 귀가지도 277

제9장

어린이집 협력체계 279

1. 어린이집과 가족의 협력 280
   1) 신입원아 부모 오리엔테이션 280
   2) 부모면담 281
   3) 부모교육 282
   4) 부모참여 및 부모간 교류 282
   5) 어린이집운영위원회 283
2. 어린이집과 지역사회의 협력 284
   1) 지역사회 자원 활용 284
   2) 지역사회기관 활용 285
   3) 자원봉사활동 286

제10장 보육과정 평가 287

1. 보육평가 288
   1) 보육평가의 개념과 필요성 288
   2) 보육평가의 영역 289
2. 보육과정 평가 291
   1) 보육과정 평가의 기준 291
   2) 보육과정 평가의 기능 292
3. 어린이집 평가인증제도 294
   1) 어린이집 평가인증의 필요성 및 목적 294
   2) 영역별 평가인증지표 296

참고문헌 / 305

보육과정의 기초

제 1 부

제 1 장 보육과정의 이해
제 2 장 보육과정의 관점
제 3 장 보육프로그램

제 1 장

보육과정의 이해

보육과정은 시대적인 배경 및 철학, 사회적 요구에 따라 목표, 내용, 방법 등이 다르게 발전되어 왔다. 과거에는 보호기능이 보육의 주된 역할이었으나 현대에는 보호와 교육의 기능을 담당하는 보육으로 변화하였다. 이와 더불어, 단순한 보살핌의 대상으로 여겨졌던 영아의 보육방법은 영아기의 무한한 능력에 대한 재발견을 통해 영아기의 중요성이 강조되면서 영아의 발달과 흥미 등을 고려한 영아보육과정이 구성되었다. 한편, 유아보육과정은 독립된 유아기의 보육과정이기보다는 영아기의 보육과정과 연계된 보육과정으로 구성되었다.

따라서 본 장에서는 영유아보육과정으로서 어린이집에서 영아반과 유아반의 연계가 이루어지도록 하기 위해 보육 및 보육과정의 개념, 보육과정의 특성 및 원리 등을 살펴보고자 한다.

1. 보육과정의 개념

1) 보육의 개념

보육의 개념은 시대와 사회적 요구에 따라 규정이 다르나, 그 개념의 시작은 탁아(day-care)이었다. 가정의 기능을 보충해 주는 아동복지 서비스로, 아동이 가정에서 양육받기 어려울 때에 일정 시간 동안 타인에 의해 보호받으면서 양육되는 것을 말한다. 현대사회에 오면서 기혼 여성의 사회참여와 취업이 증가하면서 보육의 필요성과 중요성이 더욱 부각되었고, 사회적 요구도 다양하게 되었다.

초기에 보육의 개념은 주로 경제적 어려움에 처한 직장여성을 위한 자녀의 보호 기능이 우선이었다면, 사회 경제적 변화와 가족구조의 변화로 말미암아 현재는 다양한 계층의 요구를 수용하는 보편적 서비스가 되었다. 즉 저소득층 가정의 자녀에게 대상을 국한시키지 않고 모든 계층의 아동을 대상으로, 하나의 권리로서 접근하게 된 것이다. 모든 아동들이 인간의 존엄성을 가진 사회구성원으로서 당연히 누려야 할 보호와 교육을 받을 권리를 인정해 주고 이를 국가적, 사회적 차원에서 접근하려는 변화이다.

따라서 보육은 아동의 사회계층과 어머니의 취업여부에 상관없이 모든 아동들이 풍부하고 보호적 환경 속에서 건강하게 자라도록 지원해 주는 것이며, 이는 아동들의 보호·교육받을 권리와 어머니의 일할 권리를 보장해 주는 사회적인 장치이다. 이에 보육은 단순히 과거의 단순한 보호의 기능을 넘어 보다 유익하고 발달을 촉진하는 교육적 경험을 제공하는 사회적 제도로 인식되었고, 이러한 책임은 개인에게만 있는 것이 아니라 사회 국가적 책임이라는 차원에서 다루어져야 할 기능으로 인식하게 된 것이다(김연진 외, 2005 : 15).

우리나라는 산업화를 거치면서 다양한 사회변화, 즉 기혼여성의 사회진출 증가, 급속한 핵가족화, 이혼율의 급증 등은 육아 환경을 바꾸어 놓은 계기가 되었고, 영유아의 육아 문제는 사회가 공동으로 노력하여 해결해야 하는 중요한 과제가 되었다. 자녀의 출산과 양육이 사적인 영역의 일로만 여기던 과거의 제도와 사회적 대책으로는 육아로 인해 발생하는 더 큰 사회적 문제를 해결하기에 부족하게 된 것이다. 최근 우리나라 출산율 저하의 심각성은 이러한 현상을 가장 분명하게 드러내 주는 지표이다. 아이를 낳아도 맡길 곳이 없다거나 육아비용이 너무나 과중하여 사적인 선에서 해결하기 어렵게 되자 출산을 기피하는 사회문제에 이르게 된 것이다. 가족에 대한 의식변화와 여성의 사회참여 필요성 및 욕구가 육아문제를 개별 여성의 선택으로 맡겨 두기에는 국가적 차원에서 너무나 심각한 문제를 발생하게 한 것이다.

출산율의 저하는 그 사회의 성장을 이끌어가야 할 젊은 세대가 줄어간다는 의미이다. 이처럼 급속도로 출산율이 저조해지고 사회가 노령화되는 원인은 여성의 사회진출, 사교육비의 과중함, 불임, 육아비의 부담, 육아시설의 부족 등 다양한 이유가 있겠으나 그 중에서도 육아비에 대한 사적 부담과 질 좋은 육아시설의 부족 등이 중요한 이유가 되고 있다.

보육이란 6세 미만의 취학 전 영유아를 건강하고 안전하게 보호 · 양육하고 그들의 발달 특성에 맞는 교육을 제공하는 어린이집 및 가정양육 지원에 관한 사회복지 서비스를 말한다. 보육의 목적은 영유아의 심신을 보호하고 건전하게 교육하여 건강한 사회 구성원으로 육성함과 아울러 보호자의 경제적 · 사회적 활동이 원활하게 이루어지도록 함으로써 영유아 및 가정의 복지 증진에 이바지함에 있다(영유아보육법 제1조, 제2조).

보육의 대상을 구체적으로 살펴보면 높은 조기 교육열과 보육연령의 하향화 추세로, 영아는 0세부터 만 2세까지를 대상으로 하고, 유아는 만 3세부터 초등학교 취학 전까지를 대상으로 하며 초등학교 아동을 대상으로 하는 방과 후 아동보육을 포함시키면 초등학교 아동까지를 그 대상으로 한다. 여기에 부모를 포함시키게 되면 전 가족의 구성원을 지원하게 되므로 보육은 아동을 포함한 가족을 둘러싼 지역사회복지도 포함하는 보편적, 포괄적 서비스를 의미한다고 볼 수 있다.

2) 보육과정의 개념

보육과정은 무한한 발달 가능성을 가지고 태어난 영유아들이 건강하게 잘 자라도록 하기 위해 무엇을 어떻게 해야 하는가에 대한 계획이다. 즉 보육과정은 보육의 본질적인 추구 및 목적, 그리고 이를 위한 내용 및 방법에 관한 핵심적인 부분과 직결되어 있다(박선해 · 정현숙, 2006 : 25). 따라서 보육과정이란 영유아들이 자신의 잠재능력을 최대한 발휘하여 성장할 수 있도록 보육목적, 보육철학, 보육방법, 보육프로그램으로 구성된 일련의 계획과 실천이다.

보육과정이란 출생부터 만 5세까지 모든 영유아의 성장과 발달을 촉진하고 전인적 인간 형성 및 기본생활 형성을 돕는 어린이집에서 영유아가 경험하는 모든 내용의 총체이다. 현행 영유아보육법 제29조에 보육과정은 영유아의 신체적 · 정서적 · 언어적 · 사회적 및 인지적 발달을 도모할 수 있는 내용을 포함하여야 한다고 하였고, 보건복지부장관은 표준보육과정을 개발 · 보급하여야 하며, 어린이집의 원장은 표준보육과정에 따라 영유아를 보육하도록 노력하여야 한다고 명시하고 있다.

3) 보육과정과 보육프로그램

보육과정과 보육프로그램은 어떻게 다른가? 교육과정과 프로그램에 대한 논의가 이루어진 유아교육 분야, 즉 유아교육과정과 유아교육 프로그램에 대한 정의를 살펴보는 것으로부터 시작될 수 있다(김연진 외, 2005 : 83~85).

이영석 외(1985)는 "유아교육과정이란 유아들의 전인적 성장과 발달을 돕기 위해 제공되는 일련의 계획적인 경험의 총체"라고 규정짓고 있다. 또한

NAEYC (1991)에서는 유아교육과정을 "유아들이 배우는 내용, 설정한 교육목표를 성취해 나가는 과정, 이러한 과정에서 도움을 주는 교사의 역할 및 교수와 학습이 일어나는 상황에 관해 서술된 조직화된 체계"라고 설정하고 있다. 이러한 정의들은 유아교육과정을 상당히 포괄적으로 정의하고 있어서, 보육과 교육을 통합하는 보육과정에서도 유사하게 적용할 수 있다. 즉 보육과정은 '영유아의 전인발달을 위한 총체적인 경험'이며 구체적으로 영유아들이 경험하는 내용, 설정한 보육 및 교육목표를 성취해 나가는 과정, 이 과정에서 도움을 주는 교사의 역할 및 교수와 학습이 일어나는 상황에 관해 서술된 조직화된 체계이다.

프로그램이란 특정한 이론이나 철학적 입장에 근거하고 있거나, 특정대상 아동 혹은 기관 및 지역사회의 특성이나 요구를 반영하고 있거나 프로그램의 실시방법이 상당히 구조화되어 있는 것을 의미한다(Robinson & Schwartz, 1982). 따라서 보육프로그램은 보육장소에 따라, 운영주체에 따라, 보육대상에 따라, 운영시간에 따라, 그리고 법령에 따라 그 유형을 나누어 볼 수 있고, 이론적 관점과 발달단계별에 따라 보육프로그램을 계획할 수 있다. 보육프로그램은 특정한 이론적 · 철학적 입장에 의거해서 만들어지며, 보육대상을 위해, 그리고 지역사회의 요구와 특성을 반영하여 시간이나 장소에 따라 탄력적인 보육프로그램이 계획되어 구조화된 방법에 따라 실시된다. 보육프로그램은 교육뿐만 아니라 보호, 영양, 건강, 안전, 부모에 대한 서비스, 지역사회와의 교류 등이 통합적으로 고려되어야 하기 때문에, 특정한 내용을 제공하고 있기보다는 전체적인 틀만 제공하고 어린이집의 제반 여건에 따라 자율적으로 보육프로그램을 제공한다.

어린이집의 경우 보건복지부에서 여성가족부로 이관이 된 후 보육과정의 표준지침이 개발되었고 다시 보건복지부로 이관이 되어 개발 · 운영되고 있다. 교육부 – 교육과정 – 유치원이라는 관계처럼 보건복지부 – 보육과정 – 어린이집을 연계시키는 교육적 도구가 마련된 것이다.

미국 아동발달협회(Child Development Association)에서는 영유아교육 프로그램의 목표를 8가지로 제시하고 있다. 즉 안전하고 건강한 환경, 신체적 건강, 정서적 안전, 사회성 발달과 의사소통, 감각 운동 및 언어발달과 창의성, 가족과의 긍정적 유대, 교직원간의 협조체계, 유아를 위한 부모, 교사의 전문화가 그것이다(이소희, 2002). 이러한 목표들은 영유아를 둘러싼 전반적인 환경의 질적 수준을 향상시키는 과정을 통하여 영유아 보육의 목적을 달성하는 것이라 할 수 있다.

2. 보육과정의 목적과 목표

1) 보육의 목적과 목표

보육과정의 구성에 있어서 보육목적과 목표의 설정은 핵심적인 것으로, 매우 중요하다. 이것은 보육의 방향을 제시해 줌과 동시에 보육활동 지도의 지침적인 역할을 하게 한다. 보육목적과 보육목표는 일반적으로 같이 사용되기도 하지만, 목적을 목표보다 더 포괄적이고 일반적인 성격을 지니고 있는 개념으로 사용한다.

보육목표는 장기적 목표와 단기적 목표로 구분할 수 있는데, 장기적 목표를 나타낼 경우에 보육목적이라는 용어를 사용하게 되고, 단기적 목표를 나타낼 경우에 보육목표라는 용어를 사용하는 경향이 있다.

보육과정의 목적 및 목표가 내용과 활동의 선정과 조직방식에 기본적인 방향을 제공한다는 점에서 목적 및 목표의 설정과 진술이 실제적 의미에서 보육과정 계획의 출발점이라 할 수 있다(박선해 · 정현숙, 2006 : 113~114).

보육과정의 목적과 목표는 보육을 담당하는 성인의 입장과 보육의 대상인 영유아의 입장에서 각각 정리할 수 있다. 성인의 입장에서 진술한 보육과정의 목적과 목표는 성인의 판단과 결정에 따라 영유아에게 무엇을 제시할 것이며 어떤 환경을 마련해 줄 것인지가 정해진다. 이 경우에 보육하는 성인이 보육활동을 통해 무엇을 영유아에게 기대하는가가 바로 보육의 목적과 목표가 될 것이다.

한편 영유아의 입장에서 진술한 보육과정의 목적과 목표는 영유아가 경험하는 것을 포함하게 된다. 보육이 이루어지는 과정에서 영유아가 경험하는 모든 것은 성인입장에서 계획된 것과 관계가 있을 수도 있고 없을 수도 있으며, 영유아마다 제각기 다를 수도 있다. 이 경우에 보육과정의 목적과 목표는 보육활동을 통해 각 영유아에게 나타난 결과 형태로 진술된다.

현행 영유아보육법 제1조에 명시된 보육목적은 영유아의 심신을 보호하고 건전하게 교육하여 건강한 사회구성원으로 육성함과 아울러 보호자의 경제적 · 사회적 활동이 원활하게 이루어지도록 함으로써 영유아 및 가정의 복지 증진에 이바지함이다.

2) 보육과정의 목표 설정

보육과정의 구체적인 목표 설정은 보육대상의 특성을 고려하여 차별화된 내용으로 제시할 수 있다. 다음과 같이 일반목표와 보육대상에 따른 목표로 제시될 수 있다.

(1) 일반목표

영유아보육은 영유아의 전인적 발달과 복지, 영유아 부모와 가정의 복지를 목적으로 한다. 영유아의 전인적 성장 · 발달을 위해 영유아의 건강과 안전을 확보하고 심리적 · 정서적 안정감, 실험과 탐색 욕구, 의사소통의 욕구, 자신의 성취에 대한 자부심을 느끼고 자기 신뢰와 독립심을 얻으며 자신있게 문제를 해결하는 방법을 배우고자 하는 욕구, 놀이와 적당한 여가 및 삶을 즐기려는 욕구 등 발달적 요구를 충족시키는 것을 구체적 목표로 한다. 이를 위하여 안전하고 건강한 생활을 위한 기본생활습관 형성, 신체적 건강과 건강한 자아, 타인 및 외부세계에 대한 관심, 더불어 생활하는 태도, 자신의 생각과 느낌을 표현하고 상호 소통하는 능력, 풍부한 언어적 자극과 경험, 주변의 사물과 대상에 대해 탐구하는 태도, 그리고 창의적인 문제해결 능력을 일반목표로 제시할 수 있다(이순형 외, 2006 : 25~26).

(2) 보육대상에 따른 목표

영아와 유아에 따라 목표는 〈표 1-1〉과 같이 제시될 수 있다. 영아의 경우는 신체적 발달과 조절능력, 정서적 안정과 안정된 애착관계의 발달, 기초적 언어능력 등이 기본적 목표가 될 수 있다. 유아의 경우는 영아를 위한 목표를 포괄하며, 자조능력과 자기에 대한 긍정적 태도, 사회적 기술 및 문제해결 능력, 언어적 풍부화와 창의적 표현능력 등이 일반목표가 될 수 있다(이순형 외, 2006 : 27~28).

표 1-1 보육대상에 따른 보육목표

영아를 위한 보육목표	유아를 위한 보육목표
· 건강한 몸 · 신체조절 능력, 운동기능 · 정서적 안정감 형성과 건강한 자아 형성 · 기초적 언어능력 발달 · 사고능력 육성 · 타인에 대한 긍정적 감정 발달	· 신체조절 능력과 안전한 생활습관 형성 · 기본생활습관 형성 · 자기에 대한 긍정적 태도 발달 · 사회적 지식과 태도 습득 · 타인 및 세계에 대한 배려와 관심 · 정서적 안정감과 심미감 · 언어능력 발달과 풍부화 · 합리적 문제해결 능력과 태도 · 창의적 자기 표현 능력

출처: 이순형 외, 2006 : 27.

3. 보육과정의 특성 및 원리

1) 보육과정의 특성

영유아를 대상으로 하는 보육과정은 발달 특성에 기초하여 개발하여야 한다. 이러한 발달 특성은 대개 연령별로 신체 · 운동적, 정서적, 언어적, 사회적 및 인지적 측면에서 파악하고 있는데, 이것은 영유아에 따라 다를 수 있기 때문에 각 연령별 보육내용이 요구되고, 영유아의 욕구와 지역적, 사회적, 문화적 배경에 따라 차별적으로 보육서비스가 제공되어야 한다. 그러므로 보육과정은 기본적으로 영유아의 발달욕구와 사회적 필요성에 의해서 개발되어야 한다. 즉 영유아의 발달특성과 복지욕구, 그리고 지역적, 사회 · 문화적 차이와 사회적 필요성에 따라 개발되어야 한다(김영모 외, 1998 : 13~20; 김연진 외 2005 : 100~104).

보육과정에 따른 보육서비스는 다음과 같은 아동의 발달욕구와 복지욕구, 그리고 사회적 욕구에 따라 제공되어져야 하며 이들의 욕구가 통합적으로 녹아져 실천될 때, 사회적으로나 가정적으로 중요한 자원개발이 이루어질 것이다.

(1) 발달욕구

영유아를 대상으로 하는 보육은 전인발달을 목표로 하고 있기 때문에, 이를 지원하는 보육내용도 전인발달을 위한 영역별 발달단계를 근간으로 한다. 즉 발달단계별 보육내용이 전인발달을 강조하기 때문에 대체로 5개 영역에 관한 내용으로 구성하기 쉽고, 그 근거를 유치원 교육과정에 두는 경향이 있다. 영유아 보육에서 발달을 자극하는 교육을 유치원 교육과정에 두는 근거로는,

그것이 적어도 교육에 관한 것이기 때문에 교육의 보편성을 고려하여 충분히 활용해도 좋은 것이라 확신하기 때문이다(이소희, 2002).

반면 어린이집은 종일제 보육이 기본이므로, 주로 낮 동안만의 교육을 위주로 하는 유치원 교육과정이 적합하지 못하다는 주장이 있다(이소희, 1999). 그러나 5개 영역은 전인발달을 위한 목표영역이므로 발달단계별로 지향해야 하는 영역임에는 틀림없다. 다만 보육내용에 있어서 종일반에 대한 적절한 안배가 필요하다. 최근에는 영유아에 맞는 보육과정에 대한 요구가 있어 이에 대한 연구와 함께 표준보육과정이 제시되었으며, 만 0~2세 영아를 위한 보육프로그램도 구체적으로 제시되고 있다.

(2) 복지욕구

아동의 복지욕구는 일반적 욕구와 문제성 욕구로 나눌 수 있다. 일반적 욕구는 의식주와 소득 · 보건 · 교육 · 주택에 관한 기본 욕구와 이차적 욕구라 말하는 환경, 교통, 스포츠, 예체능, 레크리에이션, 놀이, 친교, 안전의 문화적 · 사회적 욕구를 말하고, 문제성 욕구는 범죄, 비행, 폭력, 학대, 방임, 마약중독, 장애 등 사회적 일탈과 빈곤, 실업, 박탈, 소외 등 사회적 · 문화적 불평등, 그리고 결손가정, 지역해체 등 사회해체도 기인하여 발생된 요보호 필요 아동에서 찾아볼 수 있다.

일반적으로 복지욕구는 가정을 통해 그리고 일반 보육과정을 통해 수렴될 수 있으므로 문제는 보호대상 아동의 복지욕구를 어떻게 수렴할 수 있는가 하는 것이다. 이를 위해 보육과정에서는 교육 뿐만 아니라 건강, 영양, 안전, 부모에 대한 서비스, 지역사회와의 교류 등을 연계적이고 유기적으로 관련짓도록 권고하고 있다. 특히 지역 및 계층의 특성 또한 보육내용에 반영되어야 하는 중요한 요소이다. 왜냐하면 아동발달의 특성과 보육욕구는 아동들이 거주하는 지역이나 사회 경제적 · 문화적 배경에 따라 상당히 다른 양상을 보이기 때문이다. 따라서 표준보육과정에서 제안하고 있는 교육, 영양, 건강, 안전,

부모, 지역사회 등과의 통합을 위한 계획과 실천이 요구되며, 특히 지역사회별 아동이 갖고 있는 욕구와 특성들을 수렴하여 반영하는 것이 필요하다.

(3) 사회적 욕구

고도의 산업화는 많은 노동력을 필요로 하기 때문에 여성인력을 순환하여 활용하지 않으면 안 된다. 우리나라에서도 정부는 1995~1997년 '영유아보육사업의 확충계획'을 통해, 기혼 여성인력을 생산인력으로 활용하기 위한 여건과 환경을 조성하기 위하여 보육사업을 확충하였다. 즉 저소득 계층의 근로소득 창출을 통한 생활수준의 향상과 산업 및 고용구조의 변화에 부응한 인력난을 해소하고 건전한 가정육성을 위하여 조기교육 차원에서 보육체제의 마련과 인성교육을 강화하고자 한 것이다.

도시화와 자본주의적 경쟁원리 등은 아동들로 하여금 개인주의적이고 이기적인 성향을 지니게 하였다. 따라서 보육내용을 통해 개인성보다는 인간관계나 협동과 도덕성 함양에 초점을 둠으로써, 집단적 가치의 전환을 도모하는 활동이 필요한 것이다.

2) 보육과정의 원리

보육은 그 대상과 목적, 내용면에서 몇 가지 특징을 가지는데, 이러한 특징으로부터 보육과정의 구성을 위한 몇 가지 원리를 도출할 수 있다. 보육과정은 보육대상인 영유아 본인과 관련된 요인에 대한 분석을 바탕으로 영유아를 둘러싼 다양한 체계의 특성과 요구를 고려하여 계획되어야 한다. 보육과정은 영유아의 연령 및 발달에 적합한, 개별적으로 적합한, 그리고 포괄적이고 통합적인 보육과정이 되어야 한다. 보육과정은 기본적인 구성원리에 따라 내용을 선정하고 계획을 수립하게 된다.

(1) 보육과정의 구성원리

보육활동을 위한 전체적 계획과 조직으로서 영유아를 위한 보육과정은 다음의 원리를 바탕으로 구성되어야 한다(이순형 외, 2005 : 29~33).

① 영유아의 발달적 특성과 욕구 차이 고려

보육은 출생 후부터 만 5세까지의 발달수준과 욕구가 매우 다른 영유아들을 대상으로 하고 있다. 이처럼 보육대상이 포괄적이고 다양하며 그 요구 또한 다양하므로, 보육과정에서 어떤 목적과 목표를 설정하고 그것을 달성하기 위해 어떠한 내용과 방법으로 보육할 것인가를 결정함에 있어서 대상 영유아의 연령과 발달수준 및 발달 특성을 면밀히 고려하여야 한다.

영유아의 발달적 요구와 특성을 고려한다는 것은 영유아의 연령과 발달수준, 장애 여부 및 장애의 유형과 정도 등을 고려함을 말한다. 영아와 유아 간에 발달수준이 크게 다를 뿐 아니라 영아의 경우 동일 연령대라 할지라도 월령에 따라 그 격차가 매우 크다. 따라서 영아와 유아의 발달적 차이를 고려하며, 영아의 경우 월령에 따라 차별화된 보육활동이 이루어질 수 있도록 보육과정을 구성한다.

② 보육 수요자의 다양한 상황 고려

보육은 영유아의 욕구와 특성만을 고려하는 것이 아니라 그들의 부모와 가정의 요구와 기대를 포함한다. 보육은 부모와 가정을 보완해 영유아의 건강한 성장 · 발달을 도모하는 전문적 과정이므로 부모 및 가족의 요구가 보육과정에 반영되어야 한다. 보육수요자 가족 및 부모의 요구는 매우 다양하다. 특히 맞벌이 부모나 사회 경제적으로 취약한 부모, 전통적 가족구조와 다른 구조를 가진 가족 등에 있어서 보육서비스는 부모역할 기능을 의미 있게 보완해 주고 있다. 따라서 보육과정은 요보호 상황의 영유아와 일반가정의 영유아, 다양한 가족형태의 영유아들의 발달적 · 교육적 요구를 고려해야 한다.

③ 다양한 보육시간과 포괄적 보육활동 고려

보육은 시간 면에서 다른 영유아 프로그램에 비해 장시간을 전제로 하고 기간 면에서도 장기적이다. 보육과정은 종일의 보육활동을 위한 계획, 즉 영유아의 생활시간 중의 대부분 그리고 일상생활 전반을 포함하여 보호와 교육을 계획하여야 한다. 영유아의 일상생활과 삶의 장이 어린이집으로 이동되어 있을 뿐이므로 보육활동은 교육에 한정되거나 생활지도에 한정되기보다는 포괄적이고 통합적이어야 한다. 보육과정은 가정 내 부모의 역할을 대행하거나 보완하여 영유아의 보호와 교육에 초점을 두므로 영유아의 신체적, 인지적, 언어적, 사회적, 정서적 발달을 지원하고 교육되도록 구성하어야 한다.

④ 부모 또는 양육자와 연계한 전문적 보육활동 고려

보육의 당사자는 영유아, 부모, 양육자이다. 보육활동은 가정 및 부모의 역할을 일정시간 대리하고 보완하므로 영유아보육과정은 가정 및 부모와의 연계를 반영해야 한다. 보육과정은 부모 및 가족의 문화와 특성을 존중하고 가정 및 부모와 공조하여 보육을 전개해 나가야 한다. 보육과 부모 양육방식간의 조화 및 일관성에서 나아가 부모보다 전문적이고 체계적인 보육서비스를 제공할 수 있도록 보육과정이 구성되어야 한다.

오늘날의 부모는 다양한 매체를 통해 지식과 기술과 정보를 접할 수 있지만, 자녀양육의 경험은 매우 제한되어 있고 양육방식에 대한 지도나 조언을 구할 지원체계가 없다. 양육 및 교육에 대한 기대치는 높지만 부모 스스로 그러한 표준을 충족시키는 데는 한계가 있다. 전문적 활동으로서의 보육은 부모의 양육 및 교육에 대한 기대를 고려해야 하며, 부모에 대한 교육과 부모의 보육 참여를 고려해야 한다.

⑤ 입지 여건에 따른 다양한 보육프로그램 제공

실제적 보육활동은 다양한 여건과 형태에 따라 다르다. 예를 들면, 도시와

농어촌의 어린이집은 입지나 여건이 매우 다르다. 자연을 접할 기회나 실외공간의 활용여건, 문화시설이나 경험 자료의 이용 기회 면에서 크게 다르다. 자연을 접할 기회나 실외공간의 활용은 영유아보육의 필수적 요건이므로 다양한 여건과 형태를 가진 어린이집이 영유아의 요구와 필요에 부응하는 활동기회를 제공할 수 있도록 보육과정이 구성되어야 한다.

⑥ 시대적 · 사회적 변화의 예측과 대응

영유아보육이 시대적 · 사회적 요구에 따라 변화하여 왔듯이 영유아보육과정도 시대적 · 사회적 요구, 가족의 요구 등을 고려해야 하며 그러한 변화를 예측하고 그에 부응할 수 있어야 한다. 현대의 가족은 그 구조와 기능이 달라졌고 향후에도 지속적으로 변화될 것이다. 변화된 가족 내에서 영유아는 그 위치나 가치가 달라졌고 부모의 영유아에 대한 양육 및 교육의 관점과 역할도 달라졌다.

영유아들이 살아가는 사회환경이나 가상공간의 환경은 영유아의 활동 및 놀이 형태를 변화시킬 뿐 아니라 영유아의 건강한 성장과 발달에 부정적 영향을 미치고 있다. 영유아의 사회 · 정서적 발달을 위해 외부체계를 필요로 하는 상황이며, 상담이나 치료를 필요로 하는 가족 속의 영유아도 있다. 사회적으로는 개인주의 가치가 팽배한 가운데 개인들이 사회적으로 조화를 이루고 함께 공존하기 위해서는 이타적 태도를 육성하는 일이 시급하다는 인식도 확대되고 있다. 보육과정은 영유아들이 살아가는 사회적 · 가족적 상황을 탐구하여 현재의 욕구를 파악하고 향후의 변화를 예측하고 그것을 반영하도록 구성하여야 한다.

(2) 보육과정의 내용 선정

보육프로그램 구성에 있어서 보육목표 달성에 필요한 보육내용 및 활동은 선정하는 단계를 거쳐야 한다. 영유아보육과정 구성에 있어서 영유아를 위한 가치 있는 보육 경험, 즉 학습내용 및 활동을 선정하는 데는 적어도 발달적 측면, 사회 문화적인 측면, 지식 측면 등과 같은 세 가지 차원에서 고려해야 한다(Spodek, 1977).

일반적으로 보육내용 및 활동을 선정할 때에는 먼저 영유아의 연령, 흥미, 요구, 발달수준 등을 고려하며, 영유아의 경험이 출생에서부터 만 5세까지 계속적으로 연계되고 통합성이 유지되도록 하며, 초등학교 경험과의 자연스러운 연계도 고려하는 발달적 측면을 고려하여야 한다. 그 다음으로 영유아의 가정환경, 지역사회의 특성, 사회적 상황, 문화적 전통이나 관습 등 사회·문화적인 측면을 고려한다. 마지막으로 영유아가 배워야 할 논리, 즉 수학적 지식, 물리적 지식, 사회적 지식 등과 같은 지식 측면을 고려해야 한다.

보육내용 및 활동의 선정과정에서 고려해야 할 사항은 다음과 같다(임재택, 2000).

① 설정된 보육목표와 관련성이 있어야 한다.
② 영유아에게 필요하거나 경험할 만한 가치가 있어야 한다.
③ 영유아가 흥미를 느낄 수 있으며 친숙한 것이라야 한다.
④ 영유아의 능력과 발달수준에 적합해야 한다.
⑤ 계절, 기후, 행사, 지역 실정 등과의 관련성이 있어야 한다.
⑥ 가능한 여러 가지 목표와 관련된 것일수록 좋다.
⑦ 어린이집에서 실행 가능한 것이어야 한다.

(3) 보육과정의 계획안 수립

보육과정의 내용과 활동이 선정되면 이를 효과적으로 배치하여야 하는데, 이것을 내용 및 활동의 조직이라 할 수 있다. 보육과정의 내용 및 활동을 언제, 어디서, 어떻게 전개할 것인가를 알기 쉽게 구성하는 작업을 말한다.

보육내용 및 활동을 구성할 때 계속성, 계열성, 통합성의 원리가 고려되어야 하며, 범위(scope)와 계열성(sequence)을 중요한 요소로 고려해야 한다. 특히 범위는 교육내용 및 활동의 폭을 의미하는 것으로 횡적 조직과 관계되며, 계열성은 교육내용 및 활동의 깊이를 의미하는 것으로 종적 조직과 관계된다. 일반적으로 교육내용 및 활동을 조직할 때 학습자의 연령이나 발달수준이 낮을수록 폭은 넓고 깊이는 얕게 해야 하며, 연령이나 발달수준이 높을수록 폭은 좁고 깊이는 깊게 해야 한다.

보육계획안은 보육목표를 달성하기 위해 무엇을 어떻게 가르칠 것인가를 구체화한 것으로서 보육대상의 연령과 발달수준, 개인차 등을 고려하여 이루어진다.

① 연간보육계획은, 교육, 영양, 건강, 안전, 부모와 지역사회 교류 등이 연관성을 가질 수 있도록 하며, 전년도의 연간보육계획을 검토한 결과를 반영하여 작성한다.

② 주간(월간)보육계획은, 연간보육에 기초하여 일주일 또는 한 달간 진행할 활동을 구체적으로 작성한다. 즉, 집단활동과 자유선택활동(자유놀이), 영역별 교구를 구체적으로 계획한다.

③ 일일보육계획은, 주간(월간)보육계획에 기초하여 하루 일과를 구체적으로 작성하며, 영유아의 신체적 · 심리적 상태를 충분히 반영하여 계획한다.

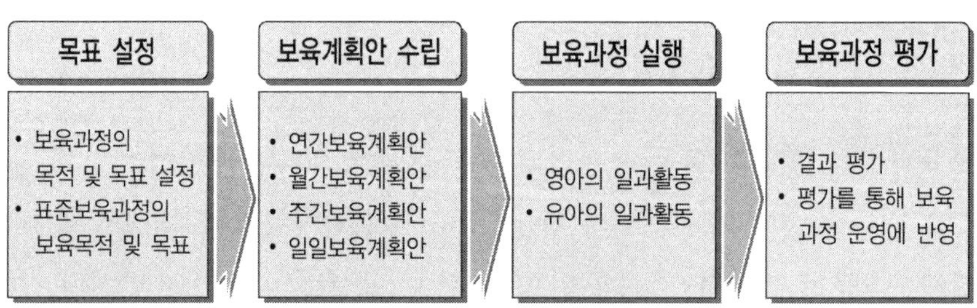

[그림 1-1] 보육과정의 구성

생각하기

생각하는 것은 권리이다.
아무도 똑같은 사람은 없다.
누가 언제나
너하고 똑같이 생각하는 사람이 있다면 성가실 것이다.

어린이는 자기 생각대로 생각할 권리가 있다.
어린이는 자기가 원하는 것이 무엇인지 생각해야 되기 때문이다.

사람들은 누구나 생각하는 법을 모른다고 생각한다.
나도 그렇다.
나는 엄마한테 내가 어떻게 생각해야 할지 몰랐다고 말했다.
그렇지만
그건 사실이 아니다.
사실은 누구나 생각하는 법을 알고 있다.
생각을 말로 할 수 있으며, 바꾸어지기도 한다.

Thinking

It's right to think.
Not everybody is the same.
If somebody always thinks like you,
she's a nuisance.

Children have the right to think their thoughts,
because it's them that have to
think about what they want to do.

Everybody imagines that they don't know
how to think. Me, too! I told my mommy
that I didn't know how to think,
but it wasn't true.
Really everybody knows how to think.
Thoughts can be told and they change.

출처 : 서영숙 역(2002 : 48). Reggio Children 저. 어린이의 권리(A journey into the rights of children). 다음세대

제 2 장

보육과정의 관점

보육과정은 시대적 배경과 철학에 따라 보육과정의 목표와 내용, 방법 등이 다양하게 변하여 왔다. 따라서 보육과정에 대한 철학적·역사적, 발달심리적, 사회문화적 기초에 대한 이해는 체계적인 보육과정을 운영하는데 매우 중요한 토대가 된다. 아동의 전인적인 성장과 건강한 발달을 위해서는 양질의 보육이 이루어져야 하며, 양질의 보육은 체계적인 보육과정을 통해 실천될 수 있다.

본 장에서는 아동에 대한 철학적·역사적 관점, 발달심리학적 관점, 사회문화적 관점 등으로 구성하였다. 이러한 다양한 관점이 보육과정에 시사하는 바를 살펴보고자 한다.

1. 보육과정의 철학적 · 역사적 관점

1) 보육과정의 철학적 관점

어린이집에서 아동이 어떠한 성장과정을 거쳐서 어떤 상태로 성장할 것인가에 대한 보육의 목적을 달성하기 위해서 가장 기본이 되는 기준은 보육목적에 대한 철학이다. 철학적 기초를 전제로 보육과정의 방향이 설정되므로 이에 대한 인식이 명확해야 한다. 보육과정의 철학적 · 역사적 관점은 어떠한 보육철학이나 신념을 가지고 아동을 위한 보육과정을 구성하고 운영해야 할 것인가에 대한 틀을 제공해 준다는 의미에서 대단히 중요하다.

(1) 아동관

보육과정은 아동을 어떤 관점에서 보느냐에 따라 보육의 방향과 목적 및 내용이 달라진다. 아동에 관한 사회적 인식에는 많은 변화를 가져왔다. 이는 아동의 삶에 있어서도 직접적 영향을 주었을 뿐만 아니라, 보육의 내용에도 변화를 가져오게 하였다. 20세기는 아동의 세기라고 할만큼 1900년대는 이전 시대와 달리 아동과 관련된 연구는 물론 복지제도의 확립, 사회적 인식의 변화 등 아동의 존재가 발견되는 시기였다고 할 수 있으며, 21세기인 현재 아동은 가족과 국가에 있어서 매우 중요하게 고려되는 존재가 되었다. 따라서 과거의 전통적인 아동관에서 현대적 의미의 아동관으로의 변화를 살펴보면서, 아동의 개념이 지닌 의미를 생각해 보고자 한다(한성심 · 송주미, 2012 : 17~18).

① 전통적 아동관

고대 및 중세의 오랜 시기 동안 아동은 “아동으로서의 존재성”을 인정받지 못하고, 단지 부족, 종족, 가문, 국가에 기여하는 도구적인 존재로만 인식되었다. 고대사회의 경우, 기형아, 불구아, 허약아 등은 유기되거나 살해되기도 하였으며, 봉건제 사회인 중세사회에서는 부모의 신분에 따라 아동도 차별적 대우를 받았으며, 신분이 낮은 계층의 아동들은 경제적, 군사적인 노동력으로 취급되었다. 또한 아동을 성인의 축소판 정도로 생각하여, 성인과 다른 아동만의 발달특성이 고려되지 않았고, 독립된 인격체로 대우하지 않았으며 부모나 가문의 종속물로 여겼다. 상류계층의 자녀라 하더라도 부모가 아닌 제3자에 의해 양육되기도 하였고, 아동에게 적합한 교육이라기보다는 성인기의 준비를 위한 교육이 전부였다.

산업혁명 이후 근대화를 통한 자본주의 사회의 도래는 아동 노동력의 착취라는 사회문제를 초래하게 되었다. 이에 따라 아동을 보호하고자 하는 국가적 차원의 제도 확립이 이루어지게 되었으나, 아동에 관한 현대적 의미의 아동관이 확립된 것은 20세기 들어서면서부터라 할 수 있다.

② 현대적 아동관

현대적 의미의 아동관이 확립되는 데는 여러 가지 요인이 작용했다고 할 수 있다. 첫째, 아동에 관한 많은 학자들의 연구 축적과 아동기의 중요성에 대한 강조, 둘째, 1, 2차 세계대전을 지나면서 국민의 복지에 대한 국가책임의식이 증진되어 각종 복지제도가 확립되기 시작한 점, 셋째, 아동 노동력의 이용이 감소되고 아동보호와 교육에 대한 사회적 관심이 증진된 점, 넷째, 아동복지와 관련된 단체의 출현과 아동권리에 관한 국제사회의 관심과 노력 등이다.

이러한 배경 하에 출현한 현대적 의미의 아동관은 가능성의 존재, 인격체, 독자적 존재(이경희, 1996)로 구분하여 설명할 수 있다.

✎ 가능성의 존재

아동은 무한한 가능성을 지닌 존재라는 사실이다. 아동이 지닌 무한한 잠재력은 아동이 더 이상 약하고 무능한 존재가 아니며, 개발의 여지와 가능성이 있는 존재임을 말한다. 따라서 인생의 초기단계에 있는 아동기야말로 이후 성인기의 기초가 되는 중요한 시기로서, 각 아동이 지닌 잠재능력을 개발하여 적절한 교육을 통해 이를 발휘하도록 하는 것이 부모 · 교사 · 국가의 책임이다.

✎ **인격체**

아동 역시 성인과 마찬가지로 소중한 하나의 생명을 지닌 독립된 인격체이다. 부모의 소유물도 아니며, 성인의 축소판도 아닌 한 인간으로서의 아동 존재를 존중해 주어야 함을 의미한다. 아동은 아동답게 자랄 권리가 있으며, 이를 위해 부모 및 사회로부터 적절한 보호를 받을 권리가 있다. 따라서 인격체로서의 아동을 존중하고 보호하기 위한 노력을 해야 하는 것이 보육의 중요한 목표 중 하나이다.

✎ **독자적 존재**

모든 아동은 각자 나름대로의 특성을 지닌 독자적 존재이다. 쌍생아나 형제자매라 하더라도 아동들은 모두 다르다. 이러한 개인차는 아동의 신체, 언어, 정서, 인지, 도덕성, 성격, 흥미, 관심, 동기 등 모든 측면에서 나타난다. 아동은 나름대로의 발달특성을 보이고 이에 따라 다양한 경험을 하며, 발달의 속도에 있어서도 개인차가 있다. 따라서 아동들을 비교하거나 동일시하는 것은 아동의 개인차를 무시한 바람직하지 못한 행동이다. 개인차의 인정은 아동의 잠재력 개발과 인격 존중과도 밀접한 관련이 있으며, 부모는 물론 교사, 친척, 이웃 등 아동들이 접하는 모든 성인들이 가져야 할 중요한 관점이다. 또한 개인차를 고려한 보육과 교육, 보육정책 및 제도가 이루어져야 할 것이다.

(2) 아동의 본성

아동은 본래 선한가? 아니면 선한 면과 그렇지 않은 면을 함께 가지고 있는가? 이것은 인간의 본성이 어떠한가에 대한 관점이다. 아동의 본성이 어떠한가에 대한 생각은 교육에서 중요한 문제이다. 아동의 본성이 선하다는 생각을 가지게 되면 아동은 무한한 가능성을 향해 스스로 갈 수 있는 열려 있는 존재로 간주하게 되고, 아동의 본성이 선하지 않다고 생각하면 아동 스스로 발전할 수 없는 존재로 간주하게 된다. 또한 아동이 선과 악에 대한 성향을 동시에 가지고 있다고 생각하면 교육은 선한 본성은 키워 주고 악한 본성은 소멸시켜야 한다고 생각하게 된다. 이와 같이 아동의 본성에 대한 여러 가지 생각들은 교육의 방향을 결정짓게 된다. 교육은 바로 아동의 선한 성향을 육성하는 것이기 때문이다.

다음의 내용을 살펴보면 아동의 본성이 선한가, 그렇지 않은가라는 관점에 따라 아동교육의 방향이 달라지고 있음을 알 수 있다. 그러므로 교사가 가지고 있는 인간관에 따라 아동의 본성은 선하다고 간주하든지 그렇지 않은 면이 있다고 간주하든지 간에 선한 측면에 초점을 두고 교육하는 것이 바람직하다 (문미옥 · 이혜상, 1995 : 25~30).

① 아동의 본성은 선하다.

셰익스피어는 "인간은 얼마나 훌륭한 작품인가! 인간의 이성은 고상하고, 인간의 재능은 무한하도다. 인간의 형상과 움직임은 자유자재로 표현되며, 찬미할 만하도다. 인간의 행위는 마치 천사와도 같으며, 이해력은 신(神)과도 같도다."라고 하였다. 이 글은 인간 본성의 선함을 찬양한 내용이다.

루소는 인간의 본성에 대하여 인간은 "창조자의 손에서 나올 때는 모든 것이 선하지만 인간의 손을 거치게 되면 모든 것이 타락한다"고 하였다. 루소 외에도 아동의 본성은 선하다고 생각하는 서양의 대표적인 교육철학자들은 매슬로우, 로저스 등이 있다.

동양의 교육철학자인 맹자(孟子)는 인간은 누구나 태어날 때는 선하지만 타고난 선(善)함을 보존하고 계발하려는 노력이 없으면 그를 둘러싼 환경에 의해 타락하게 되며, 그 마음은 나쁜 습관과 버릇에 빠질 수 있다고 하였다. 맹자 이외에도 공자(孔子), 이황(퇴계), 이이(율곡) 등 대부분의 동양교육 철학자들과 동양사람들은 인간의 본성은 본래 선한 것이라고 생각해 왔다. 그러므로 인간은 인간의 본성을 따라 살아가는 것이 인간의 가야할 바른 길이라는 것이다.

인간본성에 대한 성선설의 입장을 가진 아동양육자들(부모, 교사 등)은 아동에 대해 무한한 가능성을 기대하며 아동이 가지고 있는 가능성이 얼마만큼인가를 가늠해 보려고 노력한다. 또한 교육은 아동이 가지고 있는 가능성을 최대한으로 계발하도록 돕는 일이라고 생각한다. 간혹 아동에게서 바람직하지 않은 면이 발견될 때에도 곧 바른 길을 가게 될 것이라는 믿음으로 인내심을 가지고 기다려 준다(문미옥 · 이혜상, 1995 : 26~28).

② 아동의 본성은 선한 면도 있고 선하지 않은 면도 있다.

성악설의 대표적 철학자로 동양에는 순자가 있고, 서양에는 정신분석학자인 프로이트가 있다. 또한 기독교에서는 같은 생각으로 원죄에 따른 선하지 못한 성향을 설명한다.

순자는 "인간의 본성은 악하고 그 선함은 위(僞)이다. (중략) 도덕은 결코 인간의 본성으로부터 나온 것이 아니고 그 본성에 반하여 만들어진 위(僞)이다. 사람의 본성은 주리면 배부르려 하고 추우면 따스해지려 하고 피곤하면 휴식하려 한다."고 하였다(김능근, 1975). 그는 인간의 본성을 게으르고 욕망에 차있고 탐욕스럽고 동물적이라고 보았으며 인간의 본성을 자유롭게 발현시키기보다는 억제하고 순화시켜야 한다는 것이다. 따라서 자연적인 것을 인위적인 것으로, 즉 문화적인 것으로 대치해야 한다고 하였다. 인간의 문화는 세상에서 가장 고귀한 것이며, 인간은 자신의 본성을 극복할 수 있는 능력을 보여주는 증거라고 생각하였다(박선해 · 정현숙, 2006 : 77).

프로이트는 인간의 정신구조를 본능(id), 자아(ego), 초자아(superego)로 구성되어 있다고 설명한다. 이 중에서 인간성의 기본적 요소는 본능(id)이라고 하며,

본능이 유기체(인간, 아동)를 움직이는 근원적인 힘(energy)이라고 생각한다. 본능은 모든 사람이 다 가지고 있는 보편적인 것으로 성적 충동, 폭력, 공격, 파괴, 죽음 등에 대한 생리적 · 심리적 표현을 말한다. 본능은 그러한 활동의 결과에 개의치 않고 본능으로부터 일어나는 충동과 이 충동에 대한 즉각적인 만족을 요구하는 쾌락원리에 지배를 받는 비도덕적인 것을 의미한다. 그러므로 프로이트는 인간의 본성에 본질적으로 부정적인 측면이 있다는 의견을 제시하는 것이다.

기독교에서는 아동을 태어날 때부터 하나님의 형상에 따라 선한 성향을 가지고 태어나지만 아담과 하와의 원죄에 따라 선하지 않은 성향을 동시에 가지고 있다고 한다. 그리고 아동이 완전한 선한 성향을 가지기 위해서는 자신의 선하지 않은 면을 대신한 그리스도의 죽으심을 믿는 믿음에 의해 거듭남을 경험해야 한다는 것이다. 그러나 아동은 하나님으로부터 자신을 스스로 조절할 수 있는 능력을 부여받았기 때문에 자신의 선택에 따라 자율적으로 옳게 행동할 수도 있고 잘못 행동할 수도 있다. 기독교 교육학자들은 인간의 악한 성향을 없애고 인간의 선한 본성을 되찾는 것을 교육의 목적으로 생각하고 있다.

기독교에서나 프로이트나 순자와 같이 인간의 본성은 악하지만 한편으로는 선한 측면도 있다는 생각을 가진 아동양육자(부모, 교사 등)들은 개인에 따라 아동교육에 있어서 선한 측면에 비중을 두기도 하고 나쁜 측면에 비중을 두기도 한다. 문제는 아동의 장점보다는 단점에 비중을 두게 된다는 점이다. '이 아동이 어떤 좋은 점을 가졌을까?'에 초점을 맞추어 아동의 장점을 계발해 주기보다는 '이 아동의 이런 점은 어떻게 하면 고칠 수 있을까? 또는 바르게 할 수 있을까?'에 초점을 맞추어 단점에 초점을 두고 단점을 지적하고 보완하거나 수정해 주려는 데 주력하게 된다는 것이다. 더 나아가 아동에 대하여 부정적이며 아동의 가능성을 인정하지 않게 된다는 것이다. 그러므로 아동이 바람직하지 못한 행동을 했을 경우에 "그래, 어쩔 수 없어. 그냥 내버려 두면 어디까지 갈지 몰라. 빨리 바로 잡아야지."라고 생각하며 꾸중을 하거나 벌 혹은 매를 들게 된다는 것이다.

2) 보육과정의 역사적 관점

(1) 보육과정의 초기 시대

Rousseau

아동을 위한 보육과정의 역사는 18세기 유럽의 영향을 받았다. 중세시대에는 아동을 성인의 축소판 혹은 성인의 부속품으로 지각하는 관점이 지대하였다. 즉 아동에게 생존에 필요한 음식과 옷을 제공하는 부모의 부속품이었지만, 루소의 〈에밀〉 이후 아동에 대한 인식이 변화하였다. 이후 페스탈로치와 프뢰벨에 이어지면서 아동관에 대한 변화가 점차 일어났다.

Emil

식물은 경작에 의해 완성되고
인간은 교육에 의해 완성된다.

-루소의 에밀에서-

Pestalozzi

① **페스탈로치**(Pestalozzi, 1746~1827)

페스탈로치는 스위스의 교육자로서 교육은 아동의 자연발달과정에서 자연스럽게 이루어져야 하는 자연주의 사상가였다. 페스탈로치는 개개인의 능력개발은 자연적 · 진보적 발달을 의미하며 이 능력은 모든 아동에게 내재되어 있다고 보았다. 그의 이런 사상은 가정교육론, 인간성 조화발달 그리고 직관교육론으로 나타나 있다.

- 가정교육론 : 인성형성의 기초는 가정교육에 있으며, 어머니의 교육적 역할이 중요하다. 따라서 어머니의 모성애야말로 영유아 보육의 원동력이다.
- 3H(head, heart, hand)의 조화로운 발달 : 교육의 이상은 정신력, 정서, 기능의 조화로운 발달이다.
- 직관교수론 : 교육은 감각교육이 중요하다. 따라서 '직관'과 '관찰'로부터 출발한다고 본다.

② **오웬**(Owen, 1771~1858)

영국의 오웬은 페스탈로치의 제자로서 그의 교육정신의 영향을 받아 인간 성숙은 환경소산이며, 인간성격 개선은 환경개선으로부터 시작하여야 한다는 것이다. 오웬의 교육철학은 다음 일곱 가지를 교육의 원칙으로 정하였다.

Owen

- 성격형성에 바탕을 둔 환경개조의 교육
- 아동의 자기활동을 중시하는 교육
- 사랑과 행복의 교육
- 상벌의 폐지
- 직관교육
- 생산노동과 결합된 교육
- 자연과 결합된 교육

③ **프뢰벨**(Froebel, Freidrich Wilhelm August, 1782~1852)

프뢰벨은 페스탈로치 학교를 방문하면서 그의 철학적 사상을 영

Froebel

향받았다. 프뢰벨은 자신의 교육철학을 발전시켜 최초의 영유아보육시설은 '아동의 정원'이라는 의미를 가진 '유치원(Kindergarten)'을 설립하였다. 프뢰벨의 교육사상은 통일의 원리, 자기활동의 원리, 노작의 원리 등으로 설명한다.

- 통일의 원리 : 인간은 자기의 본질은 신성을 충분히 의식하고, 통제하며, 자기의 생활 속에서 이것을 체험하고 활동하며 명료하게 하여야 한다.
- 자기활동의 원리 : 교육은 창조적, 자기활동의 과정이다. 즉 아동은 자기 자신의 내적인 동기에 입각하여 아동 자신의 흥미와 자신의 능력으로 활동한다.
- 노작의 원리 : 신성이 숨겨져 있는 인간은 노동을 함으로써 자기의 내적 본질을 표현하게 되고, 행위를 통해서 구체적으로 표현하게 된다. 노작은 인간이 살아가는 그 자체이며, 매우 존귀한 것으로 매우 가치 있는 것이다.

프뢰벨은 아동의 놀이를 중요시했으며, 아동은 매일의 일과 놀이 속에서 많은 부분을 보내야 하며, 교사주도의 교육과정, 은물과 작업이라고 불리우는 활동에 대한 교육과정에 의해 보내야 한다고 하였다. 아동은 은물을 가지고 노는 동안에 창조성에 눈을 뜨게 되고, 나아가서는 우주의 영원한 법칙성을 인식할 수 있다.

프뢰벨의 교육사상은 프뢰벨의 학생 중인 한 명인 Schurz여사에 의해 미국으로 옮겨져 6세 이하의 아동을 위한 최초의 프로그램이 되었고, 미국에 소개되었다. 1855년 위스콘신 주에 최초 사립 보육기관을 설립하여 프뢰벨 교수법을 가르쳤다.

(2) 진보주의 시대

1920년대는 교육적인 면에서 진보주의 시대라고 할 수 있다. 19세기 공립학교 저학년에서 암기교육, 읽기, 쓰기, 산술기술을 강조한 반면, 듀이, 템플, 힐, 킬패트릭과 같은 새로운 지도자들은 아동을 위한 보육은 좀 더 아동 중심적이고, 의미 있어야 한다고 제안하였다. 듀이와 게젤의 교육철학을 중심으로 진보주의를 설명하면 다음과 같다.

① 듀이(John Dewey, 1859~1952)

듀이는 진보주의 철학지도자로 교육은 경험의 계속적인 과정이라고 보고 있다. 또한 교육은 자기활동에 의해 이루어지면 이 활동은 신체적 · 지적 · 정서적 활동을 포함하는 전인적인 교육이어야 하고 아동중심교육이어야 한다고 하였다. 그러므로 교사의 교육적 역할은 아동의 학습활동이 스스로 의미 있고 목적이 부여될 수 있도록 하는 것이다. 듀이의 이러한 철학은 힐(Hill)에 영향을 주어 진보주의를 실현하는 보육시설의 발달에 주도적인 역할을 하도록 하였다.

John Dewey

✎ 교육목적

듀이의 교육목적과 기본방향은 성인의 기준에 의해 계획되어서는 안 된다는 것이다. 또한 '단 하나의 교육목적'을 고집하기보다는 상황에 의존하므로 부분적이거나 제한적인 의미만을 가져서도 안 된다는 것이다.

✎ 교육내용

■ **교육내용의 선정**

· 아동의 흥미에 기초한다.
· 아동의 자신의 목적을 가지고 전체 학습과정에 참여할 수 있도록 한다.
· 선정된 내용은 완성된 형식보다는 경험을 재구성할 수 있는 것이어야 한다.

■ **교육내용의 조직**

- 교육내용이 아동의 일상생활과 관련지어 조직한다.
- 교육내용의 조직에서 모든 학습형식과 환경자료는 경험에 의한다.

✎ **교육방법**

듀이의 교육방법의 원리는 아동의 사고기능을 자극하고 사고하는 능력을 길러주기 위한 방법 및 조건에 초점을 두어 다음과 같이 조직한다.

- 아동의 일상생활 경험에 시작한다.
- 아동의 흥미를 존중한다.
- "실행"을 중요시한다.
- 교사의 적절한 상호작용에 의한 개입이 중요하다.

② **게젤**(Gesell, 1980~1961)

아동연구운동의 영향력 있는 지도자 중에 한 명으로 게젤은 예일대학에서 아동연구를 확대시키는 데 공헌하였으며, 처음으로 연령별 기준을 만들어 냈다. 성숙주의 이론으로 불리는 그의 아동발달이론은 아동은 꽃처럼 개화하고 성숙함에 따라 학습을 준비해야 한다는 '학습준비도'를 개발한다는 신념에 바탕을 두고 있다. 성숙주의의 이론은 1930~1950년대 공립학교의 조직과 교육과정 발전에 주요한 영향력을 가졌다.

Gesell

3) 유아보육운동

19세기 초에 다른 차원에서 아동보육은 발전하였다. 영국에서는 맥밀란(McMillan) 자매를 주축으로 유아원운동이 일어났다. 이 운동은 영국 빈민층

학령 전 유아의 건강과 영양을 개선하기 위해 시작되었다. 미국의 유아학교 운동은 듀이의 진보주의 교육 철학을 바탕으로 1919년 뉴욕에 있는 뱅크스트릿 사범학교에서 시작하였다.

(1) 맥밀란 자매(Margaret McMillan, 1860~1931)

맥밀란 자매는 영국에서 1911년 최초로 유아원을 창설하였다. 맥밀란은 유아원협회(현 영국 유아교육협회)의 초대 회장직을 역임하였으며, 빈민 지역의 초등학교 아동들의 의료적·사회적 문제들을 미연에 방지하기 위해 노력하는 동안 유아보육의 중요성을 깨닫게 되었다.

Margaret McMillan

이후 마거릿 맥밀란은 미국의 백만장자인 조지프 펠스에게서 기금을 받아 1908년 레이첼과 함께 보우에 실험적으로 아동들을 위한 진료소를 열었는데 이 진료소는 1910년 런던의 뎁퍼드 지역으로 옮겨져 한 해에 약 6,000명의 아동을 진료하였다. 이 진료소는 1911년에 더욱 확장시켜 유아원의 전신인 '야외 아동 캠프(Open Air Children's Camp)'를 세웠다.

마거릿 맥밀란은 건강한 신체는 교육을 하는 데 필수적이므로 건강교육과 사회복지는 학교교육의 중요한 요소가 되어야 하고, 학교는 기본적인 위생 습관을 형성시켜 주어야 한다고 주장하였다. 감각훈련을 학습 과정의 매우 중요한 것으로 보고, 특히 아동들이 자연환경 속에서 직접적으로 감각훈련을 하게 하였으며, 프뢰벨과 마찬가지로 놀이를 아동들의 학습에 좋은 도구로 평가하였다.

부모교육은 유아원 교육의 주요 목표들 중 하나로 보고 마거릿 맥밀란은 가정과 학교와 밀접한 관계를 맺도록 하기 위해 가정방문을 하였고, 항상 교사와 부모와 아동들의 교육 문제를 협의할 수 있도록 학교의 문을 개방하는 한편, 부모들에게 청결하게 목욕시키기, 세탁하기, 수유하기 등을 가르쳤다. 맥밀란은 교사를 교육의 성패에 가장 결정적인 요인으로 보고 1919년에 독자적으로 빈민지역 아동들을 위한 교사양성센터를 열었고, 1930년에는 맥밀란 유아원 교사양성대학을 설립하여 교사교육에 매진하였다.

(2) 몬테소리(Maria Montessori, 1870~1952)

Maria Montessori

몬테소리는 이탈리아 최초 여의사로서 로마의 가난한 아동들과 일하면서 적절한 보호의 중요성을 인식하여 1907년 '어린이집'을 열고 교구와 교수절차를 고안하였다. 몬테소리는 아동의 실제관찰에서 유아에게 어느 일정한 능력을 가장 효과적으로 습득하기 위해서는 일정한 시기가 있다는 결론에 도달하였다. 이 시기를 민감기(sensitive period)라고 하고 민감기에 일정한 능력을 배양하는 활동이 주어지면, 자기도 모르게 그 활동에 집중하여 열중하게 하는 데, 이 때 아동은 가장 훌륭한 "흡수정신(absorbent mind)"을 발휘한다는 것이다. 몬테소리가 말하는 교육의 본질이란 아동의 자발적인 자기 발견의 과정이며, '자동교육(auto education)'이라고 말한다. 따라서 교사나 성인의 교육적인 역할은 아동의 자기 발전을 조성하는 것이며, 아동을 위한 이상적인 환경 조성, 교구 준비, 아동 특성의 이해와 관찰이다. 몬테소리는 인간교육의 기초로서 감각교육을 중시하였다. 아동의 정확한 감각훈련 및 일상생활 훈련을 위한 독창적인 '몬테소리 교구'를 개발하였다.

몬테소리는 교사의 역할을 권위자로서가 아닌 아동의 자기 발전을 조성하는 역할, 아동에게 주어진 자유를 활용하도록 보장하는 역할, 마지막으로 우수한 관찰자의 역할을 하는 사람으로 보았다.

(3) 피아제(Jean Piaget, 1896~1980)

Jean Piaget

피아제는 스위스의 심리학자로서 학문적 연구와 세 자녀의 양육 경험을 기초로 인지발달이론을 발표하였다. 그는 영유아에 대한 이해를 심화시켰고 이러한 이유로 영유아보육은 영원히 그의 도움을 받게 되었다. 피아제는 인간은 다음의 4단계를 거쳐 발달한다고 보았다.

단계	연령	특징	주요 과업
감각운동기	0~2세	• 감각과 운동 활동의 조정 • 대상영속성의 시작	• 자신과 주변 환경의 구분 • 대상영속성 획득
전조작기	2~6세	• 언어와 상징적 표상이 가능 • 대상영속성 획득 • 자기중심성, 보존개념 결여 • 불완전한 분류 능력	• 언어사용
구체적 조작기	6~12세	• 논리적 조작을 통한 구체적 문제 해결 • 보존개념 획득 • 유목화, 서열화, 조망수용능력	• 현실인식 • 도덕판단
형식적 조작기	12세~성인	• 추상적 상징의 사용으로 실제적 가설적 문제와 체계적 해설	• 교과영역 학습

2. 보육과정의 발달심리적 관점

보육과정은 아동의 연령, 발달수준, 흥미, 요구 등을 충분히 고려하여야 한다. 아동에 대한 발달심리적 이해는 아동들을 언제, 무엇을, 어떻게 가르쳐야 하는지에 대한 안내를 해 주며, 발달적으로 적합한 아동보육 내용의 구성 및 운영에 도움이 된다. 보육과정은 이론적 입장의 차이에 따라 다양한 보육내용 및 프로그램이 구성되고 실행되고 있다.

1) 아동의 발달 특징

발달적 측면에서 볼 때 아동은 분명 성인과 다른 특성을 지닌다. 아동이 지닌 특성은 아동을 이해하는 데 필요하다. 모든 아동은 의존, 성숙, 민감성, 욕구, 적응의 특성을 가진 존재이다(장인협 · 오정수, 1999 : 5~9).

(1) 의존

아동의 가장 큰 특징 중 하나는 출생과 더불어 신체적 · 지적 · 정서적 · 사회적 발달을 타인의 보살핌에 의존한다는 것이다. 이러한 보살핌의 역할은 주로 부모에 의해서 이루어지나 경우에 따라서 부모가 아닌 다른 성인에게 의존하게 된다. 안정적이고 따뜻한 사람의 보살핌은 아동의 건강한 발달에 필수불가결한 요소로 성인이 된 이후의 삶에 중요한 영향을 주게 된다. 따라서 아동기의 발달은 이들을 돌보는 성인과의 관계와 성인의 양육방식 및 과정에 따라 다양하게 이루어질 수 있다. 의존적인 존재로서 아동기의 특성은 영아 및 유아가 누군가의 사랑을 받기를 원하고 또 누군가에게 소속되고 의존하고 있다는 감정을 지니며 이러한 욕구의 충족을 통해 독립된 인간으로 성장하게 된다는 점이다.

(2) 성숙

아동의 특징 중 다른 하나는 성숙이다. 영아 및 유아는 지속적으로 발달하는 존재이다. 이러한 발달은 성숙이라는 과정을 통해서도 이루어지는데, 아동은 누구나 보편적으로 거치는 자연스러운 변화의 과정이다. 영아가 걷기까지의 과정, 말하기까지의 과정, 사춘기가 되어 2차 성징이 나타나는 과정 등 모든 아동은 거치게 되는 변화에 순서가 있다. 다만 좀더 빠르고 느리게 진행되는 개인차가 있을 뿐이다. 이러한 개인차는 아동의 유전적 요인은 물론 환경적 요인에 의해 발생하게 되는데, 아동의 수준에 맞는 변화의 과정을 거치는 것이 중요하다.

따라서 아동의 발달수준이나 능력에 관한 적절한 이해를 바탕으로 지도하는 것이 바람직하며, 아동에게 지나친 스트레스를 주거나 학습에 관한 압력을 행사하는 것 혹은 발달을 무시하거나 방관하는 자세는 오히려 아동의 발달을 저해하게 된다. 따라서 아동의 성숙을 돕기 위해서는 아동의 발달수준, 능력, 관심을 고려하여 스스로 변화를 주도해 가는 주체가 되도록 올바른 환경을 제공하는 일이다.

(3) 민감성

학자들은 아동기의 특성 중 하나로 민감성을 든다. 아동기는 감정이 매우 예민하고 강렬한 시기이며, 욕구에 대한 만족을 즉각적으로 얻기를 원하고, 뿐만 아니라 성인의 사랑과 보살핌에 대해 매우 민감하며, 환경적 상황 모든 것에 민감하다.

이러한 민감성은 아동이 접하는 사람, 즉 부모, 형제, 또래, 교사는 물론 아동이 보고 만지고 듣는 모든 사물을 통해 긍정적인 발달이 이루어지게 하는 영유아기의 중요한 특성이다. 민감성에 관한 적절한 자극과 충족은 아동의 정서 및 지적 발달을 촉진할 뿐 아니라 다음 단계로의 발달을 순조롭게 한다.

그러나 지속적인 실패와 좌절 및 욕구충족의 지연은 불안과 불신 혹은 적대심, 무관심과 퇴행현상 등을 일으킬 가능성이 있다.

(4) 욕구

인간은 누구나 욕구를 지닌다. 그러나 아동의 욕구는 스스로 모든 욕구를 충족하기에는 발달적 측면이나 연령상으로 볼 때 불가능한 특징이 있다. 특히 사회적으로 볼 때 아동은 성인의 보호를 필요로 하는 미성숙한 존재이다. 따라서 아동기의 욕구는 기본적으로 영유아를 돌보는 가족이나 관련 기관들의 관심과 보호를 통해 이루어지기 마련이다. 아동은 기본적으로는 식욕, 수면, 휴식, 배설, 호흡 등과 같은 인간의 기본적인 생리적 욕구를 지닌다. 이 외에도 하나의 인간으로서 어떤 집단에 소속되고 싶은 욕구, 사랑받고 인정받고 싶은 욕구, 자신의 의사를 표현하고 싶은 욕구 등 정서적이고 인간적인 욕구들을 지니고 있다. 보육은 바로 이러한 영유아의 욕구에 관심을 가지고 이러한 욕구를 적절하게 충족할 수 있는 다양한 방법을 모색하는 것이라 할 수 있다.

(5) 적응

아동은 태어나면서부터 사회화(socialization)가 시작된다. 즉 아동이 속한 사회나 문화의 지배를 받고 이에 적응해 나가는 존재로서 이러한 적응의 과정은 성인이 된 이후에도 지속된다. 그러나 아동기는 다른 어느 시기보다도 교육과 학습을 필요로 하는 시기로서 이는 아동이 독립된 하나의 인간으로서 제대로 기능하기 위해서는 사회생활에 필요한 지식과 기술을 습득하고 사회적 인간으로 성장해 나가야 하기 때문이다.

생물학적인 성장과 발달만으로는 완전한 인간으로서 성장했다고 볼 수 없으며 가정, 학교, 또래집단, 이웃 등의 사회화 집단을 통해 교육과 지도를 받아야 한다. 따라서 아동은 사회적 동물로서 한 사회에서 요구되는 다양한 지식들을 습득함으로써 발달하는 존재인 것이다.

이러한 적응의 과정은 아동이 적극적인 삶의 주체자가 되고 창의적인 인간으로 성장하는데 기초가 되며, 그러한 적응에 실패한 아동은 비행 및 문제아동, 학교부적응 아동, 반사회적 아동, 범죄소년 등으로 나타날 수 있다. 이러한 적응과정에서 발생하게 되는 다양한 문제들은 아동을 교육시키는 다양한 성인집단들의 위기이자 동시에 적절하게 해결될 경우 아동의 발달에 도움을 주는 긍정적 기회가 될 수 있다.

점검해 보세요

※ 아동은 성장하면서 어떠한 욕구를 가지게 되는가?

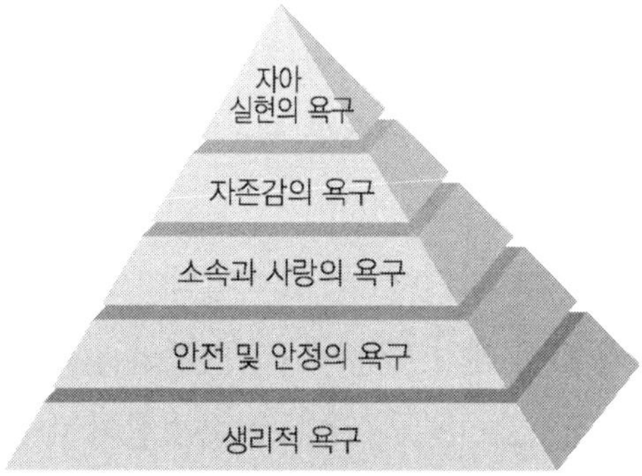

매슬로우(Maslow)의 욕구이론

2) 보육경험과 아동발달

아동 발달적 영향에 대한 보육경험의 논란은 양육에 대한 사회적 가치와 관련된다. 전통적인 관점에서는 아동은 가정에서 부모에 의하여 양육되는 것이 바람직하며 집 밖에서 부모가 아닌 타인에 의하여 양육되는 것은 아동

발달에 부정적 영향을 미친다는 견해가 지배적이었다.

그럼에도 불구하고 보육에 관한 연구 결과는 초기에는 부정적인 영향이 더 우세하였으나 최근으로 올수록 긍정적이라는 결과가 점증하고 있다. 이러한 결과는 해를 거듭할수록 질 높은 보육을 실시하고자 하는 시설의 노력과 함께 부모의 양육 수준이 향상되어 시너지 효과를 보이는 것이라 할 수 있다. 보육경험의 긍정적 영향은 사회 경제적 수준이 낮은 아동들에게 더 크게 나타나고 있으며, 여기에서 의도적 개입의 효과를 시사받을 수 있다.

보육경험은 발달 단계에 따라, 그리고 발달 단계를 고려한 발달 영역 및 사회계층에 따라 차별적인 효과가 나타나는 바, 이러한 연구 결과는 보육 형태의 대종을 이루는 영아보육과 유아보육을 어떻게 실천할 것인가에 대한 이론적 바탕을 제공해 준다.

최근에는 영아기 보육과 장애아동 및 통합보육에 이르기까지 광범위한 영역에서 연구가 이루어지고 있다. 이러한 학문적 노력은 결과적으로 보육정책 및 보육프로그램의 개발에 기초 자료를 제공함으로써 보육아동의 복지 증진에 기여할 것이다(이소희, 2005 : 115~118).

보육에 대한 수요가 늘어나면서부터 보육경험이 아동의 발달에 미치는 영향에 대한 많은 연구들이 행해져 왔는데, 그 연구의 결과들은 대체로 부정적인 입장과 긍정적인 입장으로 나누어진다. 보육경험이 아동발달에 긍정적이든 혹은 부정적이든 영향을 미친다는 사실은 명확하다. 연구결과를 토대로 보육경험이 아동발달에 미치는 영향을 신체발달, 지적 발달, 사회·정서적 발달 측면으로 나누어 간략하게 정리해 본다(최미현 외, 2000 : 16~17).

(1) 보육경험과 신체발달

보육경험이 아동의 신체발달에 미치는 영향에 관한 대부분의 연구들은 적절한 공간, 위생, 교사, 의료적 보호만 유지된다면, 보육경험이 아동의 건강과 신체발달에 해를 주지는 않는다고 보고하고 있다.

(2) 보육경험과 지적 발달

지적 발달에 있어서 보육경험은 일반적으로 아동에게 긍정적이며, 적어도 부정적인 해를 끼치지는 않는 것으로 보고되고 있다.

(3) 보육경험과 사회 · 정서적 발달

보육경험이 아동의 사회 · 정서적 발달에 미치는 영향에 관한 연구는 크게 3가지로 분류된다. 보육경험이 어머니와의 격리 상태를 유발함으로써 발달에 악영향을 준다는 연구(Blehar, 1974)와, 보육경험이 없는 아동 집단과 비교해서 애착행동에 유의한 차가 없다는 연구(Caldwell, 1970), 그리고 보육경험이 타인과의 경험의 폭을 넓혀 주므로 또래나 주위 성인과의 상호작용 측면에서 사회성 발달을 촉진시켜 준다는 연구(Belsky & Steinberg, 1978) 등이다(최미현 외, 2000 : 16~17).

3) 아동발달에 영향을 미치는 보육 변인

보육경험이 아동발달에 미치는 긍정 및 부정적인 영향을 초래하는데 미치는 관련 변인들의 발견은 중요하며, 그 중에서도 강력한 영향을 미치는 의미 있는 변인의 발견은 더욱 중요하다. 왜냐하면 관련 변인을 강화하거나 통제함으로써 보육경험을 통한 발달을 조장할 수 있기 때문이다. 그렇기 때문에 이러한 변인들에 대한 효과 연구는 보육과정 내지는 보육프로그램의 구성과 운영, 발달특성을 고려한 시설과 설비, 급 · 간식의 내용 차별화 등의 모든 영역에서 고려사항이 된다(이소희, 2005 : 118~119).

(1) 외국의 연구에서 나타난 아동발달과 보육 관련 변인

외국에서 보고된 연구들을 보면, 보육 유형, 보육의 경험 유무, 보육경험

기간, 보육기관에 들어간 연령, 보육기관 안에서의 친구 관계, 놀잇감의 수와 질, 교사 비율과의 관계, 보육 형태 등으로 보고되고 있다.

(2) 국내 연구에서 나타난 아동발달과 보육 관련 변인

우리나라에서 수행된 아동발달에 영향을 끼치는 보육 관련 변인 연구에 의하면 보육관, 보육시설 유형, 집단 크기, 교사 대 아동 비율, 교육과정 계획 및 실제운영(보육시설 교육계획), 교사의 수, 교사 근무 환경 및 복지 측면, 교사 연령, 교사 학력, 교사 자격증 유무, 교사의 결혼 여부, 근무 연수, 교사 전공, 경험 유무, 보육 시작 시기, 보육 이용 시간, 보육경험 기간(보육경험의 양), 보육 안정성 등으로 나타났다.

4) 최근 발달심리학과 보육과정

(1) 사회문화이론

사회문화이론은 비고스키(Vygotsky)의 이론을 근간으로 발달된 이론으로 1980년대 후반부터 1990년대에 와서 유아교육과정에 많은 영향을 주고 있다. 비고스키와 피아제가 인지발달의 과정을 밝히는데 기여했다는 공통점을 갖지만, 피아제의 경우 아동의 인지발달을 개인적인 구성능력으로 간주한 반면, 비고스키는 아동의 인지발달에 사회 문화적 맥락이 중대한 역할을 한다고 하는 차이점을 갖는다. 즉 아동이 자기의 주변세계를 스스로 구조화하고 발견할 수 있다고 보는 관점과 아동이 타인과의 관계에서 영향을 받아 성장하는 사회적 존재로 보는 관점의 차이인 것이다.

사회 문화적 맥락이란 아동에게 직접 혹은 간접적으로 영향을 미치는 과거, 현재, 미래의 모든 심리적 · 물리적 · 제도적 환경을 의미하며(이영석 외, 2003), 이는 보육과정에서 추구하는 통합적 보육과정 운영의 방향과 일치하는 부분이라 할 수 있다. 보육과정에서 영유아의 전인적인 성장과 발달을 위해 보육내용에 '부모에 대한 서비스와 지역사회와의 연계'를 포함하고, 타인과의 관계를 중요시하는 것은 사회 문화적 맥락 안에서 아동의 발달을 중시하고 있는 비고스키의 이론과 같은 맥락이 될 수 있다.

또한 의미있는 상황에서 잠재능력을 발달시켜야 하는 교사의 역할은 비고스키가 제안한 ZPD의 개념에서 그 시사점을 찾을 수 있다. 비고스키는 교육의 목적을 성숙한 상태가 아니라 성숙케 하는 기능에 두어야 한다고 보았으며, 발달과 교육간의 상호작용의 관계에 대한 선정으로 ZPD(근접발달영역 : Zone of Proximal Development) 개념을 도입하였다. 이는 아동이 독립적으로 기능할 수 있는 실제적 발달수준과 교육적인 사회적 상호작용에 참여함으로써 기능할 수 있게 되는 잠재적 발달수준간의 범위를 말한다. 효율적인 학습은 영유아의 ZPD영역 내에서 교사나 아동 자신보다 능력있는 또래와의 상호작용을 통해 이루어져야 하며, 이는 아동의 발달과정과 그 발달을 위해 사회적으로 제공되는 자원간의 상호의존을 의미하는 것이다.

이와 같이 아동의 또래간 상호작용, 영유아와 성인의 상호작용이 능동적이며 체계적으로 이루어질 때, 아동의 정신기능은 재조직된다고 볼 수 있다.

(2) 다중지능이론

다중지능이론(Theory of Multiple Intelligence)은 가드너(Gardner)가 제안한 이론으로 인간의 지능을 개인이 속한 문화권에서 가치있게 인정되는 문제를 해결하거나, 산물을 창조해 내는 능력으로 모든 인간이 가질 수 있는 일반적인 가능성 또는 능력으로 간주하고 있다.

가드너는 인간의 지능을 다양한 상징체계를 수반하고, 다양한 문화상황에서 가치롭게 여기는 기능들을 통합하는 다양한 종류의 인지능력으로서 보다 광범위하게 개념화하였다(하대현, 1996). 또한 객관적인 사실에 근거하여 서로 독립된 지능을 구분하였다. 즉 사회의 각 분야에서 성공한 사람의 지능을 분석함으로

써 그들이 각 직업에서 요구하는 특정 지능을 우수하게 갖추고 있다는 경험적 자료를 제시하였다. 남태평양에 사는 원주민들의 항해 능력이라든가, 신체의 일부 혹은 전체를 사용해서 문제를 해결하고 창조물을 만들어 내는 능력을 지닌 운동선수가 그 예라 하겠다. 또한 성공적인 판매원, 상담가, 종교적 지도자들은 다른 사람을 이해하는 능력과 어떻게 하면 다른 사람들과 협력할 수 있는지를 정확하게 판단하는 데 있어서 남다른 능력을 지녔다고 보았다. 이와 같이 개인이 속한 사회에서 직면한 문제를 해결하고 창조하는 능력이라는 다원적인 시각에서 지능의 구성요인을 제시하였고 이를 이론화한 것이다(김현자, 2004).

이 이론은 교육자들에게 학습자의 서로 다른 지적 능력을 인식하도록 하였으며, 학습자의 잠재능력을 극대화할 수 있는 프로그램, 교수법, 매체를 포함한 교육적 개선에 잠재적으로 기여하였다. 특히 지적 능력의 발달을 위한 미술, 운동, 음악과 같은 창의적 활동의 가치를 보편적으로 이해하도록 이끌었다. 한 가지 주제나 개념의 이해를 위해 다양한 매체를 사용하여 표상하게 함으로써 각 매체의 다양한 인지조직적 특성이 조합, 축적되어서 학습을 심화시킬 수 있는데, 이러한 다상징적(multi-symbolic) 접근법을 가장 잘 적용하고 있는 예는 레지오 에밀리아에서 찾아볼 수 있다(박은희, 1998).

최근에 다지능이론이 초 · 중등교육 뿐 아니라 유아교육과 보육현장에서 각광을 받고 있는 것은 사회 문화이론과 마찬가지로 의미있는 상황에서 아동의 잠재능력을 발휘하도록 해야 하는 교육과 보육의 근본적인 목적에 부합하기 때문이다. 이는 아동을 유능한 존재로 보며, 인지구조의 변화에 있어서 생득적인 면을 강조한 피아제의 입장과 일치하는 부분이기도 하다. 가드너가 주장하는 인간이 지닌 서로 다른 잠재능력은 언어지능, 음악지능, 논리 · 수학지능, 공간지능, 신체 · 운동지능, 대인관계지능, 개인이해지능, 자연지능을 말한다.

아동은 무한한 잠재능력을 지닌 존재이며, 이러한 잠재능력이 충분히 신장될 수 있도록 돕는 사람이 바로 교사인 것이다. 따라서 다지능이론이 보육현장에서 프로그램에 적용할 수 있는 기초이론으로 받아들여지며, 통합적 접근의 기본틀로 활용될 수 있다.

3. 보육과정의 사회 · 문화적 관점

사회의 경제발전과 가족구조 및 기능의 변화와 함께 보육에 대한 시대적 요청은 증가하였다. 보육에 영향을 미친 사회적 주요 요인은 여성취업의 증가, 가족구조 및 기능의 변화, 저출산 등이 있고, 이러한 변화에 따라 보육대상이 변화하였고, 아동권리에 대한 보육서비스 요구가 증가되었다. 또한 사회의 다원화 현상으로 보육현장에서 다양한 보육서비스의 실천이 불가피하게 되었다.

1) 사회변화와 보육

사회의 산업화, 도시화에 따라 현대의 가족은 기본적으로 전통적인 일체성, 연대성, 안정성을 유지하고 있으면서도 눈에 띄게 변화하는 과정에 있다(조추용 외, 2006 : 29).

이러한 변화는 많은 가족문제를 발생시키고 있으며 또한 불가피하게 아동양육문제를 야기시키고 있어 보육에 있어서도 새로운 변화를 가져왔다. 과거 아동복지의 대상문제는 부모가 없어 사회적 보호가 필요한 아동에 대한 시설보호, 빈곤취업모를 위한 보육서비스, 입양 정도의 잔여적 성격이 강한 특징을 가지고 있었다. 그러나 현대사회의 아동문제는 건강한 아동을 많이 출산하는 출산력 제고의 문제에서부터 여성의 취업에 따른 아동양육의 사회화를 위해 보육서비스의 확대, 결식아동 급식서비스의 확대, 가정해체에 따른 한부모가정 아동에 대한 지원, 가정폭력과 아동학대로부터 아동을 보호하기 위한 아동보호서비스 제공, 학교폭력 문제에 대한 접근, 장애아동의 권리보장과 능력개발을 위한 통합보육과 교육 및 다양한 재활서비스 제공 등 보편적인 접근을 여러 분야에 걸쳐 종합적으로 요구하고 있다(한성심 외, 2012 : 71).

(1) 여성취업의 증가와 아동문제

1980년대 이후 우리나라 가족의 가장 큰 변화는 취업모의 증가이다. 2005년(11월 기준) 여성의 경제활동 참가율이 50.7%에 달하면서 가정생활과 직장생활을 병행하는 것이 보편화되었다. 이러한 추세는 가정생활에서 여성의 역할에 변화를 가져왔다.

이러한 변화는 경제상황의 호전에 따른 가계지출의 증가와 산업구조의 변화로 인한 노동시장 내 기혼 여성인력의 요구 때문이다. 여성의 삶에서 아동양육이 차지하는 기간이 짧아짐에 따라 보다 많은 여성들이 직업활동에 관심을 갖게 되었으며, 이러한 추세는 여성으로 하여금 결혼을 연기하거나 출산을 늦추게 하기도 하였다(윤혜미 외, 2005).

여성의 의식변화와 노동시장의 변화에도 불구하고 이를 뒷받침해 줄 수 있는 사회적 인식이나 사회적 지지체계의 발달은 아직 그 변화를 따라가지 못했다. 맞벌이 가족이 겪고 있는 가장 큰 어려움은 출산 및 자녀양육과 관련된 문제로서 자녀가 어릴수록 이로 인한 스트레스가 심하다. 임신 · 출산에 따른 직장생활에서의 불리한 대접이나 적절한 보육서비스의 부재, 또는 학령기 아동의 경우 자녀의 학교생활 등에 대한 부모참여 기회의 박탈과 같은 문제이다. 적절한 보호의 결여는 아동의 안전과 심리적 안정에 위협적 요소가 된다.

(2) 가족해체의 증가와 아동 양육문제

해마다 증가하는 이혼율과 한부모 가정의 추세는 아동의 문제해결을 위한 사회적 조치를 더욱 필요로 한다.

① 양쪽 부모로부터 버림받아 사회적 보호를 받게 되는 경우

외환위기 이후 아동양육시설은 가정해체로 인해 맡겨진 아동의 수가 급증하였는데, 경제가 회복된 후에도 아동의 수가 줄어들지 않았다. 해체된 가정의 회복은 경제회복세를 따라가지 못하고 있다는 점이다.

② 가정해체로 아동의 빈곤화가 진행되는 경우

가정해체로 저소득 한부모 가족이 되는 대부분의 경우 아동의 양육을 경제 능력이 없거나 상대적으로 약한 어머니가 맡고 있거나, 신체적 · 정신적으로 건강하지 못한 아버지가 맡고 있어 문제는 더욱 심각하다.

③ 가정해체로 아동의 정서적 발달에 치명적인 영향을 주는 경우

아동은 부모의 이혼을 자기 탓으로 생각하여 우울하고 소심해지며, 청소년기의 아동은 가출, 행동문제 등 사회적 적응에 있어 많은 문제를 보인다. 이는 부모가 아동 자신을 버리고 떠난 것이라고 생각하며 거부당했다는 느낌을 갖게 되고 자아존중감이 급격하게 떨어진다.

(3) 가족관계의 기능 변화와 아동 양육문제

여성의 경제활동 참여는 전통적인 성 역할의 변화를 가져오면서 부부관계와 부모자녀간 관계의 변화를 포함한 여성의 가족 내 역할의 변화를 초래하는 주요 요인이 되었고, 이에 따라 도시화와 핵가족화에 따라 진전되어 오던 가족 기능의 변화에도 영향을 주었다.

현대사회를 특징짓는 산업화, 도시화 현상은 가족 구조의 변화를 가져왔다. 전통적인 대가족 제도에서 핵가족으로서의 변화는 가족의 구조와 기능, 가족 구성원의 역할, 가족 수 및 가치관의 변화를 초래했다. 부부와 그들의 자녀만으

로 구성되는 부부중심의 핵가족에서는 자녀 양육이 전적으로 부모에게만 의존하게 됨으로써 가족의 자녀 양육 기능을 약화시키는 결과를 가져왔다. 더구나 아버지의 역할과 어머니의 역할이 균형을 이루어 보충적이어야 함에도 불구하고 아버지들은 직업적 · 사회적 일들로 자녀 양육에 직접 참여하기 힘든 상황이어서 자녀 양육의 책임은 거의 어머니에게 편중되어 있다. 또한 기타 요인으로 인한 부재 등으로 불가피하게 가족 내에서의 양육이 어려운 경우가 발생하고 있어 이들에 대한 사회적 · 국가적 보호의 책임이 요구되고 있다(최미현 외, 2000 : 20~21).

(4) 저출산과 아동 양육문제

한국 사회가 진입하고 있는 변화 중 하나인 사회적 현상은 저출산 · 고령화이다. 저출산 문제는 어제 오늘 사이에 등장한 새로운 문제가 아니라 1960년대 6.0명에서 1983년 2.1명, 2000년 1.47명, 2001년 1.30명, 2002년 1.17명, 2003년 1.19명, 2004년 1.16명, 2005년 1.08명, 2006년 1.12명, 2007년 1.25명, 2008년 1.19명, 2009년 1.15명, 2010년 1.22명, 2011년 1.24, 2012년 1.30명, 2013년 1.19명, 2014년 1.20명, 2015년 1.24명으로 세계 최저를 기록하고 있다. 우리나라의 경우 급속한 출산율 하락과 세계적으로 유례가 없는 빠른 속도의 고령화가 동시에 진행되고 있다. 이런 상태로 진행되다 보면 불과 20년 뒤에는 65세 이상의 인구가 전체 인구의 20%를 넘는 초고령사회로 진입하게 된다.

출산율의 저하는 그 사회의 성장을 이끌어가야 할 젊은 세대가 줄어 간다는 의미로서 해외 이민자들의 유입으로 노동력의 상당부분을 의지하게 되는 것을 말한다. 이처럼 급속도로 출산율이 저조해지고 사회가 노령화되는 원인은 여성의 사회진출, 과중한 사교육비, 불임, 육아비의 부담, 어린이집의 부족 등 다양한 이유가 있겠으나 그 중에서도 육아비에 대한 사적 부담과 어린이집의 부족 등이 우리 사회가 안고 있는 출산율 저하의 중요한 이유라 하겠다.

저출산은 또한 아동에 대한 인식변화로 양육비용과 교육기대치가 높아지면서 부모의 경제적 부담감 증대, 자녀가 노후보장을 해 주리라는 기대의 감소 등 자녀의 효용가치에 대한 생각의 변화와도 관련이 있다. 저출산의 문제는 아동발달에도 영향을 미치고 있다. 저출산 시대의 아동은 형제가 없거나 매우 적다. 외동이로 부모의 사랑과 관심을 한몸에 받으며 자라는 아동은 적극적이고 자신감 있다는 긍정적인 면도 있지만, 이기적이고 협동심이 없으며 독불장군이라는 부정적인 평도 받고 있다(한성심 외, 2006 : 74).

정부는 공개적으로 출산장려정책을 도입하면서 저출산에 따른 위기의식을 공표하고, 출산을 증대시키기 위한 출산수당 및 양육수당의 제공, 보육지원의 강화, 여성의 직업생활에 대한 사회적 뒷받침 등을 정책화하는 움직임을 보이고 있다.

2) 사회변화에 따른 보육실천의 다양화

현대사회가 다원화됨에 따라 아동양육을 위한 보육의 현장에서 대안적 보육서비스에 대한 사회적, 교육적 관심이 증가하고 있다(이순형 외, 2005 : 364; 박선해 · 정현숙, 2006 : 92~99).

(1) 공동체 의식함양

산업화로 인한 사회 발전은 이기주의, 황금만능 및 불평등이라는 사회문제를 발생시켰으며, 이로 인해 더불어 함께 사는 공동체 의식의 결여라는 결과를 초래하였다. 미래사회는 공동체 의식을 지닌 민주시민을 필요로 한다. 내 아이, 남의 아이 구분 없이 모든 아이들을 '우리 아이'로 보는 인식의 전환이 필요하다. 모든 사회, 문화, 경제적 차별과 불평등을 극복하기 위한 대안적 삶의 방식 가운데 하나가 바로 공동육아인 것이다.

공동육아란 말 그대로 '아이들을 함께 키우자'라는 뜻으로, 나 뿐만 아니라,

이웃, 지역사회, 국가 모두가 우리 모두의 아이들을 책임지고 키워 보자는 것이다. 즉 육아에 대한 어른들의 인식변화인 동시에, 육아를 통한 어른들의 생활변화, 그리고 넓게는 사회문화의 변화를 요구하는 것이다(이부미, 1999).

아동의 사회 계층적 배경, 가족문화적 배경, 장애 등의 개인의 특별한 사정에 따라 어린이집에서 차별 서비스를 받지 않도록 하는 보육서비스가 제공되어야 한다.

공동체 의식을 함양하기 위한 하나의 방안으로 아동들이 여러 연령대의 아동들과 함께 생활할 수 있도록 혼합연령반을 운영함은 물론 다양한 세대 간의 교류가 일어나게 운영함도 바람직하다. 단일연령 집단구성의 단점과 혼합연령 집단구성의 교육적 장점에 대한 연구가 축적되면서 대안적 집단구성 방법으로서 혼합연령의 보육실천에 대한 관심이 증가하고 있다. 혼합연령 집단은 다양한 연령의 유아들이 한 교실에서 생활하기 때문에 발생할 수 있는 연상유아, 연하유아, 그리고 동일연령 유아들간의 관계형성의 효율성을 높이기 위한 다양한 실태조사가 필요하고, 혼합연령 보육실천에 적절한 교사의 지도방법에 대한 연구와 개발이 필요하다(이순형 외, 2005 : 383). 그리고 노인 아동 상호작용 프로그램을 통해 다양한 사람들과의 종적인 관계를 체험할 수 있도록 기회제공이 필요하다.

또 다른 프로그램으로 유아에게 전쟁과 평화에 대한 개념을 길러 주기 위한 평화교육과정(Carlson-Paige and Levin, 1990; 박선해 · 정현숙, 2006 : 93)이 있다. 평화교육과정은 평화적 공존에 초점을 두어 평화와 전쟁에 대한 유아의 이해를 돕고 평화적인 방법으로 갈등을 해결하도록 하기 위한 것이다. 따라서, 어릴 때부터 어린이집의 공동체 속에서 바르게 생각하고 선택하는 능력을 길러 아이들의 삶 속에 생활원칙으로 평화가 자리잡도록 해야 한다.

(2) 우리 문화와 전통의 계승 및 발전

우리 사회는 세계화와 정보화를 지향하고 있다. 바람직한 세계화와 정보화는 우리의 문화와 전통을 올바르게 계승, 발전시키는 데서 시작된다. 보육현장에서는 아동들에게 어릴 때부터 우리의 얼과 혼을 심어 주고자 노력해야 한다. 우리 민족의 우수성을 알게 하고 자긍심을 기르게 해야 한다. 세계화로 가는 가장 우선적인 것은 정체성 확립이다.

어린이집에서 우리나라의 문화유산, 위대한 인물, 전통놀이, 국악, 전래동화, 음식 등을 주요 자원으로 활용할 수 있다. 이는 한국인의 정신, 가치, 의식을 바르게 잡게 하는 기초교육의 일환이다. 따라서 우리의 전통을 계승하고 현대에 맞게 변화시켜 보존해야 한다.

그 방법 중의 하나로, 영아보육에서는 우리 조상의 지혜가 깃들어 있는 전통적 육아방식의 전수와 활용이 있다. 예를 들면, '할머니 손은 약손'은 영아들을 위안시켜 주는 가장 좋은 방법의 하나이며, 자장가나 전통적인 육아법인 섯다섯다, 곤지곤지, 도리도리 짝짜꿍, 잼잼 등과 같은 것들이 있다.

전래동화는 우리 민족의 얼과 혼이 담겨져 있으며 우리의 정서를 담고 있어 유아들에게 많이 접하게 해 주어야 한다. 특히 자원봉사자들인 할머니, 할아버지의 도움으로 옛이야기를 듣게 되면 실감이 나고, 자연스럽게 대물림되어 이 아이들이 어른이 되었을 때 다음 세대의 아이들에게 이야기 들려주기가 이어질 수 있다. 또한 전통놀이는 여러 연령대의 아동들이 서로 어울려 몸을 움직이며 놀 수 있으며 놀이에서 신명을 찾을 수 있다.

우리 민족의 고유한 음식문화, 젓가락 사용, 한복입기 등 전통문화교육도 있다. 또한 일년 열두 달 절기마다 자연의 변화와 흐름에 따른 세시풍속과 관련된 활동을 하는 것도 아동들이 현재와 더 큰 관계 속에서 우리 민족의 역사와 전통과의 연관을 맺어 그 소속감을 느끼게 하여 한민족의 일원임을 맛보게 하는 것으로 의미가 있다. 이와 같이 우리의 문화와 전통을 주요 자원으로 활용하고, 우리의 자연과 사물과 사람을 바르게 이해하고 사랑하는 마음을 지니게 하는 노력도 필요하다(박선해 · 정현숙, 2006 : 93~94).

(3) 자연생태계 보전과 환경교육

오늘날 심각한 사회문제로 대두되고 있는 자연생태계의 파괴와 환경오염은 예방과 해결을 위해 보육현장에서 관심을 가져야 한다. 과학기술의 급격한 발전으로 자연생태계의 파괴와 환경오염이라는 엄청난 변화를 가져왔으며, 이 문제는 인류의 생존을 위협하는 단계에 이르고 있다. 결국 환경문제는 인간과 자연이 서로 조화를 이루지 못하고 모순과 갈등을 일으킴으로써 인간다운 삶에 지장을 주는 상태에서 발생한다.

오늘날 우리 사회의 심각한 당면과제인 공기오염, 수질오염, 토양오염, 식품오염, 교통문제, 산업재해 등의 환경문제는 산업화 과정에서 잘못된 자연정복관과 인간경시 풍조에서 야기된 필연적인 산물이다. 최근 세계적으로 합의된 내용을 살펴보면, 환경문제 해결의 첩경은 일반 국민의 자연 및 환경보호 의식을 고취시키는 데 있다는 점과, 환경교육은 어릴 때일수록 효과가 있다는 것이다. 환경보호 시민운동 내지 환경교육의 필요성이 절실히 요청되고 있다. 따라서 영유아보육과정의 구성과 운영에서 자연을 사랑하고, 환경보호 의식을 높일 수 있는 친자연적인 주제와 활동 도입이 필요하다(박선해 · 정현숙, 2006 : 96).

최근 보육현장에서는 '생태주의'라는 용어를 많이 사용하고 있다. 생태주의적 관점들이 다양하지만 기본적으로는 생태주의 원리에 입각하여 사회적 실천의 새로운 전망을 모색하는 사회이론으로서의 성격을 가지며, 인간과 자연의 공존공생을 궁극적 목적으로 하고 있다. 생태주의 관점을 담고 있는 우리나라의 보육의 사례로 공동육아협동조합의 보육과 부산대학교 부속어린이집의 생태유아교육을 들 수 있다(이순형 외, 2005 : 466).

(4) 타문화 이해와 반편견 보육실천

우리 사회도 점차 북한이탈주민과 외국인 노동자의 수가 증가하고 있으며, 결혼이민 외국인의 수가 늘어나고 있음에 따라 소수민족과 사회계층에 대한 사회통합의 문제도 관심을 가져야 한다. 세계적인 추세로 다문화교육에 대한 요구가 점차 증가되고 있다. 국제화, 세계화 시대가 가속화되면서 지역간, 국가간, 민족간, 문화간, 언어간 등의 교류가 활성화될 것이므로 타문화, 언어, 가치, 풍습을 편견없이 있는 그대로 수용하고 평가할 수 있는 타문화 이해 교육의 필요성이 대두되고 있다.

아동에게 제공되는 다양한 문화에 대한 경험은 휴일, 의식, 음악, 가족, 집의 양식 등 다른 문화와 공통적인 측면 등에 제한되어 있는데, 이는 앞으로 더 확대되어야 한다. 아동들은 타문화의 유사점과 차이점을 수용하고 이해함으로써 삶을 풍부하게 할 수 있다.

반편견 교육과정은 데만 스파크(Deman-Sparks et al., 1999) 등에 의해 개발된 것으로 차이, 다양성, 존중, 수용 등의 주요 개념을 공유하는 다문화주의와 반편견을 함께 고려하는 것이 발전적이라고 보고 있다. 편견의 영역으로 능력, 연령, 외모, 신념, 계층, 문화, 가족구성, 성, 인종 등을 들고 있다. 반편견 교육과정은 영유아기부터 이러한 다양한 편견에 도전하고 적극적으로 대처해 나갈 수 있도록 교육해야 한다는 것이다. 그러기 위해 비판적 사고의 증진, 협동학습, 감정이입 학습 등의 교수방법이 적극 권장되고 있다(박선해 · 정현숙, 2006 : 98). 반편견 보육실천은 다원화, 세계화되어 가는 사회적 변화 속에서 살아가는 아동들이 다양한 문화를 인식하고 적절하게 대응하는 힘을 길러주는 방법이다.

제 3 장

보육프로그램

부모들은 높은 교육열로 어린이집의 프로그램에 많은 관심을 갖고 있으며, 다양한 양질의 보육프로그램을 요구하고 있다. 보육프로그램은 이론적 · 철학적 입장에 의거해서 만들어지며, 보육대상과 지역사회의 요구와 특성을 반영하여 계획되어진다. 따라서 어린이집의 교사들은 양질의 보육프로그램을 유지하기 위한 노력을 하게 된다. 현대 보육프로그램의 관심은 어떤 유형의 프로그램 모델들이 어떤 아동에게 적합한지, 프로그램 안에 어떤 변인이 아동에게 효과가 있는지 등이다. 이에 따라 다양한 프로그램의 한국적 적용에 대한 관심이 요구되고 있다.

본 장에서는 아동보육현장에 적용되고 있는 프로젝트 접근법, 몬테소리 프로그램, 생태교육 프로그램, 레지오 에밀리아 접근법, 발도르프 프로그램 등을 중심으로 살펴보고, 프로젝트 사례를 소개하였다.

1. 프로젝트 접근법

1) 기본개념과 철학

프로젝트 접근법은 1980년대 말 캐츠와 챠드(Catz & Chard)에 의해 미국과 캐나다를 중심으로 세계 각국에 알려지게 되었다. 프로젝트 접근법은 아동의 흥미, 지식, 경험에 기초한 통합적 교수 · 학습 방법으로서 소개되었다. 프로젝트 접근법은 1920년대 미국의 진보주의 교육학자인 듀이와 킬패트릭에 의해 아동의 바람직한 교수, 교수 · 학습 방법으로 제시되어 한 동안 교사들에게 각광을 받았고, 그 이후 미국의 뱅크스트리트 대학에서 개발한 뱅크스트리트 프로그램과 영국에서 1950~1970년대 널리 실시되었던 열린교육(open education)과 유사한 교수 · 학습 방법이다. 프로젝트 접근법은 현재 캐츠와 챠드에 의해 재조명되어 소개되었다.

프로젝트 접근법은 한 가지 주제에 대해 심도 있게 진행하는 보육과정을 의미한다. 프로젝트란 개념은 본래 듀이의 '활동(activity)'의 개념에서 비롯되었다. 듀이가 말하는 프로젝트는 문제를 선정하고, 그 문제를 해결하기 위해 아이디어를 내고, 어떤 아이디어가 문제해결에 도움을 줄 것인지에 대해 계획하고 검증하는 활동을 의미한다. 요약하면 프로젝트 활동이란 개별 또는 집단으로 아동의 흥미, 혹은 교사에 의해 아동이 가치 있다고 판단되는 것을 주제로 선정하여 이 주제에 대해 심도 있는 활동을 하는 것을 의미한다.

프로젝트 활동에서 중요한 것은 문제해결을 위한 일련의 사고과정을 강조한다는 것이다.

2) 프로젝트 접근법의 내용

(1) 프로젝트 접근법의 기본원칙

① 융통성 있는 진행

프로젝트 접근법은 주제를 선정할 때 아동이 중심이 되어 교사와의 논의를 통해 선정이 된다. 프로젝트의 진행 정도는 아동의 흥미, 교사의 선경험 등에 따라 프로젝트의 진행 기간이 달라진다. 프로젝트의 진행 기간이 융통성이 있을 뿐만 아니라 매일의 프로젝트의 수행시간의 양도 융통성있게 진행된다. 이때 가장 중요한 변수는 아동의 흥미의 지속 정도이다.

② 깊이 있는 탐구활동

깊이 있는 활동을 위해 프로젝트 접근법은 현장에서의 직접적 경험과 부모나 다양한 지역사회 인사와 같은 전문가 초빙을 통한 깊이 있는 탐구활동을 중시한다.

③ 활발한 상호작용

다른 또래나 성인과의 활발한 상호작용은 아동이 다양한 관점을 경험하고, 인지적 갈등을 경험하게 된다. 아동은 이러한 상호작용을 통해 다른 사람의 관점을 이해하고 자신의 견해를 수정하게 된다. 아동은 이러한 과정을 통해 사회적 위계 질서와 사람들 사이의 관계에 대해 학습할 수 있다.

④ 다양한 표상활동

아동은 자신의 생각을 가시화(visible)하는 과정을 통해 자신이 가지고 있는 과정을 통해 가지고 있는 이론에 허점이 있음을 발견하고 이를 다시 재구성하게 된다. 이러한 다양한 표상활동을 통해 아동은 지식 획득, 기능 습득, 성향 개발, 감정 발달을 하게 된다.

(2) 프로젝트 접근법의 교수방법

프로젝트 접근법의 전개 과정은 프로젝트 계획, 진행, 평가의 3단계로 이루어진다(Katz & Chard, 1989).

① 프로젝트 계획 단계

프로젝트 1단계에서는 프로젝트에 대한 예비계획을 세우고 주제망을 짜고, 이전의 경험에 대해 이야기를 나눈다.

· 프로젝트 관련 자료 탐색
· 예비 주제 선정 및 예비 주제망 작성
· 예비 활동 목록 작성
· 지원 목록 작성
· 부모 협력을 위한 가정통신문 작성
· 주제와 관련된 환경구성

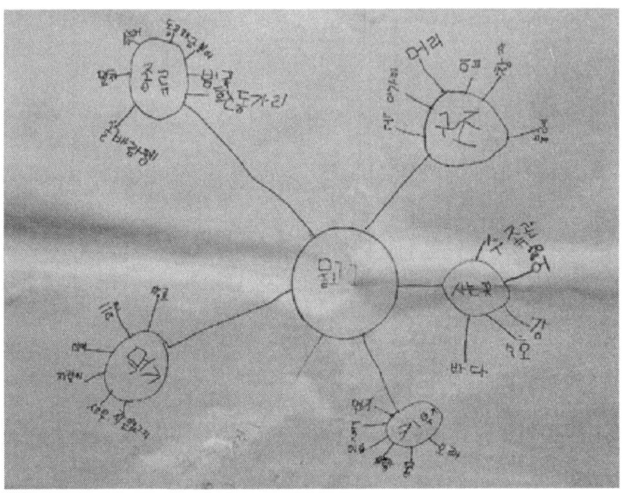

[사진 3-1] '물고기' 프로젝트 예비 주제망

프로젝트 계획단계에서는 활동 주제를 선정하여 예비 주제망을 구성한다. 주제 선정시 참고해야 할 일련의 기준은 다음과 같다(Chard, 1995).

· 아동들이 흥미를 보이는가?
· 아동들이 그 전에 해 본 활동과 관계가 있는가?
· 아동에게 인지적 갈등을 주는가?
· 아동들이 자기가 살고 있는 세계에 대해 보다 더 잘 이해할 수 있도록 도울 수 있는가?
· 아동들이 식생활에서 문자나 수의 가치를 인식하도록 도와줄 수 있는가?
· 아동들에게 구성 · 조사 · 극화놀이 · 발음 등을 위한 아이디어를 제공할 수 있는가?
· 아동들이 학교 밖에서 정보원을 찾도록 고무시킬 수 있는가?
· 부모나 지역사회와의 의사소통을 촉진할 수 있는가?
· 보육시설에 있는 자료 중 활용할 것이 있는가?
· 교사에게도 관심이 있는 주제인가?

② 프로젝트 진행 단계

프로젝트 2단계에서는 토의, 현장견학과 전문가 초빙, 조사, 표현, 전시활동을 중심으로 프로젝트 활동을 전개한다.

· 주제선정
· 주제와 관련된 이전 경험 나누기
· 주제망 작성 : 브레인스토밍
· 주제에 관련된 현장 경험
· 조사(그림, 사진, 실물, 전문가, 현장견학 등) 및 탐구활동(언어, 미술, 수 · 과학, 음률, 신체 표현활동)

· 가족과 협력(가정통신문, 부모 모임을 통해 협조 요청)

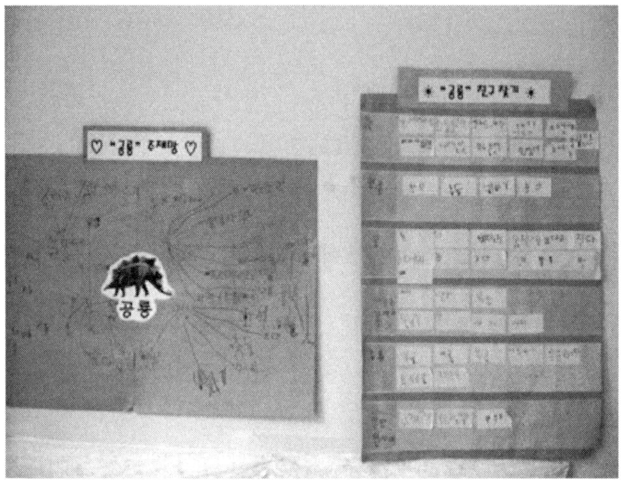

[사진 3-2] '공룡' 프로젝트 브레인스토밍, 이전 경험 나누기

이 단계에서는 현장작업을 위한 준비, 견학, 현장에서 돌아온 후의 활동 전문가와의 활동 4단계로 이루어진다.

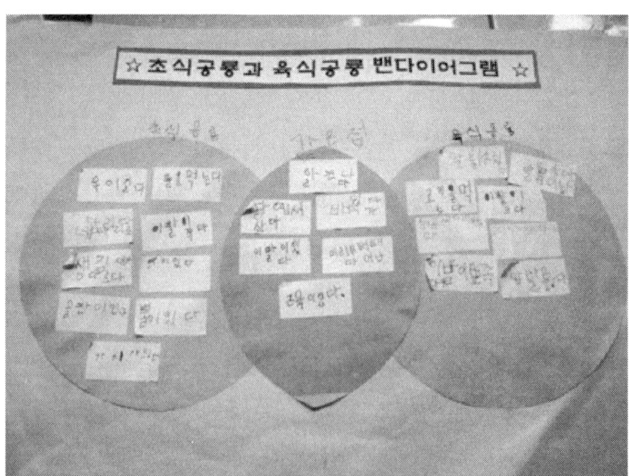

[사진 3-3] '공룡' 프로젝트 벤다이어그램

③ 프로젝트 평가 단계

프로젝트 3단계에서는 아동의 최종 결과물 발표 및 전시를 통해 프로젝트의 진행과정 및 결과를 평가하고 마무리한다.

· 프로젝트 전시회 준비 : 초청장 제작 및 전시 장소 구성

· 전시회 개최

· 작품 정리 및 프로젝트 활동 평가

3) 교사의 역할

프로젝트 접근법에서 교사는 관찰자, 학습촉진자, 자원제공자, 자극 · 대안 제공자, 평가자, 부모와 지역사회 형성을 위한 촉매자이다(서영숙 · 김경혜, 2005). 교사는 게시판과 교실벽에 주제와 관련된 다양한 정보나 아동의 작품, 교사의 기록물을 전시하는 적절한 환경구성을 통해 아동 스스로가 자기 주도적 놀이 활동하는 것을 촉진할 수 있다.

[사진 3-4] '공룡' 프로젝트 결과물 전시

2. 몬테소리 프로그램

1) 기본개념과 철학

몬테소리 프로그램은 이탈리아 여의사였던 마리아 몬테소리 이론에 기초한 프로그램이다. 몬테소리는 산 로렌조(San Lorenzo)에 3~7세 도시 저소득층 아동을 위한 어린이집을 창설하였으며, 정신지체아를 대상으로 하는 교육방법을 적용한 프로그램을 개발하였다.

몬테소리가 보는 아동은 스스로 성장 · 발달하며 자신의 인격을 창조하는 내적인 생명을 소유하고 있는 존재이다. 따라서 몬테소리 교육에서는 내적 생명력 조성과 정상화를 목표로 하고 있으며, 아동의 인격 완성을 목적으로 하고 있다. 몬테소리는 아동은 감수성이 예민하여 특정 기술을 보다 쉽게 배우는 '민감기'가 있다고 보았다. 민감기가 나타나는 시기는 0~6세에 주로 나타나는 데 각 아동마다 민감기가 나타나는 시기는 다르며, 연령에 따라 나타나는 행동의 특성도 다르다. 따라서 교사는 민감기가 존재하는 동안 아동을 잘 관찰하여 그 시기를 효과적으로 보낼 수 있도록 도와주어야 한다.

몬테소리는 교육목적을 아동의 전인적인 성장과 자신의 주변 환경에 적응할 수 있도록 하며, 인간관계 속에서 사회적인 욕구를 받아들이고, 더 나아가 '정상화'되는 데 두었다. 정상화는 아동이 작업에 진정한 흥미를 가지고 집중, 반복하여 만족감을 가지고 목적지향성인 활동을 선택하는 과정을 의미한다. 아동은 준비된 환경 속에서 스스로 선택한 활동을 하는 동안 즐겁고 행동이 정상화된다고 본다.

몬테소리는 아동 스스로 학습이 가능하다고 보았다. 준비된 환경에서 능동적으로 참가하여 자유롭게 선택한 활동을 행할 때 학습이 자유롭게 이루어진다. 이러한 상황에서 이루어지는 교육을 '자동교육'이라고 하였다.

'준비된 환경'이란 아동발달에 대한 교사의 세심한 관찰을 통해 적절한 교구를 준비해 주는 교육환경을 말한다. 아동은 몬테소리 교구를 중심으로 교사가 철저하게 준비된 환경에서 학습을 가장 잘 이룰 수 있다. 몬테소리 교수방법은 아동 스스로 교구를 선택하여 자신의 내적 속도에 따라 학습을 진행하므로 개별활동이 강조되며, 특히 잘 준비된 환경을 강조한다.

몬테소리는 아동의 정신을 흡수정신으로 정의한다. '흡수정신'은 환경을 받아들여 스스로 경험하고 배우는 아동의 특성을 의미한다. 요약하면, 몬테소리는 영유아기를 흡수정신의 특성을 가진 민감기로 보고, 준비된 환경에서 자동교육을 통해 정상화하는 데 목적을 두었다.

2) 몬테소리 프로그램의 내용

몬테소리 프로그램은 산 로렌조 어린이집에서 보육 실천과 연구를 토대로 개발되었다. 몬테소리는 수년 동안 아동만이 지니는 비밀스러운 특성을 연구하였고, 이러한 아동의 본성과 발달적 특성에 맞는 보육내용을 개발 체계화시켰다.

몬테소리 프로그램은 크게, 다섯 가지 영역으로 구성되어 있다. 즉 일상생활 훈련, 감각교육, 수학교육, 언어교육, 문화교육의 영역이다(신화식, 1996).

(1) 일상생활 훈련

일상생활 훈련이란 아동의 매일의 생활에서 행해지는 활동으로 개인관리, 환경관리, 사회적 관계, 동작 조정과 분석이 포함된다.

개인적 관리란 아동이 자신을 보호하기 위해 할 수 있는 활동으로 손씻기, 머리 빗기, 이닦기, 구두닦기 등이 있다. 환경관리는 교실에서 환경을 보호하도록 배우는 활동으로 물 따르기, 청소하기, 먼지 털기, 스펀지 사용하기, 동·식물 키우기 등이 포함된다. 사회적 관계는 인사하기, 감사하기, 친구에게 도움청하기, 사과하기, 초대하고 초대받기, 축하하기 등과 같은 예절 교육이 포함된다. 동작과 조정은 선위 걷기, 균형 유지와 같은 이동활동과, 침묵 게임과 같이 활동을 조정 · 집중할 수 있는 능력을 기른다. 이러한 일상생활 연습영역은 모든 활동의 기본이 되며 아동에게 핵심적인 활동이 된다.

(2) 감각교육

감각교육은 감각을 이용하도록 물리적 특성에 따라 분류되어 있고, 다섯 가지 감각 발달에 도움을 주도록 고안되어 있다. 몬테소리는 이러한 감각교육이 읽기 학습이나 사고능력 발달에 기초가 된다고 보았다. 시각교육으로는 꼭지 달린 원기둥, 꼭지 없는 원기둥, 분홍탑, 갈색계단, 색판, 기하도형 등이 있으며, 촉각교육으로는 촉각판, 기하학적인 입방체, 비밀주머니, 온도병 등이 있다. 청각교육을 위한 소리상자와 벨, 미각 · 후각을 위한 맛보기 등이 있다.

(3) 언어교육

몬테소리는 언어발달을 자유로운 대화와 지속적인 자기 표현을 통해 이룰 수 있게 하였다. 언어교육은 구두언어 교육과 읽고 쓰기를 위한 교육으로 나누어진다. 구두언어를 위한 훈련으로는 노래하기, 새로운 계절에 대해 말하기, 질문하기 게임, 사건이나 활동을 이야기하기, 보고 말해 보기, 경험에 대해 이야기하기, 게임에 대한 논의가 있다. 읽기와 쓰기의 기술을 위한 교구로는 모래종이 글자, 움직이는 자음과 모음, 음성 사물상자, 표음문자, 일기 분석, 받아쓰기 등이 있다.

(4) 수학교육

몬테소리는 수에 있어서 아동이 구체적인 개념에서 추상적인 개념으로 옮겨 가도록 교구를 고안했다. 수학영역에 대한 활동은 기본적인 수의 이름과 양의 개념을 습득하기 위한 수의 소개, 십진법 활동, 1~19, 1~99 세기활동, 기본공식의 학습활동으로 덧셈, 뺄셈, 곱셈, 나눗셈을 포함한 기본적인 결합을 기억하는 활동, 분수활동에 관련된 교구가 있다.

(5) 문화교육

문화교육의 영역은 사회 속에서 인간 학습의 여러 가지 양상, 습관, 예술, 문화들이 포함되어 있어 사진과 세계지도를 이용하여 생물, 지리, 미술, 음악에 관한 활동을 하도록 한다.

[사진 3-5] 몬테소리 문화교육 영역

3) 교사의 역할

몬테소리 프로그램에서 교사의 역할을 살펴보면 다음과 같다(이기숙, 2001 : 155 ~156).

첫째, 아동의 발달과 흥미에 맞게 준비된 환경을 제공하는 것이다. 이때 주의할 점은 교사가 중심이 되는 것이 아니라 아동이 학습의 중심이 되어 스스로 환경과의 상호작용이 이루어지도록 도와준다.

둘째, 관찰자로서 교사역할의 중요성을 강조한다. 교사는 아동의 교구 선택이나 집중 정도, 사용방법 등에 대해 세심히 관찰하고 아동의 민감기를 포착하여 학습 효과를 올릴 수 있도록 적절한 배려를 해 주어야 한다.

셋째, 촉진자로서 역할이다. 교사는 아동과 교구 간의 상호작용을 촉진하기 위해 아동이 선택한 교구에 대해 정확한 시범을 보인다. 그러나 아동이 환경과 교류가 이루어져 교구에 적극적으로 몰입하게 되면 개입을 최소화해야 한다. 따라서 몬테소리 프로그램에서 교사의 역할은 안내자이자 지도자이다.

넷째, 환경의 준비자로서 역할이다. 교사는 최적의 준비된 환경을 만들어

제공해야 하고, 아동과 환경 사이를 연결해 주는 역할을 해야 한다.

마지막으로 몬테소리 교사의 가장 중요한 역할은 아동에 대한 존중이다. 아동 스스로 환경을 선택하면 몰입할 수 있도록 하며, 아동 스스로 자신의 오류를 시행착오를 통해 깨닫게 해 주어야 한다.

3. 생태교육 프로그램

1) 기본개념과 철학

생태교육에 대한 정의는 한 마디로 규정하기보다는 그 본질에 의미를 두고 다각적으로 검토하여 몇 가지로 제시하고 있다(임재택, 2005 : 15~17). 생태교육은 최근 산업문명의 최대 피해자인 아동들의 병든 몸과 마음과 영혼을 살리고, 나아가 성장과 개발, 자본과 경쟁의 논리가 지배하는 지금의 유아교육 현실을 개선하고자 하는 새로운 패러다임의 아동교육방법이다. 생명사상 내지 생태론적 세계관에 바탕을 둔 생명론적 접근의 유아교육으로, 생태교육은 생명학(vitology)과 생태학(ecology)을 비롯한 우리나라와 동 · 서양의 생명사상에 바탕을 둔다.

여기서 언급한 유아교육은 인간 생명의 시작인 잉태에서부터 초등학교 취학 전까지의 아동이 스스로 잘 자라고 더불어 잘 자라도록 돌보고 기르는, 즉 보호, 양육, 교육 등을 모두 포함한다. 생태유아교육에서 말하는 유아교육은 태아, 영아 및 유아의 보호와 교육을 의미하는 것으로 '영유아보육'의 개념을 포함하고 있다. 결국 생태유아교육의 구체적인 모습은 생태유아교육과정을 통해 나타난다고 말할 수 있다.

생태유아교육은 기존의 유아교육에 생태적인 내용을 가미하는 정도의 것이 아니라, 세계를 바라보는 근본 관점을 달리하면서 현대문명을 통해 생긴 유아교육의 문제를 해소하고자 하는 새로운 패러다임의 유아교육이다. 이처럼 생태유아교육은 기존의 구조 · 기능론적 유아교육과는 근본적으로 다른 패러다임을 가지고 있기 때문에 교육과정에 있어서도 상당한 차이가 있다(임재택, 2005 : 258).

이와 같이 자연생태계와 보육받는 유아들과의 만남을 통해 그들의 본성을 이해하고 배려하는 프로그램이 생태보육 프로그램이라 할 수 있다.

[그림 3-6] 생태교육을 위한 다양한 재료들

2) 생태교육 프로그램의 내용

생태교육 프로그램은 아동이 자연적 환경인 물, 불, 공기, 땅, 동물, 식물 등의 자연을 직접 만지고 놀이 상대로 경험하여 본래의 모습으로 성장하며 생명존중과 공동체의식을 갖도록 하는데 목적을 두고 있다.

아동들에게 '자연'과 '놀이'와 '아이다움'을 되찾아 주는 길을 모색한다. 생태교육의 길을 열어가는 프로그램의 보육과정은 다음 몇 가지 의미를 내포한다(임재택, 2005 : 259~260).

(1) 생태교육 프로그램의 의미

① 생명가치를 지향한다.

생태교육 프로그램은 자연의 본성을 지닌 아동과 자연과의 신체적 · 정신적 교류와 교감을 통해 인간과 자연의 공생 및 상생의 지혜를 터득하고 실천하는, 아동의 생명성을 살리는 교육내용을 중시한다.

② 계절에 맞고 자연의 시간에 따른다.

생태교육 프로그램은 자연의 시간과 흐름에 맞지 않는 인위적인 교육과정, 구조화된 교육계획, 계획적인 교수방식 등을 배제하고, 자연의 시간과 흐름에 따르는 기다림과 인내심을 요구한다. 정월 초하루 설날부터 섣달 그믐날까지 한 해의 시간 흐름과 변화에 따라 철에 맞는 교육과 자연의 시간에 따르는 교육내용을 중시한다.

③ '지금-여기'에서의 행복한 삶을 지향한다.

생태교육 프로그램은 스스로 살아가고 더불어 살아갈 수 있는 아동들의 무한한 잠재적 생명력을 인정하고, 그들의 자유와 개성을 보장하고 개별화된 창조적 교육을 중시하는 만큼 미리 '계획된 것'보다는 '지금-여기'의 활동을 중요시한다. 내일에 필요한 아이를 만드는 것이 아니라 지금-여기에서 행복한 아이를 위한 삶을 함께 나누는 교육을 지향한다.

④ 시간, 공간, 사람, 자연 등의 조화와 통합을 지향한다.

생태교육 프로그램은 교실을 벗어나 바깥놀이터에서 여러 연령대의 아동들이 함께 놀면서 자라고, 보육기관의 문 밖을 나서서 사람들의 세상살이를 체험하고 자연세계를 접하는 것을 중시한다.

⑤ 사람, 사회 및 자연과 만남의 관계를 중요시한다.

생태교육 프로그램은 관계 중심으로 자연과 인간, 인간과 인간, 인간과 동·식물 등의 상호관계를 인정하고 상호존중할 수 있게 하는 교육을 강조하며, 이러한 관계 속에 정성과 사랑을 강조한다. 생태보육과정은 머리·돈·말로 아동을 키우는 오늘의 현실에서 가슴·사랑·정성으로 아동을 키우는 교육내용으로의 패러다임 전환을 지향한다.

(2) 생태교육 프로그램의 교육원리와 구성체계

생태교육 프로그램의 5가지의 교육원리를 중심으로 두고 있다.

① 기다림의 원리

아동들의 자연적인 성장·발달을 성인이 재촉하는 것이 아니라 자연의 순리에 따르듯 기다린다.

② 감각을 살리는 원리

자연과의 접촉, 바깥놀이나 산책, 손끝놀이, 유기농 먹거리, 자연물을 이용한 놀잇감과 몸짓 놀이를 통해 아동들의 감각기관을 발달시켜 몸과 감각을 살린다.

③ 삶을 체험하는 원리

텃밭 가꾸기, 세시풍속 행사 등 다양한 활동이 아동들의 생활 속에서 반복되어 이루어지게 한다.

④ 놀이와 재미를 통한 원리

외부의 간섭이 없는 자유롭고 자발적인 활동으로 생활 그 자체가 되며 세상을 이해하고 장래에 대해 준비해 가는 활동으로 놀이가 이루어지게 한다.

⑤ 자유로운 표현을 격려하는 원리

아동 스스로 선택한 일상생활의 활동경험을 통해 주변 세계를 탐색하고 이해할 수 있게 격려하여 자신의 경험을 다양한 매체를 통해 자유롭게 표현하도록 한다.

생태교육 프로그램은 교육이념 및 방향, 교육목적 및 목표, 교육내용, 교육방법 및 교육평가로 구성되며, 그 구성요소의 개략적인 내용체계는 다음 〈표 3-1〉과 같이 제시할 수 있다(임재택, 2005 : 261).

표 3-1 생태유아교육과정의 구성체계

<table>
<tr><th colspan="2">구성요소</th><th colspan="10">교 육 내 용</th></tr>
<tr><td colspan="2">교육이념</td><td colspan="4">생명중심 유아교육</td><td colspan="3">공동체중심 유아교육</td><td colspan="3">몸 · 마음 · 영혼의 유아교육</td></tr>
<tr><td colspan="2">교육방향</td><td colspan="4">자연을 되찾아 주는 유아교육</td><td colspan="3">놀이를 되찾아 주는 유아교육</td><td colspan="3">아이다움을 되찾아 주는 유아교육</td></tr>
<tr><td rowspan="5">교육 목적 및 목표</td><td rowspan="2">바라는 세상</td><td colspan="4">생명공동체
(사람과 자연이 하나 되는 세상)</td><td colspan="3">사람공동체
(사람과 사람이 더불어 사는 세상)</td><td colspan="3">아이 행복세상
(아이들이 행복하게 사는 세상)</td></tr>
<tr><td colspan="10">신명나는 세상 · 생명세상</td></tr>
<tr><td rowspan="3">바라는 아이</td><td colspan="4">자연과 하나 되는 아이
자연아(自然兒)</td><td colspan="3">다른 사람과 더불어 사는 아이
사회아(社會兒)</td><td colspan="3">행복한 아이
행복아(幸福兒)</td></tr>
<tr><td colspan="10">신명나는 어린이 · 생명인(生命人)</td></tr>
<tr><td>튼튼한 어린이</td><td>즐거운 어린이</td><td>스스로 하는 어린이</td><td>새로운 것을 생각하는 어린이</td><td>예의바른 어린이</td><td>생명을 존중하는 어린이</td><td>일을 귀하게 여기는 어린이</td><td>우리 것을 아는 어린이</td><td>지구를 지키는 어린이</td><td>더불어 사는 어린이</td></tr>
</table>

<table>
<tr><td rowspan="2">교육내용</td><td colspan="7">몸교육 · 마음교육 · 영혼교육 / 이성교육 · 감성교육 · 영성교육</td></tr>
<tr><td>삶교육</td><td>땀교육</td><td>관계교육</td><td>감각교육</td><td>앎교육</td><td>감성교육</td><td>영성교육</td></tr>
<tr><td>교육활동</td><td colspan="7">몸짓놀이 / 세시풍속 / 먹을거리 / 산책 / 텃밭 가꾸기 / 도 · 농교류 / 손끝놀이 / 절제절약 / 초기적응 / 바깥놀이 / 자연건강 / 명상 / 감성 / 영성 / 태교 / 생태미술 / 생태문학 / 생태음악 등</td></tr>
<tr><td rowspan="2">교육방법</td><td colspan="2">관계성(接) 교육</td><td colspan="2">순환성(化) 교육</td><td colspan="2">다양성(群) 교육</td><td>영성(生) 교육</td></tr>
<tr><td colspan="7">생명원리에 따른 교육 / 기다림과 느림의 교육 / 자유로운 표현을 격려하는 교육 / 감각을 살리는 교육 / 놀이와 재미를 통한 교육 / 삶과 깨달음의 교육</td></tr>
<tr><td>교육평가</td><td colspan="7">아이의 몸 · 마음 · 영혼의 평가 / 아이들의 삶 전반에 대한 평가 / 발달 · 변화 지향 평가보다 '지금 – 여기' 지향 평가</td></tr>
</table>

출처: 임재택 (2005 : 261).

3) 교사의 역할

생태보육을 실천하는 교사가 되기 위해서는 교사이기 전에 세상을 보는 바른 눈을 가진 바른 인격체를 소유하여야 하며, 자연을 가장 좋은 교과서로 믿고 아동들에게 자연과의 접촉을 많이 배려해 주고, 생명존중을 몸으로 실천하는 생태적 소양인이어야 한다. 교사는 자연과 함께 하는 농부이자, 마음을 돌보고 먹을 양식을 주는 어머니이고, 때로는 마음을 돌보는 영적 치유자이며, 함께 살아가는 삶의 동반자인 것이다.

교사의 역할을 몇 가지 측면에서 살펴보면 다음과 같다.

(1) 아동을 돌보는 어머니의 역할

생태보육을 실천하는 교사는 일반교사의 역할보다는 어머니의 역할에 더 가깝다. 아동들을 가르치는 교육이기보다는 아동들을 돌보는 엄마의 역할과 유아들과의 생활을 중요시한다. 아동들에게 어떻게 식물을 키우는지, 음식을 어떻게 요리하는지, 어떻게 살아가는지를 알게 하는 과정이 돌봄이다. 아동을 자연과 더불어 살아갈 수 있도록 돌봄을 이루어 나간다.

(2) 땀의 의미를 체득하게 하는 역할

노동 후의 땀 속엔 삶이 있고, 자연의 원리가 숨어 있다. 흙의 가치를 알고, 생명의 가치를 아는 사람은 땀의 가치를 아는 사람이다. 지적 교육에 치중하는 현대 교육에서 벗어나 머리, 가슴, 손, 발, 영혼이 함께 하는 참교육이 이루어지도록 한다. 이러한 교육이 이루어지기 위해서는 교사가 먼저 땀을 흘리고 움직임이 살아있는 교육을 체득하여야 한다.

(3) 생명을 존중하고 섬김을 실천하는 역할

사랑의 근본은 아동의 생명에 대한 존중과 그 생명체에 대한 섬김이 중요한 역할이다. 부모나 교사는 아동들이 본래부터 지니고 있는 생명이 스스로 잘 자라도록 돌보는 일을 하면 된다. 생태유아교육은 인간이 소우주이며 자연의 일부임을 깨닫고 이에 근거하여 자연성 회복을 향하는 생명운동이며 실천이다. 진정한 교육은 하늘을 이고 땅을 밟고, 그 속에서 자연과 사람, 사람과 사람의 관계 회복을 위한 교육이어야 한다. 인간의 다양성을 인정하고 개인의 생명 결대로 유아들을 키우고자 하는 것이다.

(4) 지금 행복할 수 있도록 하는 역할

지금 행복을 느끼는 아동으로 키우려면 먼저 교사가 행복하여야 한다. 교사가 수업용 교재 · 교구나 수업자료를 준비하기 위해 과도의 업무로 시달릴 경우 그와 함께 하는 아이들은 결코 행복할 수 없다. 아동들의 삶의 결에 따라 계획하고 그 계획에 얽매이지 않는 지금을 누리는 교육이 되어야 한다. 억지로 맞추는 계획이 아니라 자연의 리듬에 맞추는 교육계획의 실행이 필요하다.

(5) 조화로운 관계를 이루며 미적 체험을 하는 역할

교사는 자연의 관계를 삶의 질서 속에 풀어낼 수 있어야 한다. 자연과 함께 하고, 아동들과 함께 하고, 부모나 동료 교사와 함께 할 수 있어야 한다. 원만한 인간관계를 통해 서로 조화롭게 살아가는 삶의 양식을 풀어 나간다. 교사는 아동들과 함께 하는 놀이 속에서 기쁨을 공감할 수 있어야 하고, 심미적 감수성을 일깨우며, 사람과 사물을 감동시키는 미적 체험을 경험하도록 노력해야 한다.

4. 발도로프 프로그램

1) 기본개념과 철학

발도로프 교육학은 제1차 세계대전 이후에 발생한 사회적, 경제적 혼돈 속에서 생겨났다. 발도로프 학교는 당시 인지학 운동의 창시자이며, 사회적 개혁을 위한 시민운동의 주도자였던 루돌프 슈타이너(Rudolf Steiner, 1861~1925)에 의해 최초로 설립되었으며, 1960~1970년대에 급증하였다.

슈타이너는 프랑스 혁명의 요인이었던 자유, 평등, 형제애를 아주 다른 사회적 행위를 이끄는 원칙으로 파악하고, 자유로운 교육기관과 더불어 정신생활의 원리로 적용하였다. 발도로프 학교는 다양한 사회적 계층과 소질을 가진 아동들이 교육을 받았으며, 일반교육의 실현을 목적으로 하였다.

발도로프 교육철학은 슈타이너의 독특한 인지학적 인간 이해에 기초하여 생겨났다. 발도로프 교육과정에서 기본개념이 되고 있는 인지학(Anthroposophia)은 그리스어 '인간(Anthropos)'과 '지혜(Sophia)'를 합친 말로 인간에 대한 지혜를 의미한다. 슈타이너에 의하면 인지학은 자신의 인간성을 인식하도록 인간의 영혼에 지혜를 부여하는 것을 의미한다. 즉 인지학적 인간학은 육체 · 영혼 · 정신을 가진 인간의 일체성을 바탕으로 하고, 주요 관심사는 전인적인 인간교육을 실현하는 데 있다.

슈타이너는 인간에 대해 연구는 정신과학, 즉 현실과 격리된 이론이 아닌 진정한 삶에 대한 인식을 의미한다. 슈타이너는 인간의 성장과 발달을 7년을 주기로 바뀌는 전환기마다 인간은 새로운 탄생을 경험한다고 보았다. 슈타이너 교육의 핵심은 발달단계에 따라 네 가지 본질적인 구성체의 발달이라고 할 수 있다. 이 네 가지 본질적인 구성체는 동시에 발달하는 것이 아니라 정신연령에 따라 다르게 구성이 된다. 즉 인간의 네 가지 본질적인 구성체는 물리적 육체인 생명체(에테르체), 감성체(아스트랄체), 자아체, 감성혼, 이성혼, 의식혼이 그리고 더 높은 경지로 변형된 정신인간이다.

발도로프 교육과정은 이 네 가지 구성체의 발달을 근거로 해야 한다. 교육자는 이러한 네 가지 구성체 중에 어느 구성체가 발달하고 있는 연령인가와 그에 적절한 도움을 주는 일에 염두해 두어야 한다. 이렇게 유아에게 도움을 주는 일은 슈타이너는 '교육예술'이라고 표현하였다. 이를 위해 부모와 보육교사는 물리적인 신체형성에 적절한 물리적 환경을 조성해 주어야 한다.

발도로프는 출생에서 7세까지의 유아를 감각적인 존재로 보고 감각적인 실제 경험을 통한 학습을 강조한다. 발도로프 프로그램의 기본적 개념 및 특징을 살펴보면 다음과 같다(윤선영, 2002).

① 모방은 학습의 기본원리이다. 따라서 교육과정의 기본원리는 교사의 모범적인 행동과 아동의 모방에 있다.
② 발도로프 교육과정은 리듬감 있는 생활교육이다. 아동에게 안정감과 끊임없이 자극을 주는 공간적 구성과 리듬이 담긴 생활의 구성에 있다.
③ 발도로프 교육과정은 감각교육을 중요시한다.
④ 아동의 고유한 상상적 발달을 중요시한다.

2) 발도로프 프로그램의 내용

발도로프 어린이집은 혼합연령 집단으로 학급을 구성한다. 또한 개별화 교육을 중시하여 유아 개개인의 능력에 맞는 개별화 교육을 실시한다. 교사는 항상 모범을 보이고 활동은 교사의 지도로 시작되지만, 교사의 강요 없이 소집단으로 행하여지므로 모든 유아들에게 효과적이다.

발도로프 어린이집에서는 자유로움을 강조하며 원장이 없고, 교사들로 구성된 교사협의회라는 동료적인 경영체제에 의해 행정문제와 교육적인 활동이 결정된다. 모든 교사는 직위에 의한 위계 관계가 아니기 때문에 교사의 봉급도 가족의 상황 등에 의해 결정된다. 프로그램의 운영은 독자적으로 개발하여 운영하고 있기 때문에 운영의 자율성이 중요시된다.

발도로프 어린이집 프로그램의 내용을 살펴보면 다음과 같다.

(1) 생활리듬

보육과정은 인간의 삶의 리듬을 바탕으로 연, 월, 주, 하루일과를 통해 시간적 구성이 이루어지고 있다. 시간적 구성이란 생활리듬이 담긴 구성을 말한다. 항상 재반복되는 일과는 유아에게 안정을 준다. 그러나 시간을 엄격히 지켜야 한다는 것은 아니다. 리듬생활은 1년이 리듬이며, 움직이는 삶의 리듬이다. 리듬생활은 1년의 리듬, 계절의 리듬, 달의 리듬, 하루의 리듬, 리듬놀이, 그리고 하루의 특정한 시기나 날에 행해지는 수 활동, 라이겐과 리듬놀이 활동과 같은 예술활동과 축제 등으로 구성되며, 이러한 활동들은 다시 반복된다.

발도로프 보육과정의 하루생활 구성은 기본적인 리듬인 호흡과 밀접한 관계가 있다. 날숨과 들숨이 적절히 반복되어 탄력 있는 생활의 리듬이 형성하는 것이다. 날숨에는 주로 정리정돈 시간을 포함한 자유놀이 시간, 바깥놀이나 나들이가 이에 속하고, 들숨에는 식사시간, 이야기 듣기, 낮잠 자는 시간과 같이 다 함께 하는 활동들을 의미한다.

발도로프 하루일과는 아동이 자신의 내면을 충분히 외부에 노출할 수 있는 자유놀이 시간부터 시작한다는 특징이 있다.

(2) 예술활동

발도로프 보육과정에서 예술활동을 중요시하는 것은 이해하고, 분류하고, 사고하는 '이성적 인간'보다는 움직이고 사물을 표현하려는 '움직이는 인간', '체험하는 인간'의 욕구를 중요시하기 때문이다. 예술활동은 색채, 빛, 음, 울림, 리듬 등에 일상생활에서 경험하면서 글자를 익히고, 수를 이해하면서 인간과 자연을 이해하는 활동을 말한다. 예술활동은 주로 교사에 의해 이루어지며 인형 만들기, 절기음식 만들기, 바느질, 조작, 어린이를 위한 놀잇감 만들기, 명절이나 기타 특별한 활동을 위한 것이다.

예술활동에는 라이겐(Reigen)이라는 리듬놀이를 중심으로 이루어진다. 라이겐이란 그리스 신전에서 원을 그리며 춤을 춘다라는 말에서 비롯되었다. 리듬놀이를 위한 동작에는 씨뿌리기, 물주기, 추수하기, 과일 따기와 같은 인간의 노동행위, 인가하기, 춤추기, 안고 흔들어 주기와 같은 인간관계에 대한 행위, 인간과 식물, 동물, 광물과의 관계가 담긴 행위 등이다.

리듬놀이는 예술적으로 형태화한 움직임, 언어 뿐만 아니라 음악적인 요소까지도 포함된다. 또한 라이겐에는 계절과 절기 특별한 축제와 행사와 같이 1년의 생활 흐름과 관련이 있는 내용이 담겨야 한다.

(3) 극놀이

발도로프 보육과정에서 교사는 매일 동화 및 이야기 들려주기, 인형극과 같은 극놀이를 한다. 한 주제에 대한 이야기를 일주일 내내 반복함으로써 공동체험과 행동이 가능해지고 언어발달이 이루어지게 한다. 이야기는 그림을 동반하지 않고 교사가 직접 들려주며, 같은 이야기를 2주간 반복하여 들려주어도 유아의 상상력은 항상 발휘한다. 인형극을 위한 인형은 색깔을 통해 상징적인 표현을 하고 간단한 얼굴 모습으로 유아가 구체적인 상상을 하도록 한다.

(4) 미술활동

발도로프 미술활동은 주로 크레용과 물감을 활용하며, 아동의 내적인 표현과 색깔이 본질적인 체험을 하기 때문에 어떤 주제를 과제로 제시하지 않고 교사가 모범이 되어 진지한 그림 그리기를 하되 선을 사용하기보다는 면을 그림으로써 생동감 있는 그림을 체험할 수 있게 한다.

발도로프 어린이집에서 수채화를 사용하는 법은 독특한데, 먼저 도화지를 물에 담근 후 일정 시간이 지나면 꺼내어 천으로 물기를 닦는다. 물에 젖은 붓을 물감에 찍어 그림을 그린다. 그러면 물감이 스며들면서 선을 만들며 각이 진 경계가 나타나지 않는 생동감있는 그림을 표현할 수 있다.

[사진 3-7] 유아들의 수채화 그림 그리기

(5) 놀이

발도로프 어린이집은 각이 없고 지붕, 교실, 복도가 곡선으로 되어 있다. 이는 자연에는 각이 없는 다양한 곡선인 점에서 비롯한다. 실외놀이터에는 모래밭, 오두막집, 유아가 쉴 수 있는 고목이 전부이고 미끄럼틀, 그네, 정글짐 등이 없다. 교실에는 문명의 이기인 텔레비전, 컴퓨터를 비롯한 각종 전자제품이 없고 대부분 자연물이고 원형 그대로 꾸며져 유아가 안정감을 느낄 수 있도록 구성되어 있다.

발도로프의 환경구성은 놀이를 통해 창의적이고 다양한 예술적 경험을 하도록 하는 데 초점을 두고 있다. 어린이집에서는 유아의 놀잇감으로 완제품을 거의 사용하지 않는다. 즉 크레용과 물감 등은 있으나 완전한 완제품은 사용하지 않는다. 나무토막, 나뭇가지, 밀집, 견과류(호도, 밤 등), 씨앗, 조개껍질, 눈, 코, 입이 없는 수작업 인형 등을 제시한다. 놀잇감은 유아의 상상력을 촉진하고 자극할 수 있는 단순한 것이다. 유아의 놀이에는 어떤 강요나 강제력이 행사되지 않으며, 소집단 또는 전체 자유놀이에 나타나는 상상력을 매우 중요시한다. 놀이를 통해 유아의 지적, 사회적, 정서적 발달을 도모한다.

3) 교사의 역할

발도로프 프로그램에서 필요로 하는 교사상을 살펴보면 크게 두 가지로 요약할 수 있다(홍지연, 2002 : 81~82). 첫 번째는 자기수양(self-cultivation) 혹은 자기교육(self-education)을 지속적으로 실천하는 교사이다. 즉 아동들은 자기 주변의 인물들과 환경에 대해 끊임없이 모방과 본보기를 통하여 학습하는 것이 자명하기 때문에 이론적으로 전문가인 교사보다는 끊임없이 자기수양이나 자기교육을 실천하는 교사가 더 훌륭한 교사이다. 두 번째는 정신과 신체를 통합하는 교육을 실시하는 교사이다. 따라서 교사는 영혼과 정신, 신체를 통합하기 위해 언어, 수학, 역사, 지리학, 과학 등을 가르치는 것과 동시에 그리기,

페인팅, 조작, 음악, 드라마와 같은 것들도 가르쳐야 한다는 것이고, 이것이 바로 영혼, 정신, 신체를 건강하게 유지하는 방법이라는 것이다.

북미 발도로프협회(AWANA : Association of Waldorf of North America, http://www.awsna.org/ education-teacher.html)는 발도로프 교육에 참여하는 교사는 사상가, 예술가, 과학자, 시인, 환경가, 음악가의 역할을 감당할 수 있어야 한다고 본다. 이 협회에서 요구하는 발도르프 프로그램의 바람직한 교사상은 다음과 같다. 첫째, 교사 자신의 가치와 교사라는 직업적 전문성이 통합되어야 한다. 둘째, 학급에서 아동들의 요구에 부응할 수 있는 자유로움을 지녀야 한다. 셋째, 교사 자신이 예술, 동작, 음악에 대한 창조성을 개발할 수 있어야 한다. 넷째, 교과과정에 대한 끊임없는 연구를 해야 한다. 다섯째, 학급과 학교생활에 대하여 학부모의 관심과 후원을 유도해야 한다. 여섯째, 역사, 과학, 문학, 예술에 대한 이론적 지식을 발전시켜야 한다. 일곱째, 아동 개개인의 성장을 지켜 주는 파트너이자 증인이 되어야 한다.

5. 레지오 에밀리아 접근법

1) 기본개념과 철학

레지오 에밀리아 접근법이란 이탈리아 북부도시 레지오 에밀리아 시(市)를 중심으로 시작된 유아교육 프로그램이다. 뛰어난 교육철학자이며 교육운동가인 로리스 말라구찌(Loris Malaguzzi)의 주도하에 지난 30여 년 동안 발전시켜온 교육과 사회적 서비스가 통합된 독특하고 혁신적인 교육/보육 조직과 환경구성, 교육과정과 방법론을 통칭하는 것이다.

레지오 에밀리아 접근법은 이탈리아 북부지역인 레지오 에밀리아 시립 어린이집에서 30년 전 시작 초기부터 지금까지 실시하고 있는 영유아 보육프로그램이다. 레지오 에밀리아 접근법은 교사이자 교육이론가인 로리스 말라구찌(Lolis Malaguzzi)와 그와 함께 일한 헌식적인 교사들에 의해 발전되어온 접근법이다. 레지오 에밀리아 접근법이 '프로그램'이라는 용어보다는 '접근법'의 용어를 사용하는 것은 일정하게 정형화된 교육 프로그램이라기보다는 지속적으로 연구와 개발을 시도하기 때문이다.

레지오 에밀리아 학교의 설립자인 로리스 말라구찌는 오늘날 유아교육에 많은 영향을 미친 듀이의 진보주의 교육 이념, 피아제와 비고스키의 학습과 발달 이론 등에서 영감을 얻고 영향을 받았다.

듀이는 아동의 개성, 흥미, 욕구, 적성과 자발성 등을 중요한 교육의 원리로 삼고, 아동중심의 교육을 강조하였다. 듀이는 학습을 경험의 끊임없는 지식의 재구성으로 보아 교육은 지속적인 재조직, 재구성, 변형의 과정으로 보았다. 듀이와 레지오 교육자들은 아동의 성장과 어른의 성장을 모두 중요하게 보았고, 학습을 상호 호혜적이고 협력적인 과정으로 이해한다. 레지오 교육자들은 인지적 갈등, 발생학적인 재구성론, 반성적 추상과 같은 피아제의 견해를 받아들이고 이를 사회적인 관점에서 폭넓게 적용하였다.

레지오 교육자들이 말하는 교육의 목적은 표현적 · 의사소통적 · 인지적인 언어를 통합하여 스스로 사고하는 힘을 구축해 갈 수 있는 재통합된 아동을 길러 내는 것으로 아동은 언제나 학습의 주체이다. 즉 레지오 접근법에서 보는 아동은 강하고, 풍요로운 잠재력을 가지고 있으며 탐구심과 호기심, 학습을 능동적으로 주도할 능력이 있다고 본다.

레지오 접근법에서는 아동을 역사 또는 사회 문화적인 환경 속에서의 개체로 자발성을 강조하고 있다. 즉 사회의 조직망 사이의 관계를 적극 활용하여 아동의 창의성과 잠재력을 계발하고자 한다.

2) 레지오 에밀리아 접근법의 내용

(1) 아동에 대한 견해

레지오 접근법은 아동을 능동적이고 풍요로우며, 강한 존재로서의 이미지를 가지고 있다. 이러한 아동에 대한 견해는 레지오 에밀리아 접근법의 근거이기도 하다. 아동을 단순한 욕구를 가진 존재로 보기보다는 권리를 가진 독특한 존재로 본다. 아동은 잠재력, 유연성, 성장욕구, 호기심, 지식습득, 다른 사람과 관계를 맺고 상호작용하려는 욕구를 가진 존재이며, 이는 그들의 타고난 권리이다(Rinaldi, 1997). 레지오 접근법의 아동관은 강력한 아동, 유능한 아동, 자기 권리를 가진 아동, 그리고 사회적 의사소통 권리와 능력을 가진 아동으로 정리하고 있다. 즉 '아동은 소비자가 아니라 생산자이며, 아동 스스로 배울 수 있는 것 외에는 가르쳐서는 안 된다'는 것이다(서영숙 · 서지영, 2002).

(2) 프로젝트 중심의 발현적 보육과정

발현적 보육과정(emergent curriculum)이란 일반적인 교육목표는 세우지만 수행하여야 할 프로젝트나 세부 목표는 세우지 않고 즉흥적인 발상에 착안하여 교육의 방향을 제시하고 이끌어 가는 교육방법을 의미한다. 이러한 활동은 아동들의 잠재가능성과 창의성을 증진시키며, 아동들을 독특한 개체로 인식하여 아동 스스로 학습할 수 있는 공간과 생각과 상황을 준비하고 계획해야 아동과 성인간의 상호작용과 의사소통이 이루어질 수 있다는 이론에 따른다. 활동 과정에서 교사는 아동이 도전에 개방적이고 또래와 활동할 수 있으며 목표를 위해 스스로 의도한 것을 실행할 수 있는 능력이 있는 존재로 믿기 때문에 아동의 활동에 끊임없는 실험과 기록을 수행하여 교사 간 토의를 통해 잠재력을 학습에 반영하고 지원해 줄 수 있는 단서를 찾으며 아동이 문제와 의문점을 스스로 발견하고 가설을 세우고 검증, 확인해 나가도록 돕는다. 그러므로 학습에 있어서 성인의 역할은 최소화할 수 없으며 아동의 자발적 참여가 강조된다.

레지오 에밀리아 접근법에서 프로젝트를 위한 준비지침을 현장에서 일하는 교사를 위해 살펴보면 다음과 같다(김희진 · 오현자 역, 2001).

① '계획'이라고 생각하기보다는 '예비 점검' 또는 '답사'라고 생각한다.
② 프로젝트를 할 때 2~6명의 아동으로 구성된 소집단을 활용한다.
③ 매일의 경험과는 색다른 주제를 사용한다.
④ 아동들이 규모가 크고 복잡한 것을 시도하도록 격려한다.
⑤ 감정적으로 하루에 힘든 주제라고 해서 피하지 않는다.
⑥ 전시하고 의사소통할 기회로서 프로젝트를 제시한다.
⑦ 여러 가지 가능성을 미리 생각해 보고 준비한다.
⑧ 프로젝트를 하면서 어디서 학문적 내용을 자연스럽게 다룰 수 있는지 예상한다.

(3) 다상징적 표상을 통한 교수 · 학습

레지오 에밀리아 접근법에서 아동은 학습하기 위해 그린다. 다양한 매체를 사용한 상징적 표상은 레지오에서는 교육과정의 한 분리된 부분이 아니라 학습과정에서 이루어지는 인지적, 상징적 표현으로서 사고를 구축해 가는 중요한 요소가 된다. 레지오 교사들은 아동이 자신의 생각을 다른 사람이 이해할 수 있도록 표현하는 의사소통적 맥락의 표상활동을 강조한다. 프로젝트에서 공통적으로 사용하는 방법으로, 교사는 아동들이 이해한 것을 학급의 잘 모르는 다른 아동에게 발표하거나 아동을 위한 사용지침서를 만드는 단계를 반드시 포함시킨다. 상징을 발명해 내는 아동들의 동기는 자신들이 이해한 것을 더욱 의식화하고 다른 사람에게 더욱 명확하게 전달하려는 의도에서 생긴다.

자신이 알고 있는 것을 남이 이해할 수 있도록 그려야 하는 경우 그림은 새로운 역할을 한다. 이러한 활동과정에서 아동은 메타 상징적 수준의 이해를 구축할 뿐 아니라 자신의 표기를 다른 아동의 것과 비교하는 과정에서 사물을 보는 서로 다른 관점을 학습하게 된다. 아동이 발명한 상징은 지식의 표현일 뿐 아니라 동시에 아동으로 하여금 현재 다루고 있는 주요 요소들 간 새로운 관계, 새로운 의미를 생각하게 하는 지식의 원천이 된다. 이와 같이 프로젝트 활동과정에서 아동들이 다양한 매체를 통한 상징적 표상을 '상징적 언어', '시상적 언어'라고 하며 레지오 교사들은 '아동의 수많은 언어'라 말한다.

레지오 교육자들은 학습과 발달의 과정을 기술하거나 프로젝트를 계획하거나 또는 교육에 대해 말할 때 직선적이기보다 나선형적인 방식으로 사고한다는 것이 특징이다. 프로젝트가 전개되면서 교사의 판단에 따라 반복할 시간을 충분히 가지고 다양한 표상매체를 사용하여 중요한 경험을 관찰, 재관찰하고 고찰, 재고찰하며 표상, 재표상함으로써 일련의 활동을 방문하고 재방문해 나감에 따라 이전 경험을 깊이 있게 탐색, 확장시켜 나가는 교수전략을 활용한다. 일정기간 동안 한 가지 상황이나 개념을 언어로 토의하고 그림으로 그리고 조사한 후 다시 그리고 탐색하고 대상물을 복사하여 가상의 모형을 만드는 등의 다 상징적 과정을 거치면서 아동이 자신의 현재 가설, 아이디어, 이론을 표상하고 재방문하여 재표상, 재표상해 나가는 가정을 '상징화 주기'라는 개념으로 프로젝트 활동에서 사용한다.

상징화 주기는 아동의 반성적 사고 능력을 향상시키기 위한 교수전략이다. 아동들이 한 가지 상징체계로만 표상할 때 흔히 발견되지 않는 개념들을 다양한 매체를 사용하여 다각도로 표상하게 한다(서영숙 · 서지영, 2002). 그러한 가정에서 반성적 추상작용과 메타-인지 능력을 깊게 하여 아동들로 하여금 자신이 아는 것들 간의 일관성을 높이고 이해의 수준을 심화시킬 수 있다. 상징화 주기에서 다양한 형태의 표상은 아동의 탐색과 조사과정의 수단이 된다. 먼저, 언어적 설명은 아동이 이전 경험을 쉽게 기억하여 낼 수 있기 때문에 아동의 가설적 이론이 되고 프로젝트에서 다루어질 개념의 맥락과 동기로 역할을 한다. 2차원적 그리기는 사건의 세부내용을 사고하고 관찰하여 그림으로 그

복잡성을 표현해야 하기 때문에 아동의 탐색을 돕고 아동과 교사로 하여금 주제에 대한 개념 이해 정도를 읽을 수 있게 하는 중요한 단서가 된다. 3차원적 모형 만들기는 아동의 아이디어를 기능적 맥락에서 사고하도록 자극하므로 이론을 검증하게 한다. 표상 후, 아동들 간 소집단 토의를 통해 이루어지는 목적과 결과에 대한 포괄적 질문은 아동으로 하여금 자신의 이해에 대한 잘못된 개념과 정확한 사고를 확인하고 동시에 사고를 깊게 하는 도전이 된다.

또한 아동이 가상의 모형 만들기나 실제 경험을 한 후 다시 그림으로 표상해 봄으로써 주기를 거슬러 올라가게 하는 재순환은 중요하다. 재방문한다는 것은 단순히 이전 경험을 재생하는 것이 아니라 반성적 추상을 하는 재구성과정이다. 이러한 재표상은 아동이 자신의 지식을 강화하고 잘못된 개념을 재정의, 개선하여 지식의 일관성을 갖도록 돕는다.

다음은 미국 암허스트의 막스 메도우 팀 초등학교 교사 네 명이 레지오 에밀리아 접근법을 이해하기 위한 프로젝트로서 '눈 속의 도시(The city in the snow)'라는 프로젝트를 진행하였다. 이 프로젝트에서 아동은 현재의 가설, 아이디어, 이론을 그림으로 그리고 다시 그리게 하여 깊이 생각하는 능력을 향상시키는 데 상징화 주기를 활용하였다(Foman et al., 1993 : 237~245).

눈 속의 도시(The city in the snow) 프로젝트 상징화 주기

주기 1 언어적 분출(Verbal outpouring)
교사가 아동에게 가장 익숙한 상징체계인 언어를 활용하여 주제에 관련된 아동의 경험이나 지식을 말하게 한다. 아동은 말로 표현하는 방법이 익숙하나 자신이 말을 재고하고, 논리적 결함을 제거하고 증거를 제시하는 데 어려우므로 다음 주기의 필요성이 요구된다.

주기 2 첫 그리기와 토론(Initial drawing and discussion)
교사는 아동에게 언어로 표현한 내용을 그림으로 그리고, 이러한 활동을 통해 새로운 아이디어와 인지적 불일치에 대한 문제해결을 시도한다.

주기 3 모형만들기(Simulation)
아동의 주장이나 가설을 물리적인 모형으로 시연해 봄으로써 주기 1, 2의 추측과 이론을 물리적으로 확인한다.

주기 4 참조 자료로 그림 활용(Using the drawing as the referent)
아동들은 물리적 모형 시연을 통해서 확인한 것을 그림으로 그리면서 문제해결을 심사숙고하도록 한다.

주기 5 현장경험(The experience)
아동이 자기 주장에 대한 증거를 찾고, 의문점을 해결하기 위해 현장경험을 한다.

주기 6 경험 후 그리기(The postexperience drawing)
아동은 현장경험을 통해 발견한 것을 다른 아동들과 토의하면서 자신이 이미 알고 있는 것을 수정하여 표현한다.

주기 7 확장(Broadening)
교사는 아동들의 비시각적인 경험을 시각적인 표상으로 나타나도록 한다.

주기 8 심화(Deepening)
교사는 주제를 비디오 테이프와 같은 영상매체로 제시하여 아동의 사고를 깊이 이해시켰다. 아동들은 이를 시청 후 소집단의 토론을 거쳐 자신의 사고를 수정한다.

주기 9 발전된 확장과 심화(More broadening and deepening)
교사들은 아동들의 흥미와 이해를 계속 확장, 심화시키기 위해 다음 단계의 프로젝트로 유도한다.

이와 같이 레지오 에밀리아 접근법은 프로젝트를 전개하는 데, 아동의 가설, 아이디어, 이론을 표상하고 이를 현장조사를 통해 확인한 후에 재표상하는 재순환(recycling)의 과정이다. 이러한 과정을 통해 아동들은 자신이 알고 있는 것을 재사고하고, 의문점을 제기하고 문제점을 접근함으로써 어떤 현상에 대한 심도 깊은 이해를 하게 된다.

3) 교사의 역할

레지오 에밀리아 각 어린이집에서는 한 교실당 두 명의 교사가 3년간 같이 지낸다. 각 교실의 교사 대 아동의 비율은 영아반은 2 : 12, 걸음마기(2~3세)는 2 : 13, 유아반(3~6세)은 1 : 24이다. 레지오의 교육자들은 교사조직을 통해 교사의 학습과 성장을 강조한다. 한 반에 두 명의 교사가 동등한 위치에서 근무한다. 각 교사들은 페다고지스타, 아틀리에스타, 요리사와 협력한다. 페다고지

스타(pedagogista : 교육조정자)는 어린이집에서 일어나는 모든 일과 이론과 실제의 새로운 경향과 정치적이거나 행정적인 문제들에 대한 정보를 끊임없이 전달하고 교환하며 상호작용을 통하여 스스로 변하고 성장하는 전문가로서 스스로 인식하는 사람을 말한다. 페다고지스타는 교사의 태도를 증진시키고 아동의 생활과 관련된 모든 문제를 상담하고 해결하는 중재자로서의 역할을 하기도 한다. 또한 교사와 가정, 교사와 지역사회를 상호 연결시켜 주는 역할을 담당하기도 한다.

교사의 협력에서 중요한 역할을 하는 아뜰리에리스타(atelierista : 미술전담 교사)는 교사들과 집단토의 및 개별토의를 통해 아이디어를 교환한다. 토의시간 동안 교사들이 분명히 인식하지 못하는 주제나 다 상징적인 가능성들을 교사가 볼 수 있도록 도와준다. 때로는 아동들의 표상화를 직접 도와주기도 한다. 교사나 아동들의 문화적인 공간인 아뜰리에의 자료나 작품을 평가하고 창의적인 방향으로 작업할 수 있도록 도와주는 미술을 전공한 전문가로서의 역할을 담당한다. 즉 팀티칭, 페다고지스타를 통한 장학지도 등이 교사간의 협력적 교환을 촉진하며, 의사소통을 통해 심사숙고하고, 다시 생각하고, 재구성하고 경험을 변형시킨다.

교사는 아동의 생각, 가설을 발견하고 기록하고, 기록한 내용을 토대로 토의한 다음 융통성 있는 계획과 준비를 한다. 학습을 나선형 과정으로 보고 아동이 경험한 내용을 발견하고 재방문할 기회를 갖는다. 따라서 교사는 관찰자, 기록자, 조력자, 지식 대여자의 역할을 하는 중요한 존재이다.

레지오 교사의 역할을 정리하면 다음과 같다.

첫째, 아동들을 주의 깊게 관찰하고 그들의 대화를 경청하여 어떻게 활동을 계획하고 진행할 것인가에 대한 근거 자료로 활용한다.

둘째, 학습을 나선형 과정으로 보고 아동들이 경험한 내용을 발견하고 재방문할 기회를 가지도록 제안하고 그들 학습과정의 파트너로 인식한다.

셋째, 관찰자, 기록자, 연구가, 지원자, 지식 대여자이다.

넷째, 비고스키가 말하는 근접발달영역(ZPD), 즉 가능한 실제의 발달수준과 잠재적 발달수준 사이의 영역은 성인과 아동간의 상호작용과 협력을 위한 풍부한 가능성을 시사한다.

다섯째, 교사는 아동에게 필요한 시간을 그들에게 주는 방법을 알아야 한다.

여섯째, 교사와 부모는 아동이 원할 때 도와줄 수 있는 자원이 된다.

일곱째, 레지오 교사는 이들이 아동과 지내는 시간 외에도 아동의 활동을 기록, 전시하는 시간, 그리고 1주일에 6시간 이상을 다른 교사와 협의, 준비, 학부모와 협의하거나 자신의 재교육을 위해 사용한다.

여덟째, 레지오 에밀리아 교사는 3년간 같은 반 아동과 지낸다. 이는 어린이집에서 요구되는 친밀성과 지속성의 요건을 충족시킨다.

6. 레지오 에밀리아 프로젝트 사례

본 절에서는 "WDEP를 통한 친구와의 문제상황 해결과정에 관한 프로젝트" 사례를 소개한다. 이 프로젝트는 어린이집에서 만 5세반 아동에게 적용한 실제 사례이다.

W : Want에 따른 토론
D : Doing 표상
E : Evaluation 표상
P : Plan 표상

1) 프로젝트 계획

(1) 주제 선정 동기

한 학기를 마무리하면서 아동들이 3월 초에 비해 단체생활에 필요한 약속과 규칙을 잘 지키며 적응하는 모습을 볼 수 있었다. 그러나 친구들간의 문제에 있어서는 작은 문제들이 끊이지 않고 일어나고 그것을 해결하는 아동들의 모습에서도 능동적이지 못하고, 교사에게 많이 의존하는 모습을 보게 되었다. 교사가 개입하여 아동들의 이야기를 들으면 자기중심적인 사고로 이야기해 서로간에 일어난 작은 문제들이 오해로 큰 문제로 발전되는 것을 보게 되었다. 그래서 프로젝트를 적용해 아동들의 문제들을 해결하면서 아동들도 자신의 욕구를 바른 태도로 표현하고, 그렇게 하지 못했을 때 앞으로 자신의 행동을 어떻게 수정할 것인지 스스로 계획할 수 있도록 하기 위해서 선정하였다.

(2) 교사의 가설

본 프로젝트 시행 결과, 아동들은 다음과 같은 효과를 볼 수 있을 것이다.

① 친구들간에 있었던 속상했던 일들을 이야기할 수 있는 계기가 될 것이다.
② 친구는 나와 생각과 행동이 다름을 알 수 있을 것이다.
③ 친구의 입장에서 생각해 볼 수 있을 것이다.
④ 이야기나 그림을 통해 자신의 생각을 표현할 수 있을 것이다.
⑤ 프로젝트 적용 후 친구들간의 문제 상황시 아동들이 자발적으로 프로젝트를 적용할 수 있을 것이다.
⑥ 문제상황시 교사에게 의존하는 모습이 줄어들 것이다.
⑦ 친구들간의 사이가 더욱 좋아질 것이다.

(3) 추구하는 목표

본 프로젝트가 추구하는 목표는 다음과 같다.

① WDEP에 따라 아동들의 생각을 이야기하고, 그림으로 감정을 표현할 수 있다.

② 친구로 인해 속상하고, 친구로 인해 즐겁기도 한 마음을 표현할 수 있다.

③ 토의를 통해 아동들의 바르지 못한 행동들을 수정하고 새롭게 계획을 세울 수 있다.

④ 친구 사이에 있었던 속상한 마음들을 편지를 통해서도 해결할 수 있다.

(4) 실행활동

① 승희와 소영이의 다툼에 대한 토론

② 승희와 소영이의 다툼에 따른 표상

- 승희와 소영이의 Want에 따른 토론
- 승희와 소영이의 Doing 표상
- 승희와 소영이의 Evaluation 표상
- 승희와 소영이의 Plan 표상

③ 친구와 나

- 친구가 나를 속상하게 할 때는 언제인지에 대한 토론
- 친구 때문에 속상한 내 마음 표상
- 친구와 화해했을 때 내 마음 표상

④ 「친구의 장난감을 빼앗아 가는 그림」－문제 상황 토의

⑤ 친구에게 편지 보내기

⑥ 프로젝트를 마치며!……

2) 프로젝트 진행

(1) 승희와 소영이의 다툼에 대한 토론

식사를 준비하는데 종민이가 "선생님! 승희가 소영이 때문에 속상하데요!"라고 이야기해 주었다. 승희 있는 곳을 보니 승희가 소영이에게 가서 뭐라 이야기하자 소영이도 얼굴을 찡그리며 싫은 표정을 지었다. 그리고는 따로따로 앉아 식사를 했다. 식사시간이 막 시작되어 소영이와 승희를 같이 불러 이야기할 수가 없어, 식사시간이 끝나자마자 소영이와 승희를 교실 한쪽 조용한 곳으로 가서 이야기를 시작했다.

교사 : 승희야, 어떻게 된 일이니?
승희 : 수업 시간에 소영이 옆에 앉아 있었는데요, 소영이가 내 머리를 3번 때렸어요.
교사 : 그래! 소영이는?
소영 : 음, 아닌데!
승희 : 니가 아까 나 때렸잖아.
소영 : 내가 살살 한 번 때렸는데! 그리고 내가 미안하다고 했잖아!
승희 : 내가 못 들었어!
교사 : 잠깐, 소영아 선생님이 그때 너희들을 못 봐서 정확히 알 수는 없지만 소영이가 승희를 때린 건 확실하구나!
승희 : 네!
소영 : (고개를 말없이 끄덕인다)
교사 : 그때 승희가 하고 싶은 건 뭐였을까?
승희 : 그냥요, 선생님 보고 수업하고 싶었어요.
교사 : 소영이는 무엇을 하고 싶었니?
소영 : 음, 그건 생각이 잘 안 나는데요!
교사 : 장난치고 싶은 마음이 들었니?
소영 : --
교사 : 아니면 승희에게 속상한 일이 있어서 때려 주고 싶었니?
소영 : --
교사 : 그러면?
소영 : 잘 모르겠어요!
교사 : 좋아! 그럼, 소영이가 승희를 때렸더니 지금 어떻게 되었니?
승희 : 음, 너무 속상하고요! 조금 울고 싶었어요.
소영 : 잘못한 거 같아요. 미안하다는 생각이 들어요.

교사 : 선생님도 너희들이 잘 지내다가 이런 일이 벌어지니 참 속상하다. 앞으로 어떻게 하면 좋을까?

소영 : 사이좋게 이야기하고 지낼 거예요.

승희 : 안 싸우고요 친하게 지낼 거예요. 또, 말로 해결할 거예요.

교사 : 승희가 말로 해결한다고 했는데, 또다시 이런 일이 벌어졌을 때 어떻게 말로 해결할 거니?

소영 : 음, 니가 하고 싶은 게 뭐냐고 물어 볼래요.

승희 : 그리고 내 마음이 속상하다고 말해 줄래요.

교사 : 그래, 생각 잘 했구나! 선생님에게 이야기하기 전에 친구들에게 그렇게 말하면 친구 마음을 알게 되어 다툼이 커지지 않고 너희들끼리도 잘 해결할 수 있을거야. 달라진 승희와 소영이의 모습을 기대할께요!

소영, 승희 : 네!

일방적으로 어느 한편이 잘하고 못하고를 떠나서, 교사와 WDEP에 맞추어 이야기하는 동안 유아들의 잘못된 행동들을 알게 되었고, 앞으로의 계획까지도 세울 수 있었다.

(2) 승희와 소영이의 다툼에 따른 표상

① 승희와 소영이의 Want에 따른 토론

Want : 하고 싶은 게 뭐였니?

소영 : 음, 그건 생각이 잘 안나는데!

승희 : 저는요, 그냥 선생님 보고 수업하고 싶었어요.

교사 : 승희는 수업하고 싶었고 소영이는?

소영 : (말을 하지 않는다)

교사 : 그냥 때려 보고 싶은 마음이 들었니?

소영 : 아니요!

교사 : 승희에게 속상한 일이 있었니?

소영 : 네! 언제요 승희가 저를 때린 적이 있었거든요!

교사 : 음, 그럼! 옛날에 승희가 너를 때린 것이 생각나 때렸다는 말이니?

소영 : 네! 그래서 때리고 싶었어요!

자신이 하고 싶었던 것이 무엇인지 명백하게 이야기하기를 꺼려하던 소영이가 교사의 구체적인 질문에 자신의 감정을 솔직하게 표현함을 볼 수 있었다.

② 승희와 소영이의 Doing 표상

Doing : 그래서 어떻게 했니?

소영 -제가 승희를 때렸어요!

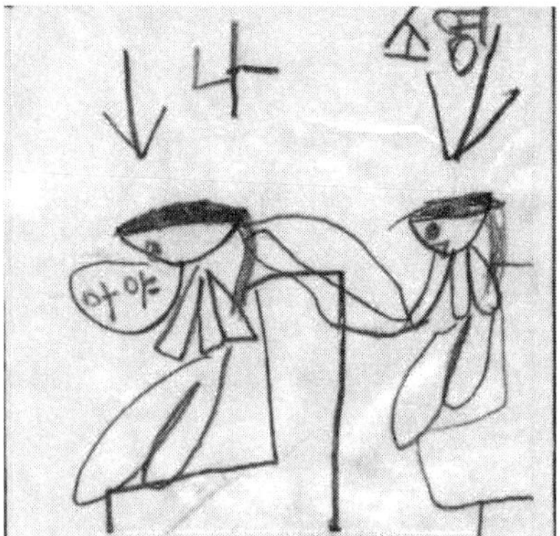

승희 - 소영이가 절 때렸어요.

승희는 그림을 통해 소영이와 자신의 앉은 자리와 소영이가 자신을 때렸을 때의 자신의 아픈 느낌을 '아야'라는 말을 써서 자신의 감정을 적극 표현함을 볼 수 있었고, 소영이도 자신의 얼굴에 입을 삐죽하게 그려 자신이 승희를 때린 것을 인정했다.

③ 승희와 소영이의 Evaluation 표상

Evaluation : 지금 기분이 어떻지?

승희 - 너무 속상하고요, 조금 울고 싶었어요.

소영 - 잘못한 거 같아요.
미안하다는 생각이 들었어요.

상대방의 행동이 나에게 미친 영향들을 그림을 통해 구체적으로 표현하였다. 특히 소영이가 미안하다는 말을 해서 승희의 기분이 많이 좋아졌다.

④ 승희와 소영이의 Plan 표상

Plan : 앞으로 어떻게 할거니?

그림에서 소영이와 승희의 다정한 모습을 보고 서로 웃으며 좋아하며 언제 다투었냐는 듯한 모습이었다. 그림을 통해 상한 감정들이 많이 해소된 듯한 모습이었다.

(3) 친구와 나

① 친구가 나를 속상하게 했을 때는 언제인지에 따른 토론

교사 : 아까 소영이와 승희가 약간 다투었었는데 너희들도 친구들이랑 놀다보면 다투거나 속상한 적들이 있지? 너희들이 속상했던 것들을 이야기해 볼까?

향록 : 네! 어제요, 용준이가 저한테 알록달록이라고 불러 속상했어요.

교사 : 향록이 이름으로 놀렸다고 생각했구나?

향록 : 네!

교사 : 그래서 마음이 어땠어?

향록 : 싫었어요.

병찬 : 안정현이랑 박상훈이랑 오향록이 차에서 같이 앉지 않으려고 했어요.

교사 : 그럼, 그 친구들에 대해 어떤 생각이 들었니?

병찬 : 나쁜 생각이 들었어요.

교사 : 나쁜 생각이 어떤 것이었는데?

병찬 : 음--, 같이 놀고 싶지 않았어요.

종민 : 용준이가요 어제요 저한테요 김종만이라고 부른 적이 있었어요.

용준 : 음, 그건 우리 교회 친구 중에서 김종만이 있어서 한 번 불러 본 거야.

교사 : 용준이가 그때 얼른 미안하다고 했으면 종민이가 속상하지 않았을텐데!

용준 : 네! 종민아 미안해!

종민 : 괜찮아.

교사 : 지금 용준이의 사과를 들으니 기분이 어떠니?

종민 : 좋아졌어요.

교사 : 그럼, 용준이가 이름을 잘못 불렀을 때는?

종민 : 싫었어요.

영빈 : 오늘 차에서요 병찬이가 쇼핑백으로 고기 잡는다고 하면서 우리 얼굴을 막 덮으려고 했어요.

향록 : 사람을 막 쳤어요.

교사 : 그때 기분이 어땠니?

영빈 : 화가 났어요.

보혜 : 승희가요 저한테 박혜진이라고 불러 속상했어요.

소영 : 어제요. 승희가 저만 빼 놓고 귓속말을 해서 기분이 나빴어요.

그림으로 표상하기 전에 유아들의 다양한 경험을 들어 보았다. Doing와 Evaluation에 초점을 맞추어 자연스럽게 이야기했다. 유아들이 친구의 작은 실수나 장난에도 쉽게 속상해 함을 알 수 있었다. 또 그것을 해결하려 친구에게 물어 본다든지 자신의 마음이 나빠졌다는 구체적인 감정의 표현이 없음을 알게 되었다.

② 친구 때문에 속상한 내 마음 표상

친구가 놀려서 속상해 졌어요.- 함록

어떤 친구가 자꾸 때려서 마음속에 유령이 나타났어요 - 용준

놀림을 받아서 마음 속에서 화가 났어요.- 영빈

친구랑 싸우니까 마음속에 있는 악마가 매일매일 웃고 있어요. - 보혜

이야기할 때보다 더욱 구체적이고 솔직한 마음의 표현들을 알 수 있었고, 유아들이 친구로부터 받은 상한 감정들을 잊지 않고, 마음에 두고 있음을 알 수 있었다.

③ 친구와 화해했을 때의 내 마음 표상

분수가 나오는 데서 친구랑 화해하고 있어요-소영

사이좋게 놀자고 화해하고 있어요-희호

친구랑 밥 같이 먹으면서 친하게 됐어요-지민

말로 해결하자고 이야기하고 있어요-승희

친구와 긍정적인 상호작용으로 문제를 해결하였을 때의 기분을 그림으로 그렸다. 그림을 통해 알 수 있듯이 유아들이 상대 친구에게 긍정적인 반응을 보이며 적극적으로 다가서는 모습이 보였다.

(4) 「친구의 장난감을 빼앗아 가는 그림」- 문제 상황 토의

교사 : 어떤 그림인지 관찰한 후 이야기해 보자. 어떤 그림이니?
향록 : 한 친구가 곰돌이 인형을 갖고 뛰어가고 있어요.
영빈 : 뛰어가는 친구가 여자 친구의 장난감 곰돌이를 빼았았어요.
혜진 : 여자 친구가 장난감을 빼앗겨서 울고 있는 모습이에요.

교사 : 그래, 그럼 이 남자 친구가 하고 싶었던 것은 무엇일까?
정현 : 빼앗고 싶은 마음이요.
병찬 : 자기가 가지고 놀고 싶다고 빼앗은 것 같아요.
향록 : 도둑처럼 빼앗는 마음이 들은 것 같아요.
교사 : 그래, 그럼 이 여자 친구가 하고 싶었던 것은 무엇일까?
혜진 : 곰돌이 인형을 갖고 놀고 싶은 마음이요.
병찬 : 같이 사이좋게 나누어 가지고 놀고 싶었을 것 같아요.
영빈 : 싸우지 않고 놀고 싶었을 것 같아요.
교사 : 그러면, 이 여자 친구와 남자 친구가 하고 싶은 게 달랐네! 그랬더니 어떻게 되었지? 여자 친구의 마음은?
상준 : 여자 친구가 놀랐어요.
지민 : 남자 친구가 싫을 것 같아요.
성진 : 안 좋을 것 같아요.
한솔 : 사이좋게 놀고 싶은 마음이 사라졌을 것 같아요.
교사 : 남자 친구의 마음은?
향록 : 장난감을 마음대로 빼앗아서 기분이 좋을 것 같아요.
정현 : 너무 신났을 것 같아요.
상준 : 친구들한테 말도 안 하고 장난감을 가지고 갔으니까요, 가다가 미안하다는 생각이 들었을 것 같아요.
교사 : 너희들도 그림처럼 내가 가지고 놀던 장난감을 친구가 가져가 버린 경험이 있었니?
영빈 : 어제요. 성진이가 블록을 말도 안 하고 가져갔어요.

향록 : 누구 가요. 내가 쌓은 성을 부셔 버린 적이 있었어요.

병찬 : 상훈이가 내가 만든 블록을 가져가 버린 적이 있었어요.

교사 : 그래, 그때 마음이 참 속상했겠구나. 그럼, 우리가 이 그림 속의 친구들이라고 생각하면 앞으로는 어떻게 해야 할까?

영빈 : 친구한테 물어 보고 가지고 가야 돼요.

병찬 : 친구들이 다 가지고 논 다음 가지고 놀아요.

영빈 : 물어 보고 안 된다면 조금 있다가 가지고 가야 돼요.

교사 : 그렇구나! 우리 친구들이 이야기한 것처럼 너희들도 약속을 잘 지켜 주면 좋겠다. 그럼, 이 여자 친구는 남자 친구가 장난감을 빼앗아 가자 울고 있지? 좀 더 지혜로운 친구라면 어떻게 하면 좋을까?

병찬 : 자기가 말로 해결해요.

교사 : 어떤 말로?

병찬 : 하지마. 네가 하고 싶은 게 뭐니?

교사 : 그리고 내가 속상한 점도 이야기해 주면 더 좋겠다.

향록 : "나랑 같이 사이좋게 놀자. 내가 양보해 줄께!"라고 말해요.

교사 : 이렇게 이야기를 하면 정말 속상한 일이 많이 줄어들 수 있겠구나.

유아들 : 네!

유아들이 그림을 보며 이야기하면서 유아들의 문제상황시 나와 친구의 하고자 하는 것이 다르다는 것, 그것으로 문제가 발생했을 때 대처하고 해결하는 과정까지 이야기로 깊이있게 다루어 보았다. 이젠, WDEP의 흐름을 어느 정도 유아들이 아는 것 같았다.

(5) 친구에게 편지 보내기

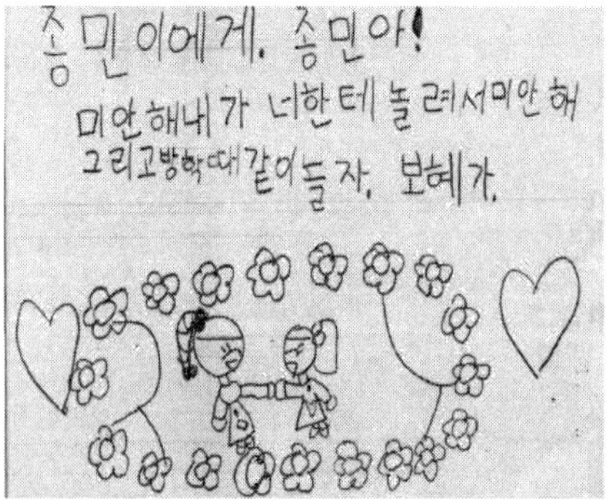

친구에게 편지를 보내면서 그동안의 속상했던 감정들을 말끔히 해소했다. 그리고 더 좋은 친구 관계가 되기를 서로서로 약속하는 모습이었다.

(6) 프로젝트를 마치며

아동들에게 빈번하게 일어나는 문제상황을 WDEP를 적용해 스스로 아동들이 해결하고 앞으로 자신의 행동을 계획할 수 있었다. 교사가 중재자의 역할을 맡아 처리할 경우보다 시간은 더 걸렸으나, 아동들이 자신의 행동을 깊이 생각해 보고 그것에서 생겨난 문제점들을 보면서 스스로 수정할 수 있어, 문제수정의 근본적인 해결책이 되어 더 바람직하다고 생각하였다. 또 친구와 사이좋게 지내기 위해서 내가 어떻게 행동하고 말해야 될까를 깊이 토의해 볼 수 있는 시간이 되어 아동들에게 많은 자극이 되었다. 앞으로 교실에서 WDEP가 더욱 더 활성화되면 좋을 것 같다.

NO WAY. THE HUNDRED IS THERE

The child
is made of one hundred.
The child has
a hundred languages
a hundred thoughts
a hundred ways of thinking
of playing, of speaking.
A hundred always a hundred
ways of listening
of marveling of loving
a hundred joys
for singing and understanding
a hundred works
to discover
a hundred worlds
to dream.

The child has
a hundred languages
(and a hundred hundred hundred more)
but they steal ninety-nine.
The school and the culture
separate the bead form the body.

they tell the child;
to think without hands
to do without head
to listen and not to speak
to understand without joy
to love and to marvel
only at Easter and
Christmas.

They say to the child;
that play and work
reality and fantasy
science and imagination
sky and earth
reason and dreams
are thing
that do not being together

And that thay tell the child
that the hundred is not
were.
The child says;
No way. the hundred is
there
by Losris Malaguzzi

어린이의 백 가지 언어

어린이는
백 가지로 이루어져 있습니다.
어린이는
가지고 있습니다.
백 가지의 언어
백 가지의 생각
백 가지의 생각하는 방법
백 가지의 놀이 방법
백 가지의 말하는 방법
백 가지의, 언제나 백 가지 것에
귀 기울여 듣고, 감탄하고,
사랑하는 법을 노래하고,
이해하는 것에 대한
백 가지의 기쁨
탐구해 나갈 백 가지의 세상
만들어 나갈 백 가지의 세상
꿈꿀 수 있는 백 가지의 세상

어린이는
백 가지의 언어를 가지고 있습니다.
그러나 사람들은
백 가지 중에
아흔 아홉 개는 훔쳐가 버립니다.
학교와 문화는
우리의 몸과 머리를 따로 분리해 놓습니다.

출처 : 서영숙 · 서지영, 2002

사람들은 어린이들에게 말합니다.
손으로는 생각하지 마라.
머리로 생각하지 마라.
듣기만 하고 말은 하지 마라.
기쁨은 느끼지 말고 이해만 해라.
단지 부활절이나 성탄절에만
사랑하고 감탄해라.

사람들은 말합니다.
이미 만들어져 있는 세상을 발견하도록 하라.
그리고 백 가지 세상 중
아흔 아홉 개는 훔쳐 버립니다.

사람들은 어린이들에게 말합니다.
공부와 놀이
현실과 환상
과학과 상상
하늘과 땅
논리와 꿈
섞어질 수 없는 것이라고 말합니다.

그리고 사람들은 어린이들에게 말합니다.
백 가지의 것은 존재하지 않는다고
그러나 어린이들은 외칩니다.
천만에요! 백 가지는 있어요.

표준보육과정

제 2 부

제 4 장 표준보육과정의 이해

제 5 장 만 0~2세의 보육과정

제 6 장 만 3~5세의 보육과정

제 4 장

표준보육과정의 이해

표준보육과정은 영유아보육법 제29조 제2항과 제4항에 따라 영유아보육법 시행규칙 제30조에 규정한 것으로 어린이집 영유아의 보육목적과 목표를 달성하기 위한 국가수준의 보육과정이며, 어린이집에서 운영해야 할 보편적 보육내용을 제시한 것이다. 이러한 표준보육과정을 통해 영유아에게 필요한 보육의 목적과 내용 및 방법, 좋은 보육을 받을 권리, 영유아보육법의 내용과 정신 등이 실현되고 있다.

본 장에서는 표준보육과정의 개념 및 필요성, 기본원리를 제시함으로 기본적인 이해를 돕고자하였다. 또한 문화을 사랑하는 인간으로 아동의 사회적, 정서적, 신체적, 지적, 도덕적 측면의 조화로운 발달을 통한 전인적인 아동으로서의 발달을 목적으로 한다.

1. 표준보육과정의 개념 및 중요성

1) 표준보육과정의 개념

표준보육과정은 영유아보육법 제29조 제2항 및 제4항에 따라 영유아보육법 시행규칙 제30조에 규정한 것으로 어린이집 영유아의 보육목적과 목표를 달성하기 위한 국가수준의 보육과정이며, 어린이집에서 운영해야 할 보편적 보육내용을 제시한 것이다.

어린이집에서는 영유아가 공통적으로 경험해야 할 기본적인 내용을 국가적 차원에서 제시하는 표준보육과정(2007년 1월 고시)에 따라 만 0~5세를 대상으로 하는 보육과정을 운영하여 왔으며, 2012년도에는 5세 누리과정의 고시에 따라 만 0~4세를 대상으로 구성된 제2차 표준보육과정으로 운영하였다. 하지만 2013년부터 유아기는 만 3~5세 누리과정을 적용하게 되며, 영아기는 '제3차 어린이집 표준보육과정'으로 적용하게 되었다.

만 3~5세 누리과정에 맞춰 기존 제2차 표준보육과정을 개편하였는데 고시 명칭을 '제2차 표준보육과정'에서 '제3차 어린이집 표준보육과정'으로 변경하였다. 이는 어린이집이 만 3~5세(누리과정) 뿐만 아니라 만 0~2세(영아보육과정)까지 모든 영유아를 대상으로 보육을 담당하고 있는 점을 반영한 것이다(보건복지부 보도자료 2013. 1. 22). 따라서 보육현장에서는 표준보육과정을 '어린이집 표준보육과정'으로 사용해야 할 것이다.

어린이집 표준보육과정(이하, '표준보육과정'이라 함)은 어린이집의 만 0~5세 영유아들에게 국가수준에서 제공하는 보편적이고 공통적인 보육의 목표와 내용을 제시한 것이다. 어린이집 표준보육과정은 0~1세 보육과정, 2세 보육과정, 3~5세 보육과정(누리과정 포함)으로 구성한다. 국가수준의 어린이집 표준보육과정을 시행함으로써 영유아의 전인적 발달과 우리 문화에 적합한 내용을 일관성 있고 연계적으로 실천하며, 궁극적으로 사회에서 추구하는 인간상을 구현하고 전국 어린이집의 질적 수준을 높이는데 기여하고자 한다(보건복지부 고시, 2013. 1).

이러한 기본전제에 따른 편성 및 운영은 다음과 같다.

2) 표준보육과정의 중요성

보육이 효과적으로 이루어지기 위해서는 주무행정부서에서 보육과정의 지침을 마련해야 한다는 요구가 지속적으로 있어 왔다. 이러한 차원에서 '표준보육과정'이 여성가족부의 지원하에 개발되어 2005년 11월에 최종 보고되었고 만 0세에서 5세까지 영유아를 위한 6개 영역의 보육목표와 보육내용을 담은 표준보육과정을 개발하였다. 이는 영유아의 보육을 위한 시대적 요구를 반영하는 일로, 국가적 수준에서의 개발이라는 점과 실천이라는 점에서 의미가 매우 크다고 볼 수 있다.

표준보육과정은 영유아는 물론이고 가정과 국가적 차원에서 매우 중요한 의미를 갖는다. 그 중요성은 네 가지 측면, 즉 제도적 차원, 시대 · 사회적 변화, 보편적 · 총체적 보육의 요구, 양육의 사회화라는 관점에서 설명될 수 있다.

(1) 제도적 차원

표준보육과정은 1991년 제정되고 2004년 1월 전문 개정된 영유아보육법 제29조 2항에 '여성가족부장관은 표준보육과정을 개발 · 보급'해야 하고, 제29조 3항에 '어린이집은 표준보육과정에 따라 영유아를 보육하도록 노력하여야 한다.'라는 내용이 명시되어 있다. 이에 따라 우리나라 수준의 보육지침이 개발되었다. 표준보육과정은 어린이집에서 영유아에게 언제, 무엇을 목표로 어떤 경험을 제공할 것인가에 대한 국가수준의 지침으로 현재까지 제3차 표준보육과정이 진행되어 왔다. 표준보육과정의 개정과정 및 내용(중앙보육정보센터, 2012. p. 6~7)을 간략히 요약하면 다음과 같다.

표 4-1 표준보육과정의 개정과정 및 내용

개정과정	내용
2004. 1 영유아보육법 전문개정	표준보육과정 개발의 근거마련 (영유아보육법 제29조 제2항, 제4항, 시행규칙 제30조)
2005. 11 표준보육과정 연구	보육관련 학회 참여한 기초연구에 이어 보육관련 학계 교수 및 보육교사 참여하여 내용을 개발, 영역전문가와 초등학교 교사의 자문을 거쳐 협의, 총괄자문, 공청회 실시 통해 연구완성
2007. 1 표준보육과정 고시	표준보육과정의 구체적 보육내용 및 교사지침 고시 (여성가족부 고시 제2007-1호)
2008. 7 제1차 표준보육과정에 기초한 0~5세 연령별 보육프로그램	제1차 표준보육과정에 기초하여 총론(1권), 0~5세용 어린이집 프로그램(총 6권), 장애아용 프로그램(1권) 개발 및 보급
2010. 9 표준보육과정 재고시	여성가족부의 보육업무가 보건복지부로 이전, 2007. 1의 표준보육과정 고시가 보건복지부 고시 제2010-71호로 재고시
2011. 9 5세 누리과정 고시	보건복지부, 교육과학기술부에서 어린이집과 유치원 5세를 위한 공통과정으로 5세 누리과정 제정 고시
2012. 2 누리과정에 기초한 5세 어린이집 프로그램	5세 누리과정에 기초하여 5세 어린이집 프로그램(4권)과 DVD(4개), 연령 연계 프로그램(1권) 개발 및 보급
2012. 2 제2차 표준보육과정 개정 고시	5세 누리과정 제정과 더불어 만 0~4세를 포함하여 제2차 표준보육과정 고시(보건복지부 고시 제2012-28호)
2012. 7 3~4세 누리과정 제정 고시 및 5세 누리과정 개정 고시	보건복지부와 교육과학기술부가 함께 5세 누리과정 개정과 더불어 3~4세 누리과정을 제정하여 고시
2013. 1 제3차 어린이집 표준보육과정 개정 고시	0~1세 보육과정, 2세 보육과정, 3~5세 보육과정(누리과정)을 포함하여 어린이집 표준보육과정을 전체적으로 개정 고시

(2) 시대적 · 사회 문화적 변화

아동양육에 대한 국가의 철학, 믿음과 가치는 시대적 · 사회 문화적 환경에 따라 달라져 왔다. 최근 우리나라의 특징은 첨단기술의 발달, 지식 정보화 사회로의 변화, 국가의 경쟁력에 있어 인적 자원의 중요성 강조, 가족구조의 변화 및 저출산 고령화 사회로의 진입 등 이전 사회와는 다른 급격한 발전과 변화이다. 이 변화 속에서 그동안 바람직하다고 여겨오던 가치나 기술, 지식들의 재점검을 요구하고 있으며, 특히 저출산 사회에서 한 명의 영유아라도 잘 양육하는 일은 국가의 긴급한 요구이다. 이러한 시대적 변화와 요구에 맞는 국가적 수준의 보육과정은 매우 중요한 의미를 갖는다.

(3) 보편적 · 총체적 보육의 요구

우리나라의 어린이집은 그동안 급격한 양적 성장에 주력하여 왔다고 해도 과언이 아니다. 어린이집의 양적 성장은 취업기혼여성의 사회 경제적 지위 향상에 기여한 것은 사실이나 정작 영유아의 양육 혹은 보육지침에 관심을 쏟지 못해 어린이집의 궁극적인 보육의 원리와 목표가 확립되지 못했다. 이러한 상황은 아동을 위한 보편적 보육경험에 대한 합의를 만들어 내지 못하고 부모들을 현혹하는 사교육 활동을 부채질하는 등의 부작용을 낳게 하였다.

영유아기는 일생의 기초가 되고, 모든 발달영역에서 변화가 급격히 이루어지는 시기이다. 연령별로 발달과업과 특징이 현격하게 차이가 있으므로, 자신의 학습 속도에 따라 신체, 언어, 사회, 정서, 인지의 총체적 측면을 고루 경험할 수 있도록 연령별 영유아의 보육목표와 내용을 개발하여 그들의 잠재력을 최대한 지원해 주는 보육지침은 매우 중요하다.

(4) 양육의 사회화

영유아를 사회에서 양육하는 공보육은 가족 뿐만 아니라 다양한 사회 구성원의 신념, 전문적 이론과 실천적 기술이 수렴되어야 한다. 이에 가족 내 주양육자, 어린이집 교직원, 영유아에 대한 연구를 담당하는 관련분야의 학자와 종사자 등 다양한 관점에서 합의된 표준보육과정의 수립과 만 5세 누리과정으로 시작된 무상보육 운영은 양육의 사회화가 실천되고 있음을 나타내는 중요한 근거가 된다고 하겠다.

2. 표준보육과정의 특성

1) 표준보육과정의 기본전제와 방향

(1) 기본전제

제3차 어린이집 표준보육과정에서 제시한 기본전제는 영유아에 대한 철학적, 학문적, 발달적 지식과 경험에 근거하여 선정되었고, 이 내용은 0~5세 영유아에 대한 관점과 표준보육과정의 목표와 내용을 선정하고 이를 운영하는 데 기초가 되고 있다.

기본전제는 가정과 어린이집 그리고 국가가 보육을 중요하게 생각해야 하는 이유라 할 수 있으며 내용은 다음과 같다.

① 영유아는 개별적인 특성을 지닌 고유한 존재이다.

② 영유아는 연령에 따라 발달적 특성이 질적으로 다르다.

③ 영유아는 그 자체로서 존중받아야 하는 존재이다.

④ 영유아는 직접적으로 경험할 때 의미있는 지식, 기술 및 바람직한 태도를 형성해 간다.

⑤ 영유아는 일상생활이 편안하고 학습과 경험이 놀이중심으로 이루어질 때, 최대의 능력이 발휘된다.

⑥ 영유아는 민감하고 반응적인 성인과의 신뢰로운 관계 속에서 최적의 발달을 이룬다.
⑦ 영유아가 속한 가정, 지역사회가 함께 협력할 때 영유아에게 가장 긍정적인 영향을 미친다.

(2) 기본원리

우리나라 표준보육과정에서 제시한 기본원리는 보육과정에서 기본적으로 전제한 영유아에 대한 관점, 영유아와 환경과의 관계, 학습과 발달에 대한 관점 등 그간에 축적된 과학적 연구와 실증적 자료를 바탕으로 다음과 같이 제시하였다.

① 모든 영유아는 어떤 상황이나 환경에서도 자신의 발달과 경험을 스스로 구성해 갈 수 있는 능력이 있다.
② 영유아의 발달이나 경험은 사회, 정서, 언어, 건강, 신체 및 인지적 측면이 서로 상호 연결되어 다차원적으로 관련되며 발달한다. 따라서 한 영역의 발달이나 경험만을 강조해서는 바람직한 성장을 이룰 수 없으며 심신의 건강 및 안전에 대한 생활이 기본적으로 지원되어야 한다.
③ 영유아는 자신의 학습속도와 기질, 상황, 사전경험, 환경에 따라 개인차를 나타내며 이런 개인차를 고려해 줄 때 자신의 잠재력을 최대한으로 발휘해 나간다.
④ 영유아 개인의 성장과 경험에 중요한 영향을 미치는 요인들은 보육 환경과 보육교사 뿐 아니라 또래, 가족, 및 지역사회 구성원이다. 환경은 영유아의 발달에 적합하고 우리나라 사회 문화에 적합하며 개별적 흥미가 고려될 때 영유아에게 더 바람직한 영향을 미친다.
⑤ 영유아는 자신의 선택에 의해 놀이를 할 때, 그리고 주변의 환경을 직접 탐색하도록 격려될 때 관련된 지식, 기술 및 태도를 가장 잘 습득할 수

있다.

⑥ 질적으로 우수한 교사는 자연스런 상황에서 영유아에게 다양한 경험 기회를 제공하고 편안하고 안전하게 보호하며, 영유아가 또래나 교사들과의 상호작용을 통해 새로운 지식이나 기술을 습득할 수 있도록 세심한 관찰로 개별적으로 민감하게 지원하는 역할을 한다.

(3) 구성방향과 체계

제3차 어린이집 표준보육과정의 전반적인 맥락은 '구성방향과 체계'(보건복지부, 2013)를 통해 이해할 수 있다.

① 표준보육과정의 구성방향

· 영유아의 발달특성과 개인차를 고려하여 연령 및 수준별로 구성한다.
· 어린이집에서 편안하고 행복한 일상생활이 되도록 중점을 두어 구성한다.
· 질서, 배려, 협력 등 기본생활습관과 바른 인성을 기르는 데 중점을 두어 구성한다.
· 자율성과 창의성을 기르는 데 중점을 두고, 전인발달을 이루도록 구성한다.
· 사람과 자연을 존중하고, 우리 문화를 이해하는 데 중점을 두어 구성한다.

② 표준보육과정의 구성체계

· 만 0~1세 보육과정, 만 2세 보육과정, 만 3~5세 보육과정으로 구성한다.
· 영역, 내용범주, 내용, 세부내용으로 구분하고, 내용 간에 연계가 이루어지도록 구성한다.
· 세부내용이라 함은 만 0~1세 보육과정, 만 2세 보육과정에서는 수준별 세부내용을 의미하고 만 3~5세 보육과정에서는 연령별 세부내용을 의미한다.

· 만 0~1세와 만 2세 보육과정은 기본생활, 신체운동, 의사소통, 사회관계, 예술경험, 자연탐구의 6개 영역을 중심으로 구성한다.
· 만 3~5세 보육과정은 신체운동 · 건강, 의사소통, 사회관계, 예술경험, 자연탐구의 5개 영역을 중심으로 구성한다.
· 만 3~5세 보육과정은 초등학교 교육과정과 연계성을 고려하여 구성한다.

(4) 편성 및 운영

① 편성

· 어린이집의 운영시간에 맞추어 편성한다.
· 표준보육과정에 제시된 각 영역의 내용을 균형 있게 통합적으로 편성한다.
· 영유아의 발달 특성 및 개인차, 경험을 고려하여 놀이를 중심으로 편성한다.
· 영유아의 일과 중 일상생활을 포함하여 편성한다.
· 어린이집과 보육실의 특성에 따라 융통성 있게 편성한다.
· 성별, 종교, 신체적 특성, 가족 및 민족 배경 등으로 인한 편견이 없도록 편성한다.

② 운영

· 보육계획(연간, 월간, 주간, 일일 계획 등)에 의거하여 운영한다.
· 실내외 환경을 다양한 흥미 영역으로 구성하여 운영한다.
· 영유아의 능력과 장애정도에 따라 조정하여 운영한다.
· 부모와 각 기관의 실정에 따라 부모교육을 실시한다.
· 가정과 지역사회와의 협력과 참여에 기반하여 운영한다.
· 교사 재교육을 통해 어린이집 표준보육과정 운영을 개선해 나간다.

2) 표준보육과정의 목적과 추구하는 인간상

(1) 목적

표준보육과정은 어린이집에서 영유아를 대상으로 그들의 흥미와 발달, 문화에 바탕을 두고 경험하는 여러 활동을 매일의 일과를 통해서 함께 사는 사회에서 자신의 역할을 잘할 수 있는 민주시민으로서의 기초 자질을 형성하고 영유아들이 심신이 건강하고 전인적인 발달을 이루어 행복한 사회 구성원으로 자라도록 하는데 목적을 두고 있다.

어린이집 표준보육과정의 목적

영유아의 심신의 건강과 전인적 발달을 도와 행복을 도모하며 민주시민의 기초를 형성하는 것을 목적으로 한다.

(2) 추구하는 인간상

어린이집 표준보육과정에서 추구하는 인간상은 심신이 건강하고 행복한 사람, 자율적이고 창의적인 사람, 자신과 타인을 존중하고 배려하는 사람, 자연과 우리문화를 사랑하는 사람, 다양성을 인정하는 민주적인 사람이다. 이는 초등학교 교육과정에서 추구하는 인간상과 서로 연계된다.

이러한 인간상은 제3차 표준보육과정에서 다음과 같이 제시하고 있다.

- **심신이 건강하고 행복한 사람** : 신체는 물론 심리적으로 건강하고 행복감을 느끼는 사람
- **자율적이고 창의적인 사람** : 자율적인 능력을 습득하고 자신의 독특한 생각과 탐색을 즐기는 사람
- **자신과 타인을 존중하고 배려하는 사람** : 자신을 존중하고 다른 사람

의 생각과 느낌을 존중하며 배려하고 사랑하는 사람

- **자연과 우리문화를 사랑하는 사람** : 주변의 자연환경 및 자원을 아끼고 사랑하며 우리나라 문화에 대한 자긍심과 이해를 바탕으로 새로운 가치를 추구하는 사람
- **다양성을 인정하는 민주적인 사람** : 열린 사고를 바탕으로 타인과 집단에서 조화롭게 협력하며 긍정적으로 관계를 형성하여 민주적인 의사결정을 하는 사람

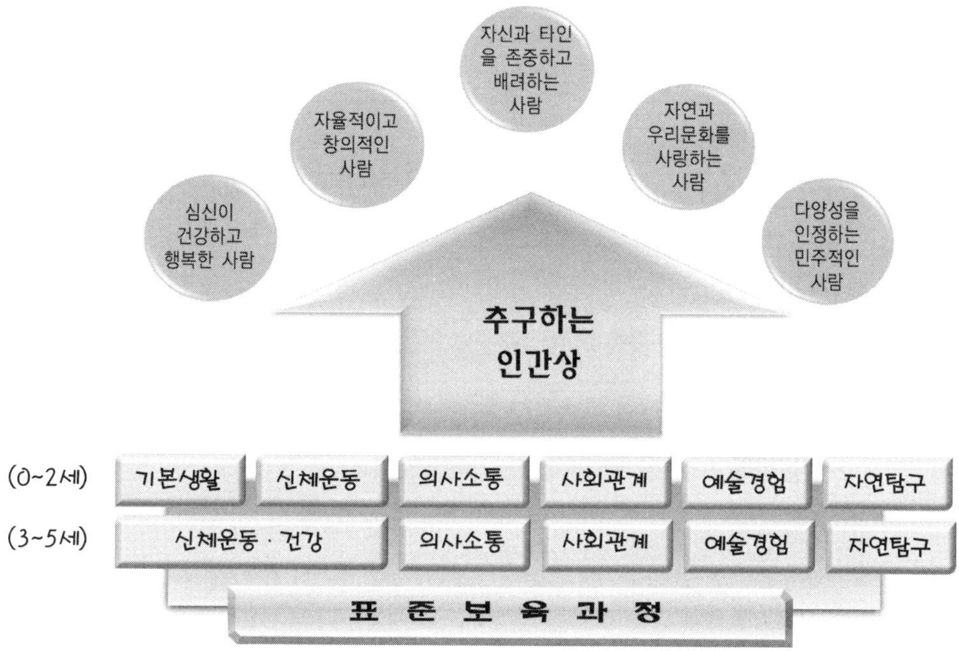

[그림 4-1] 표준보육과정이 추구하는 인간상

3) 표준보육과정의 구성과 내용

(1) 표준보육과정의 목표

표준보육과정은 여러 연령에 따른 영아와 유아의 발달적 특성을 고려하여

구체적인 목표가 명시되어 있다. 이 목표는 표준보육과정을 구성하는 영역과 연계되어 있다. 0~2세 보육과정과 3~5세 보육과정의 목표를 제시하면 다음 표와 같다.

표 4-2 표준보육과정의 영역과 0~2세 보육과정의 목표

관련 영역	0~1세 보육과정	2세 보육과정
기본생활 영역	건강하고 안정한 일상생활을 경험한다.	건강하고 안전한 생활습관의 기초를 마련한다.
신체운동 영역	감각 및 기본 신체운동 능력을 기른다.	감각, 신체조절 및 기본 운동 능력을 기른다.
의사소통 영역	말소리를 구분하고 의사소통의 기초를 마련한다.	의사소통 능력의 기초를 기른다.
사회관계 영역	친숙한 사람과 관계를 형성한다.	나를 인식하고 다른 사람과 더불어 생활하는 경험을 한다.
예술경험 영역	아름다움에 관심을 가진다.	아름다움에 관심을 가지고 예술경험을 즐긴다.
자연탐구 영역	보고, 듣고, 만지면서 주변 환경에 관심을 가진다.	주변 환경에 호기심을 갖고 탐색하기를 즐긴다.

표 4-3 표준보육과정의 영역과 3~5세 보육과정의 목표

관련 영역	3~5세 보육과정
신체운동 · 건강 영역	기본 운동 능력과 건강하고 안전한 생활습관을 기른다.
의사소통 영역	일상생활에 필요한 의사소통 능력과 바른 언어 사용 습관을 기른다.
사회관계 영역	자신을 존중하고 다른 사람과 더불어 생활하는 능력과 태도를 기른다.
예술경험 영역	아름다움에 관심을 가지고 예술경험을 즐기며 창의적으로 표현하는 능력을 기른다.
자연탐구 영역	호기심을 가지고 주변세계를 탐구하며 일상생활에서 수학적 · 과학적으로 생각하는 능력과 태도를 기른다.

* 신체운동 · 건강 영역은 0~2세의 기본생활, 신체운동의 보육과정 목표와 관련됨

(2) 표준보육과정의 내용범주

0~1세, 2세 보육과정은 6개 영역으로 총 18개 내용범주이다. 기본생활 영역

은 2개의 내용범주, 신체운동, 사회관계, 예술경험, 자연탐구 영역은 각 3개의 내용범주, 의사소통 영역은 4개의 내용범주로 구성되어 있다. 3~5세 보육과정은 총 20개 내용범주이다. 신체운동 · 건강과 사회관계 영역은 5개의 내용범주, 의사소통 영역은 4개의 내용범주, 예술경험과 자연탐구 영역은 각 3개의 내용범주로 구성되어 있다.

0~1세와 2세의 기본생활과 신체운동 영역이 3~5세에서는 합하여져 신체운동 · 건강 영역이 되었다. 0~1세와 2세의 사회관계 영역은 첫 2개의 내용범주는 동일하며, 가족을 포함한 '더불어 생활하기' 내용범주와 3~5세 보육과정에서 '가족을 소중히 여기기'와 '다른 사람과 더불어 생활하기'의 내용범주로 나누어졌다. 또한 3~5세 내용범주 '사회에 관심갖기' 내용범주는 0~1세, 2세 보육과정에는 없다.

0~1세, 2세 보육과정의 내용범주와 3~5세 내용범주를 비교하여 나타내면 〈표 4-4〉와 같다.

표 4-4 0~1세, 2세, 3~5세 보육과정의 내용범주 비교

	기본생활	신체운동	의사소통	사회관계	예술경험	자연탐구
0~1세, 2세 보육과정	· 건강하게 생활하기 · 안전하게 생활하기	· 감각과 신체 인식하기 · 신체조절과 기본 운동하기 · 신체활동에 참여하기	· 듣기 · 말하기 · 읽기 · 쓰기	· 나를 알고 존중하기 · 나와 다른 사람의 감정 알기 · 더불어 생활하기	· 아름다움 찾아보기 · 예술적 표현하기 · 예술 감상하기	· 탐구하는 태도 기르기 · 수학적 탐구하기 · 과학적 탐구하기

	신체운동 · 건강	의사소통	사회관계	예술경험	자연탐구
3~5세 보육과정 (누리과정)	· 신체인식하기 · 신체 조절과 기본 운동하기 · 신체활동에 참여하기 · 건강하게 생활하기 · 안전하게 생활하기	· 듣기 · 말하기 · 읽기 · 쓰기	· 나를 알고 존중하기 · 나와 다른 사람의 감정 알고 조절하기 · 가족을 소중히 여기기 · 다른 사람과 더불어 생활하기 · 사회에 관심 가지기	· 아름다움 찾아보기 · 예술적 표현하기 · 예술 감상하기	· 탐구하는 태도 기르기 · 수학적 탐구하기 · 과학적 탐구하기

(3) 표준보육과정의 영역과 내용

① 기본생활 영역

'세 살 버릇 여든까지 간다.'는 속담이 있듯이, 일상생활에서 나타나는 개인의 생활습관은 어릴적 경험에 기초하고 있다. 영유아기는 건강에 기본이 되는 신체의 청결 및 위생, 바른 식습관의 형성과 자신의 안전을 위한 대처능력 형성, 예절과 질서에 대한 내면화가 이루어지도록 다양한 경험을 필요로 한다. 따라서 기본생활 영역은 영유아가 건강하고 건전한 사회인으로 성장하도록 하는데 매우 중요한 경험을 제공한다고 할 수 있다.

기본생활 영역은 만 3~5세 보육과정(누리과정)에 포함되지 않으며, 신체운동 영역과 사회관계 영역에 흡수하여 구성되었다.

표 4-5 기본생활 영역의 내용범주와 내용

내용범주	만 0~1세 내용	만 2세 내용	만 3~5세 내용
건강하게 생활하기	몸을 깨끗이 하기	몸을 깨끗이 하기	-
	즐겁게 먹기	바르게 먹기	-
	건강한 일상생활하기	건강한 일상생활하기	-
	-	질병에 대해 알기	-
안전하게 생활하기	안전하게 지내기	안전하게 놀이하기	-
	위험한 상황에 반응하기	교통안전 알기	-
	-	위험한 상황 알기	-

② 신체운동 영역

영아기에는 일생을 통해 가장 급격한 신체발달의 변화를 보여 준다. 누워 있던 신생아가 점차 목을 가누며, 앉아 있기도 하고 서게 되면서 걷고 뛰는 등 사람이 살아가는데 필요한 기본적인 보행의 기능이 완성된다. 이러한 변화와 함께 영아들은 자율성을 발달시키게 된다. 유아기에는 기본운동 능력의 발달과 함께 주도성이 발달하며 다양한 활동에 즐겁게 참여할 수 있게 되고, 보다 적극적인 학습이 이루어진다. 신체운동 영역은 만 3~5세 보육과정(누리과정)에서는 신체운동·건강 영역에 포함되며 유아가 세상을 탐색하고 다양한 활동을 경험하고 학습하는데 필요한 가장 기본적인 영역이라고 할 수 있다.

표 4-6 신체운동 영역의 내용범주와 내용

<table>
<tr><th colspan="3">〈신체운동 영역〉</th><th colspan="2">〈신체운동·건강 영역〉</th></tr>
<tr><th>내용범주</th><th>만 0~1세 내용</th><th>만 2세 내용</th><th>만 3~5세 내용</th><th>내용범주</th></tr>
<tr><td rowspan="3">감각과 신체 인식하기</td><td>감각적 자극에 반응하기</td><td>감각능력 기르기</td><td>감각능력 기르고 활용하기</td><td rowspan="3">신체 인식하기</td></tr>
<tr><td>감각기관으로 탐색하기</td><td>감각기관 활용하기</td><td>신체를 인식하고 움직이기</td></tr>
<tr><td>신체 탐색하기</td><td>신체를 인식하고 움직이기</td><td></td></tr>
<tr><td rowspan="4">신체조절과 기본운동 하기</td><td>신체 균형잡기</td><td>신체 균형잡기</td><td>신체조절하기</td><td rowspan="4">신체조절과 기본운동 하기</td></tr>
<tr><td>대근육 조절하기</td><td>대근육 조절하기</td><td>기본운동하기</td></tr>
<tr><td>소근육 조절하기</td><td>소근육 조절하기</td><td></td></tr>
<tr><td>기본운동하기</td><td>기본운동하기</td><td></td></tr>
<tr><td rowspan="3">신체활동에 참여하기</td><td>몸 움직임 즐기기</td><td>신체활동에 참여하기</td><td>자발적으로 신체활동에 참여하기</td><td rowspan="3">신체활동에 참여하기</td></tr>
<tr><td>바깥에서 신체 움직이기</td><td>바깥에서 신체활동하기</td><td>바깥에서 신체활동하기</td></tr>
<tr><td>기구를 이용하여 신체활동 시도하기</td><td>기구를 이용하여 신체활동하기</td><td>기구를 이용하여 신체활동하기</td></tr>
<tr><td rowspan="4"></td><td>–</td><td>–</td><td>몸과 주변을 깨끗이 하기</td><td rowspan="4">건강하게 생활하기</td></tr>
<tr><td>–</td><td>–</td><td>바른 식생활하기</td></tr>
<tr><td>–</td><td>–</td><td>건강한 일상생활하기</td></tr>
<tr><td>–</td><td>–</td><td>질병 예방하기</td></tr>
<tr><td rowspan="3"></td><td>–</td><td>–</td><td>안전하게 놀이하기</td><td rowspan="3">안전하게 생활하기</td></tr>
<tr><td>–</td><td>–</td><td>교통안전 규칙지키기</td></tr>
<tr><td>–</td><td>–</td><td>비상 시 적절히 대처하기</td></tr>
</table>

③ 의사소통 영역

영아기에는 혼자 소리를 내기 시작하면서 여러 가지 음성을 표현하며, 점차 반복된 몸짓과 음성으로 상대방의 반응을 이끌어 내며 상호작용을 하게 된다. 이를 토대로 유아기에는 또래와 의사소통이 원활해지며, 성인과의 의사소통 능력도 점진적으로 발달하게 된다. 따라서 의사소통 영역은 영유아가 다른 사람과 관계를 맺고 활동을 하는데 가장 기초적인 경험을 제공한다고 할 수 있다.

표 4-7 의사소통 영역의 내용범주와 내용

내용범주	만 0~1세 내용	만 2세 내용	만 3~5세 내용
듣기	주변의 소리와 말소리 구분하여 듣기	말소리 구분하여 듣고 의미 알기	낱말과 문장 듣고 이해하기
	경험과 관련된 말 듣고 알기	짧은 문장 듣고 알기	이야기 듣고 이해하기
	운율이 있는 말 듣기	짧은 이야기 듣기	동요, 동시, 동화 듣고 이해하기
	말하는 사람을 보기	말하는 사람을 주의 깊게 보기	바른 태도로 듣기
말하기	발성과 발음으로 소리내기	낱말과 간단한 문장을 말하기	낱말과 문장으로 말하기
	표정, 몸짓, 말소리로 말하기	자신의 원하는 것을 말하기	느낌, 생각, 경험 말하기
	말할 순서 구별하기	상대방을 바라보며 말하기	상황에 맞게 바른 태도로 말하기
읽기	그림책과 환경 인쇄물에 관심 가지기	그림책과 환경 인쇄물에 흥미 가지기	읽기에 흥미 가지기
	–	–	책 읽기에 관심 가지기
쓰기	끼적이기	끼적이며 즐기기	쓰기에 관심 가지기

④ 사회관계 영역

영유아기는 발달과정에 있어서 가정으로부터 가장 많은 영향을 받는 시기이다. 가정은 최초의 사회화(socialization)가 이루어지는 곳으로 사회관계를 경험하게 되며, 이를 토대로 점차 유능한 사회 구성원으로 성장하게 된다. 따라서 사회관계영역은 또래경험을 처음 시작하는 영아기뿐 아니라 또래관계의 즐거움을 경험하게 되는 유아기에 매우 중요한 의미를 부여한다고 할 수 있다.

표 4-8 사회관계 영역의 내용범주와 내용

내용범주	만 0~1세 내용	만 2세 내용	만 3~5세 내용	내용범주
나를 알고 존중하기	나를 구별하기	나를 구별하기	나를 알고 소중히 여기기	나를 알고 존중하기
	나의 것 인식하기	좋아하는 것 해 보기	나의 일 스스로 하기	
나와 다른 사람의 감정 알기	나의 감정을 나타내기	나의 감정을 나타내기	나와 다른 사람의 감정 알고 표현하기	나와 다른 사람의 감정 알고 조절하기
	다른 사람에게 주의 기울이기	다른 사람의 감정에 반응하기	나의 감정 조절하기	
더불어 생활하기	안정적인 애착 형성하기	내 가족 알기	가족과 화목하게 지내기	가족을 소중히 여기기
	또래에 관심 갖기	또래와 관계하기	가족과 협력하기	
	자신이 속한 집단 알기	자신이 속한 집단 알기	친구와 사이좋게 지내기	다른 사람과 더불어 생활하기
	사회적 가치를 알기	사회적 가치를 알기	공동체에서 화목하게 지내기	
–	–	–	사회적 가치를 알고 지키기	
	–	–	지역사회에 관심 갖고 이해하기	사회에 관심 갖기
	–	–	우리나라에 관심 갖고 이해하기	

⑤ 예술경험 영역

영유아기에는 감각기관을 통해 탐색하며 학습하게 된다. 또한 다양한 활동과 놀이를 통해 심미감과 풍부한 감성 및 창의성을 기르며 표현할 수 있게 된다. 주변 환경에 있는 예술적 요소에 대한 관심과 탐색의 경험은 아름다움과 즐거움을 느끼며, 이에 대한 표현을 즐기게 한다. 따라서 예술경험 영역은 영유아가 정서적인 안정과 심미감 및 창의성을 기를 수 있는 의미 있는 경험을 제공한다고 할 수 있다.

표 4-9 예술경험 영역의 내용범주와 내용

내용범주	만 0~1세 내용	만 2세 내용	만 3~5세 내용
아름다움 찾아보기	예술적 요소에 호기심 가지기	예술적 요소 탐색하기	음악적 요소 탐색하기
	–	–	움직임과 춤 요소 탐색하기
	–	–	미술적 요소 탐색하기
예술적 표현하기	리듬있는 소리로 반응하기	리듬있는 소리와 노래로 표현하기	음악으로 표현하기
	움직임으로 반응하기	움직임으로 표현하기	움직임과 춤으로 표현하기
	단순한 미술 경험하기	자발적으로 미술활동하기	미술활동으로 표현하기
	모방행동 즐기기	모방과 상상놀이하기	극놀이로 표현하기
	–	–	통합적으로 표현하기
예술 감상하기	아름다움 경험하기	아름다움 즐기기	다양한 예술 감상하기
	–	–	전통예술 감상하기

⑥ 자연탐구 영역

영유아기에는 호기심이 많으며, 다양한 감각 경험을 통해 주변 환경을 탐색하며 학습하고 발달한다. 사람은 주변 환경 및 자연 환경에 관심 가지고 경험할 때 문제해결 능력을 키워 나갈 수 있으며, 자연과 더불어 조화롭게 살아가는 것을 배운다. 따라서 자연탐구 영역은 영유아가 독립적인 존재로 세상을 살아가는 데 필요한 탐구와 문제해결 능력을 발달시킴으로 매우 중요한 의미를 갖는다고 할 수 있다.

표 4-10 자연탐구 영역의 내용범주와 내용

내용범주	만 0~1세 내용	만 2세 내용	만 3~5세 내용
탐구하는 태도 기르기	사물에 관심 가지기	호기심 가지기	호기심을 유지하고 확장하기
	탐색 시도하기	반복적 탐색 즐기기	탐구과정 즐기기
수학적 탐구하기	수량 지각하기	수량 인식하기	수와 연산의 기초개념 알아보기
	주변 공간 탐색하기	공간과 도형에 관심 가지기	공간과 도형의 기초개념 알아보기
	차이를 지각하기	차이에 관심 가지기	기초적인 측정하기
	간단한 규칙성 지각하기	단순한 규칙성에 관심 가지기	규칙성 이해하기
	–	구분하기	기초적인 자료 수집과 결과 나타내기
과학적 탐구하기	물체와 물질 탐색하기	물체와 물질 탐색하기	물체와 물질 알아보기
	주변 동식물에 관심 가지기	주변 동식물에 관심 가지기	생명체와 자연환경 알아보기
	주변 자연에 관심 가지기	자연을 탐색하기	자연현상 알아보기
	생활도구 탐색하기	생활도구 사용하기	간단한 도구와 기계 활용하기

대한민국 어린이헌장

대한민국 어린이헌장은 어린이날의 참뜻을 바탕으로 하여, 모든 어린이가 차별 없이 인간으로서의 존엄성을 지니고, 나라의 앞날을 이어 나갈 새사람으로 존중되며, 바르고 아름답고 씩씩하게 자라도록 함을 길잡이로 삼는다.

1. 어린이는 건전하게 태어나 따뜻한 가정에서 사랑 속에 자라야 한다.
2. 어린이는 고른 영양을 취하고, 질병의 예방과 치료를 받으며, 맑고 깨끗한 환경에서 살아야 한다.
3. 어린이는 좋은 교육시설에서 개인의 능력과 소질에 따라 교육을 받아야 한다.
4. 어린이는 빛나는 우리문화를 이어받아, 새롭게 창조하고 널리 펴나가는 힘을 길러야 한다.
5. 어린이는 즐겁고 유익한 놀이와 오락을 위한 시설과 공간을 제공받아야 한다.
6. 어린이는 예절과 질서를 지키며, 한겨레로서 서로 돕고, 스스로를 이기며, 책임을 다하는 민주시민으로 자라야 한다.
7. 어린이는 자연과 예술을 사랑하고 과학을 탐구하는 마음과 태도를 길러야 한다.
8. 어린이는 해로운 사회 환경과 위험으로부터 먼저 보호되어야 한다.
9. 어린이는 학대를 받거나 버림을 당해서는 안 되고, 나쁜 일과 힘겨운 노동에 이용되지 말아야 한다.
10. 몸이나 마음에 장애를 가진 어린이는 필요한 교육과 치료를 받아야 하고, 빗나간 어린이는 선도되어야 한다.
11. 어린이는 우리의 내일이며 소망이다. 나라의 앞날을 짊어질 한국인으로, 인류의 평화에 이바지할 수 있는 세계인으로 자라야 한다.

제 5 장

만 0~2세의 보육과정

보육과정은 영유아를 건강하게 성장·발달시키기 위해 일정한 목표와 수준에 따라 제공되는 전문적이고 체계적인 보육설계도이다. 만 0~2세의 보육과정은 유아가 다양한 활동을 경험할 수 있도록 통합적이고 융통성 있게 내용을 구성하여 실천하는 활동이다. 본 장에서는 만 0~2세의 영아들을 위한 기본생활, 신체운동, 사회관계, 의사소통, 자연탐구, 예술경험 등 6개 영역의 목표와 수준별 내용, 그리고 각각의 영역에 대한 교사의 역할을 제시하고 있다. 이는 표준보육과정에서 추구하는 인간상과 일반적인 목표에 근거한다.

1. 만 0~2세 보육과정의 목표

제3차 어린이집 표준보육과정은 만 2세 미만의 보육과정을 만 0~1세 보육과정과 만 2세 보육과정으로 구성되어 있으며, 연령별 발달특성 및 개인차를 고려한 수준별 적용의 연계성을 이해하기 쉽도록 하기 위해 제3차 어린이집 표준보육과정의 만 0~2세 보육과정의 목표와 영역별 내용을 먼저 살펴보고 제1차와 제2차 표준보육과정의 영역별 목표와 수준별 내용은 그대로 제시하여 수정된 내용을 살펴보고자 한다.

1) 만 0~1세 보육과정의 목표

① 건강하고 안전한 일상생활을 경험한다.
② 감각 및 기본 신체운동 능력을 기른다.
③ 말소리를 구분하고 의사소통의 기초를 마련한다.
④ 친숙한 사람과 관계를 형성한다.
⑤ 아름다움에 관심을 가진다.
⑥ 보고, 듣고, 만지면서 주변 환경에 관심을 가진다.

2) 만 2세 보육과정의 목표

① 건강하고 안전한 생활습관의 기초를 마련한다.
② 감각, 신체조절 및 기본운동 능력을 기른다.
③ 의사소통 능력의 기초를 기른다.
④ 나를 인식하고 다른 사람과 더불어 생활하는 경험을 한다.
⑤ 아름다움에 관심을 가지고 예술경험을 즐긴다.
⑥ 주변 환경에 호기심을 갖고 탐색하기를 즐긴다.

2. 만 0~2세 보육과정의 구체적 내용

1) 기본생활 영역

(1) 기본생활 영역의 목표

① 만 0~1세 보육과정의 목표

· 건강하고 편안한 일상생활을 경험한다.

· 안전한 생활을 경험한다.

② 만 2세 보육과정의 목표

· 건강한 생활습관의 기초를 경험한다.

· 안전한 생활습관의 기초를 경험한다.

(2) 기본생활 영역의 수준별 내용

〈표 5-1〉에 제시되었듯이 만 0~2세의 기본생활 영역은 연령이 높아질수록 내용범주에 따라 연령별 내용이 점점 확장되고 있음을 알 수 있다.

표 5-1 기본생활 영역의 내용범주와 내용

내용범주	만 0~1세	만 2세
건강하게 생활하기	몸을 깨끗이 하기	몸을 깨끗이 하기
	즐겁게 먹기	바르게 먹기
	건강한 일상생활하기	건강한 일상생활하기
		질병에 대해 알기
안전하게 생활하기	안전하게 지내기	안전하게 놀이하기
	위험한 상황에 반응하기	교통안전 알기
		위험한 상황 알기

① 만 0~1세 수준별 세부내용

<table>
<tr><th>내용범주</th><th>내용</th><th>1수준</th><th>2수준</th><th>3수준</th><th>4수준</th></tr>
<tr><td rowspan="10">건강하게 생활하기</td><td rowspan="3">몸을 깨끗이 하기</td><td colspan="4">몸이 깨끗해졌을 때 기분이 좋음을 안다.</td></tr>
<tr><td colspan="4">도움을 받아 손을 씻는다.</td></tr>
<tr><td></td><td colspan="3">도움을 받아 이를 닦는다.</td></tr>
<tr><td rowspan="3">즐겁게 먹기</td><td>편안하게 안겨서 우유(모유)를 먹는다.</td><td>이유식에 적응한다.</td><td>고형식에 적응한다.</td><td>다양한 음식을 먹어 본다.</td></tr>
<tr><td colspan="2"></td><td colspan="2">도구로 음식을 먹어 본다.</td></tr>
<tr><td colspan="4">즐겁게 먹는다.</td></tr>
<tr><td rowspan="4">건강한 일상생활하기</td><td colspan="4">수면을 충분히 취한다.</td></tr>
<tr><td colspan="4">편안하게 쉰다.</td></tr>
<tr><td colspan="4">하루 일과에 편안하게 참여한다.</td></tr>
<tr><td colspan="2"></td><td colspan="2">배변 의사를 표현한다.</td></tr>
<tr><td rowspan="4">안전하게 생활하기</td><td rowspan="3">안전하게 지내기</td><td colspan="3">안전한 상황에서 놀이한다.</td><td>놀잇감을 안전하게 사용한다.</td></tr>
<tr><td colspan="4">안전한 장소에서 놀이한다.</td></tr>
<tr><td colspan="4">차량 승하차 시 안전 장구를 착용한다.</td></tr>
<tr><td>위험한 상황에 반응하기</td><td></td><td>위험하다는 말에 반응을 보인다.</td><td colspan="2">위험하다고 알려주면 주의한다.</td></tr>
</table>

만 0~1세의 영아들은 가정과 같이 편안하고 쾌적한 환경에서 생활할 때 신체적 · 심리적 안정감을 갖게 되며 이를 토대로 신뢰감을 형성하게 된다. 이 시기에는 청결과 위생, 충분한 수면과 휴식 및 배설 등 기본적인 생리적 욕구와 안전욕구가 충족될 수 있어야 할 것이다.

② 만 2세 수준별 세부내용

<table>
<tr><th>내용범주</th><th>내용</th><th>1수준</th><th>2수준</th></tr>
<tr><td rowspan="10">건강하게 생활하기</td><td rowspan="2">몸을 깨끗이 하기</td><td colspan="2">스스로 손과 몸 씻기를 시도한다.</td></tr>
<tr><td colspan="2">스스로 이닦기를 시도한다.</td></tr>
<tr><td rowspan="3">바르게 먹기</td><td colspan="2">음식을 골고루 먹는다.</td></tr>
<tr><td colspan="2">도구를 사용하여 스스로 먹는다.</td></tr>
<tr><td colspan="2">정해진 자리에서 먹는다.</td></tr>
<tr><td rowspan="4">건강한 일상생활하기</td><td colspan="2">일과에 따라 규칙적으로 잠을 잔다.</td></tr>
<tr><td colspan="2">정해진 시간에 알맞게 휴식한다.</td></tr>
<tr><td colspan="2">하루 일과에 즐겁게 참여한다.</td></tr>
<tr><td>정해진 곳에서 배변한다.</td><td>화장실에서 배변한다.</td></tr>
<tr><td>질병에 대해 알기</td><td colspan="2">질병의 위험을 안다.</td></tr>
<tr><td rowspan="5">안전하게 생활하기</td><td rowspan="2">안전하게 놀이하기</td><td colspan="2">놀이기구나 놀잇감을 안전하게 사용한다.</td></tr>
<tr><td colspan="2">안전한 장소에서 놀이한다.</td></tr>
<tr><td>교통안전 알기</td><td>교통수단의 위험을 안다.</td><td>교통수단의 위험을 알고 조심한다.</td></tr>
<tr><td rowspan="2">위험한 상황 알기</td><td>위험한 상황과 위험한 것을 안다.</td><td>위험한 상황과 위험한 것을 알고 조심한다.</td></tr>
<tr><td colspan="2">위험한 상황 시 어른의 지시에 따른다.</td></tr>
</table>

만 2세의 영아들은 자율성이 발달하는 시기로 일상생활에서 혼자 해 보려고 시도하는 행동들이 많다. 따라서 영아가 스스로 할 수 있고 혼자 할 수 있는 손씻기, 이닦기, 바르게 앉아서 먹고 정리하기 등의 건강한 생활습관과 위험을 알고 조심할 줄 아는 안전생활이 가정과 어린이집에서 일관성 있게 지도하는 협조가 이루어져야 할 것이다.

2) 신체운동 영역

(1) 신체운동 영역의 목표

① 만 0~1세 보육과정의 목표

· 감각기능을 발달시키고 자신의 신체를 탐색한다.
· 대 · 소근육을 조절하고 걷기 등의 능력을 기른다.
· 규칙적으로 신체활동에 참여한다.

② 만 2세 보육과정의 목표

· 감각능력을 기르고, 자신의 신체 움직임을 탐색한다.
· 안정된 자세로 대 · 소근육을 조절하고 기본운동 능력을 기른다.
· 규칙적으로 신체활동에 참여한다.

(2) 신체운동 영역의 수준별 내용

〈표 5-2〉에 제시되었듯이 연령이 높아질수록 내용범주에 따라 연령별 목표가 점점 세분화되고 확장되고 있음을 알 수 있다.

표 5-2 신체운동 영역의 내용범주와 내용

내용범주	만 0~1세	만 2세
감각과 신체 인식하기	감각적 자극에 반응하기	감감능력 기르기
	감각기관으로 탐색하기	감각기관 활용하기
	신체 탐색하기	신체를 인식하고 움직이기
신체조절과 기본운동 하기	신체 균형잡기	신체 균형잡기
	대근육 조절하기	대근육 조절하기
	소근육 조절하기	소근육 조절하기
	기본운동하기	기본운동하기
신체활동에 참여하기	몸 움직임 즐기기	신체활동에 참여하기
	바깥에서 신체 움직이기	바깥에서 신체활동하기
	기구를 이용하여 신체활동 시도하기	기구를 이용하여 신체활동하기

① 만 0~1세 수준별 세부내용

<table>
<tr><th rowspan="2">내용범주</th><th rowspan="2">내용</th><th colspan="4">만 0~1세 수준별 세부내용</th></tr>
<tr><th>1수준</th><th>2수준</th><th>3수준</th><th>4수준</th></tr>
<tr><td rowspan="4">감각과 신체 인식하기</td><td rowspan="2">감각적 자극에 반응하기</td><td colspan="4">시각, 청각, 촉각, 후각, 미각으로 자극을 느낀다.</td></tr>
<tr><td colspan="4">시각, 청각, 촉각, 후각, 미각으로 자극에 반응한다.</td></tr>
<tr><td>감각기관으로 탐색하기</td><td colspan="4">감각기관으로 주변 환경을 탐색한다.</td></tr>
<tr><td>신체 탐색하기</td><td>손과 발 등을 바라보며 탐색한다.</td><td colspan="3">주요 신체 부분의 움직임을 탐색한다.</td></tr>
<tr><td rowspan="5">신체조절과 기본운동 하기</td><td>신체 균형잡기</td><td>몸의 균형을 잡기 위한 자세를 시도한다.</td><td>붙잡고 서 있기 등의 자세를 취한다.</td><td colspan="2">안정되게 서 있기 등의 자세를 시도한다.</td></tr>
<tr><td>대근육 조절하기</td><td>뒤집기 등 몸을 조절하여 위치를 바꾼다.</td><td colspan="3">누웠다 앉기 등 몸의 움직임을 조절한다.</td></tr>
<tr><td>소근육 조절하기</td><td>보이는 물체에 손을 뻗는다.</td><td colspan="3">눈과 손을 협응하여 소근육을 활용해 본다.</td></tr>
<tr><td rowspan="2">기본운동하기</td><td>배밀이 등 이동운동을 시도한다.</td><td>기기, 걷기 등 이동운동을 시도한다.</td><td colspan="2">걷기 등 이동운동을 시도한다.</td></tr>
<tr><td colspan="2">팔 다리 뻗기, 흔들기 등 제자리 운동을 시도한다.</td><td colspan="2">서 있기, 앉기 등 제자리 운동을 시도한다.</td></tr>
<tr><td rowspan="3">신체활동에 참여하기</td><td>몸 움직임 즐기기</td><td colspan="2">몸을 활발히 움직인다.</td><td colspan="2">몸의 움직임을 다양하게 시도한다.</td></tr>
<tr><td>바깥에서 신체 움직이기</td><td colspan="2">규칙적으로 바깥환경을 경험한다.</td><td colspan="2">규칙적으로 바깥에서 신체활동을 한다.</td></tr>
<tr><td>기구를 이용하여 신체활동 시도하기</td><td></td><td colspan="3">간단한 기구를 이용하여 신체활동을 시도한다.</td></tr>
</table>

만 0~1세의 영아는 오감각의 경험을 통해 주변 환경과 자신의 신체를 탐색하며 감각과 신체를 인식하게 된다. 따라서 교사는 시각, 청각, 후각, 미각, 촉각 등의 감각적 자극을 충분히 경험할 수 있도록 배려해 주어야 한다.

② 만 2세 수준별 세부내용

<table>
<tr><th>내용범주</th><th>내용</th><th>1수준</th><th>2수준</th></tr>
<tr><td rowspan="4">감각과 신체 인식하기</td><td>감각능력 기르기</td><td colspan="2">다양한 감각적 차이에 반응한다.</td></tr>
<tr><td>감각기관 활용하기</td><td colspan="2">감각기관으로 주변 환경을 탐색한다.</td></tr>
<tr><td rowspan="2">신체를 인식하고 움직이기</td><td colspan="2">신체 각 부분의 명칭을 안다.</td></tr>
<tr><td colspan="2">신체 각 부분의 움직임을 탐색한다.</td></tr>
<tr><td rowspan="5">신체조절과 기본운동 하기</td><td>신체 균형잡기</td><td colspan="2">안정된 자세를 취하려고 시도한다.</td></tr>
<tr><td>대근육 조절하기</td><td colspan="2">팔, 다리, 목, 허리 등 움직임을 조절한다.</td></tr>
<tr><td>소근육 조절하기</td><td colspan="2">눈과 손을 협응하여 소근육을 조절해 본다.</td></tr>
<tr><td rowspan="2">기본운동하기</td><td colspan="2">걷기, 계단 오르기 등 이동운동을 한다.</td></tr>
<tr><td colspan="2">제자리에서 몸을 움직여 본다.</td></tr>
<tr><td rowspan="3">신체활동에 참여하기</td><td>신체활동에 참여하기</td><td colspan="2">신체활동에 자발적으로 참여해 본다.</td></tr>
<tr><td>바깥에서 신체활동하기</td><td colspan="2">규칙적으로 바깥에서 신체활동을 한다.</td></tr>
<tr><td>기구를 이용하여 신체활동하기</td><td colspan="2">간단한 기구를 이용하여 신체활동을 한다.</td></tr>
</table>

만 2세의 영아는 대근육의 발달로 좀 더 적극적으로 주변 환경을 탐색하며 신체의 각 부분의 움직임을 탐색하며 인식한다. 따라서 교사는 신체에 관한 다양한 활동과 자료를 제공해 주어야 한다.

3) 의사소통 영역

(1) 의사소통 영역의 목표

① 만 0~1세 보육과정의 목표

- 주변의 소리와 말소리 듣기에 관심을 보인다.
- 표정, 소리, 몸짓으로 자신의 생각과 느낌을 표현한다.
- 짧은 그림책이나 친숙한 환경 인쇄물에 관심을 가진다.
- 끼적이기에 관심을 가진다.

② 만 2세 보육과정의 목표

- 다른 사람의 말과 짧은 이야기 듣는 것을 즐긴다.
- 자신의 생각과 느낌을 말로 주고받기를 즐긴다.
- 그림책이나 환경 인쇄물에 관심을 가지며 글의 내용에 흥미를 가진다.
- 글자 형태 끼적이기에 관심을 가진다.

(2) 의사소통 영역의 수준별 내용

〈표 5-3〉에 제시되었듯이 연령이 높아질수록 의사소통 영역의 내용범주에 따라 연령별 목표와 내용이 점점 세분화되고 확장되고 있음을 알 수 있다.

표 5-3 의사소통 영역의 내용범주와 내용

내용범주	만 0-1세	만 2세
듣기	주변의 소리와 말소리 구분하여 듣기	말소리 구분하여 듣고 의미 알기
	경험과 관련된 말 듣고 알기	짧은 문장 듣고 알기
	운율이 있는 말 듣기	짧은 이야기 듣기
	말하는 사람을 보기	말하는 사람을 주의 깊게 보기
말하기	발성과 발음으로 소리내기	낱말과 간단한 문장을 말하기
	표정, 몸짓, 말소리로 말하기	자신의 원하는 것을 말하기
	말할 순서 구별하기	상대방을 바라보며 말하기
읽기	그림책과 환경 인쇄물에 관심 가지기	그림책과 환경 인쇄물에 흥미 가지기
쓰기	끼적이기	끼적이며 즐기기

① 만 0~1세 수준별 세부내용

<table>
<tr><th>내용범주</th><th>내용</th><th>1수준</th><th>2수준</th><th>3수준</th><th>4수준</th></tr>
<tr><td rowspan="7">듣기</td><td rowspan="3">주변의 소리와 말소리 구분하여 듣기</td><td colspan="3">여러 가지 소리와 말소리 듣기에 흥미를 보인다.</td><td>친숙한 낱말의 발음에 흥미를 보인다.</td></tr>
<tr><td colspan="4">익숙한 목소리를 듣고 그것에 반응한다.</td></tr>
<tr><td colspan="2"></td><td colspan="2">높낮이와 세기 등 말소리의 차이에 반응한다.</td></tr>
<tr><td rowspan="2">경험과 관련된 말 듣고 알기</td><td colspan="4">눈앞에 보이는 경험과 관련된 말에 반응한다.</td></tr>
<tr><td></td><td colspan="3">자신의 이름이 불리면 듣고 반응한다.</td></tr>
<tr><td>운율이 있는 말 듣기</td><td colspan="4">운율이 있는 짧은 말소리를 관심 있게 듣는다.</td></tr>
<tr><td>말하는 사람을 보기</td><td colspan="2">말하는 사람의 눈을 마주 바라본다.</td><td colspan="2">말하는 사람의 표정, 몸짓을 관심 있게 본다.</td></tr>
<tr><td rowspan="5">말하기</td><td rowspan="3">발성과 발음으로 소리내기</td><td colspan="2" rowspan="2">여러 가지 소리를 내고 옹알이를 한다.</td><td colspan="2">여러 말소리를 즐겁게 내 본다.</td></tr>
<tr><td colspan="2">의미 있는 음절을 내 본다.</td></tr>
<tr><td colspan="2">옹알이와 말소리에 대해 말로 반응해 주면 모방하여 소리 낸다.</td><td colspan="2">교사의 말을 모방하여 발음한다.</td></tr>
<tr><td>표정, 몸짓, 말소리로 말하기</td><td>표정과 소리로 의사표현을 한다.</td><td>표정, 몸짓, 소리로 의사표현을 한다.</td><td colspan="2">표정, 몸짓, 말소리로 의사표현을 한다.</td></tr>
<tr><td>말할 순서 구별하기</td><td colspan="4">말할 순서에 따라 표정, 몸짓, 말소리로 반응한다.</td></tr>
<tr><td rowspan="3">읽기</td><td rowspan="3">그림책과 환경 인쇄물에 관심 가지기</td><td colspan="4">다양한 감각 책을 탐색해 본다.</td></tr>
<tr><td colspan="2"></td><td colspan="2">사물과 주변의 친숙한 환경 인쇄물에 관심을 가진다.</td></tr>
<tr><td colspan="4">읽어 주는 짧은 그림책에 관심을 가진다.</td></tr>
<tr><td>쓰기</td><td>끼적이기</td><td></td><td colspan="3">끼적이기에 관심을 가진다.</td></tr>
</table>

만 0~1세 영아들은 소리 내는 것을 즐기며, 표정과 몸짓으로 의사를 표현하려고 한다. 따라서 교사는 영아들의 다양한 몸짓과 소리에 민감하고 다정하게 반응하여 말과 몸짓을 주고받는 경험을 제공해야 한다.

② 만 2세 수준별 세부내용

<table>
<tr><th>내용범주</th><th>내용</th><th>1수준</th><th>2수준</th></tr>
<tr><td rowspan="7">듣기</td><td rowspan="2">말소리 구분하여 듣고 의미 알기</td><td>친숙한 낱말의 발음에 흥미를 보인다.</td><td>친숙한 낱말의 발음에 관심을 가지고 듣는다.</td></tr>
<tr><td colspan="2">다양한 말소리의 차이를 구분한다.</td></tr>
<tr><td rowspan="2">짧은 문장 듣고 알기</td><td>낱말을 듣고 친숙한 사물과 사람을 찾아본다.</td><td>일상생활과 관련된 친숙한 낱말을 듣고 뜻을 이해한다.</td></tr>
<tr><td colspan="2">친숙한 짧은 문장을 듣고 반응한다.</td></tr>
<tr><td>짧은 이야기 듣기</td><td colspan="2">짧은 이야기와 노랫말 등을 즐겁게 듣는다.</td></tr>
<tr><td>말하는 사람을 주의깊게 보기</td><td colspan="2">말하는 사람의 표정, 몸짓, 억양 등을 주의 깊게 보고 듣는다.</td></tr>
<tr><td rowspan="6">말하기</td><td rowspan="3">낱말과 간단한 문장으로 말하기</td><td>눈앞에 보이는 친숙한 사물의 이름을 발음해 본다.</td><td>친숙한 낱말을 발음해 본다.</td></tr>
<tr><td colspan="2">일상생활에서 경험한 새로운 낱말에 관심을 가진다.</td></tr>
<tr><td colspan="2">일상생활의 반복적인 일이나 친숙한 상황을 한두 낱말이나 간단한 문장으로 말해 본다.</td></tr>
<tr><td rowspan="2">자신이 원하는 것을 말하기</td><td colspan="2">표정, 몸짓, 말소리로 의사표현을 한다.</td></tr>
<tr><td>자신이 원하는 것을 한두 낱말로 말해 본다.</td><td>자신이 원하는 것을 낱말이나 짧은 문장으로 말해 본다.</td></tr>
<tr><td>상대방을 바라보며 말하기</td><td colspan="2">말할 순서에 상대방을 바라보며 말을 주고받는다.</td></tr>
<tr><td rowspan="3">읽기</td><td rowspan="3">그림책과 환경 인쇄물에 흥미 가지기</td><td colspan="2">그림책과 환경 인쇄물에 있는 그림과 내용에 관심을 가진다.</td></tr>
<tr><td colspan="2">친숙한 그림과 환경인쇄물을 보고 읽는 흉내를 내 본다.</td></tr>
<tr><td colspan="2">선호하는 그림책들을 읽어 주면 집중하여 듣는다.</td></tr>
<tr><td rowspan="2">쓰기</td><td rowspan="2">끼적이며 즐기기</td><td colspan="2">의도적으로 끼적인다.</td></tr>
<tr><td colspan="2">자기 이름 끼적이기에 관심을 가진다.</td></tr>
</table>

4) 사회관계 영역

(1) 사회관계 영역의 목표

① 만 0~1세 보육과정의 목표
- · 자신과 다른 사람을 구별된 존재로 인식한다.
- · 기본 정서를 표현하고 다른 사람의 감정에 주의를 기울인다.
- · 안정적인 애착을 형성하고 또래나 교사와 함께 지낸다.

② 만 2세 보육과정의 목표
- · 자기 존중감을 형성한다.
- · 자신의 감정을 알고 다른 사람의 감정에 반응을 보인다.
- · 가족을 사랑하고 또래, 교사와 즐겁게 지내며 간단한 규칙 등을 지킨다.

(2) 사회관계 영역의 수준별 내용

〈표 5-4〉에 제시되었듯이 연령이 높아질수록 사회관계 영역의 내용범주에 따라 연령별 목표와 내용이 점점 세분화되고 확장되고 있음을 알 수 있다.

표 5-4 사회관계 영역의 내용범주와 내용

내용범주	만 0~1세	만 2세
나를 알고 존중하기	나를 구별하기	나를 구별하기
	나의 것 인식하기	좋아하는 것 해 보기
나와 다른 사람의 감정 알기	나의 감정을 나타내기	나의 감정을 나타내기
	다른 사람에게 주의 기울이기	다른 사람의 감정에 반응하기
더불어 생활하기	안정적인 애착형성하기	내 가족 알기
	또래에 관심 갖기	또래와 관계하기
	자신이 속한 집단 알기	자신이 속한 집단 알기
	사회적 가치를 알기	사회적 가치를 알기

① 만 0~1세 수준별 세부내용

<table>
<tr><th>내용범주</th><th>내용</th><th>1수준</th><th>2수준</th><th>3수준</th><th>4수준</th></tr>
<tr><td rowspan="3">나를 알고 존중하기</td><td>나를 구별하기</td><td colspan="2">거울 속의 나에게 관심을 가진다.</td><td colspan="2">거울 속의 나를 알아본다.</td></tr>
<tr><td rowspan="2">나의 것 인식하기</td><td colspan="4">자기 이름을 부르는 소리에 반응한다.</td></tr>
<tr><td colspan="2"></td><td colspan="2">친숙한 자기 물건을 안다.</td></tr>
<tr><td rowspan="2">나와 다른 사람의 감정 알기</td><td>나의 감정을 나타내기</td><td colspan="4">나의 욕구와 감정을 나타낸다.</td></tr>
<tr><td>다른 사람에게 주의 기울이기</td><td colspan="2">다른 사람의 말과 표정, 몸짓에 주의를 기울인다.</td><td colspan="2">다른 사람이 나타내는 여러 가지 감정에 주의를 기울인다.</td></tr>
<tr><td rowspan="6">더불어 생활하기</td><td rowspan="2">안정적인 애착형성하기</td><td>양육자와 시선을 맞춘다.</td><td colspan="3">양육자에게 적극적으로 관심과 욕구를 표현한다.</td></tr>
<tr><td colspan="2">주변의 친숙한 사람의 얼굴과 목소리를 인식한다.</td><td colspan="2">주변의 친숙한 사람에게 애정을 표현한다.</td></tr>
<tr><td>또래에 관심 갖기</td><td colspan="4">다른 영아와 함께 지내는 것을 경험한다.</td></tr>
<tr><td>자신이 속한 집단 알기</td><td colspan="2">담임교사를 구별한다.</td><td colspan="2">자기 반에서 지내며 안정감을 가진다.</td></tr>
<tr><td rowspan="2">사회적 가치를 알기</td><td colspan="2"></td><td colspan="2">친숙한 물건의 자리를 안다.</td></tr>
<tr><td colspan="4">만나고 헤어지는 인사를 해 본다.</td></tr>
</table>

만 0~1세 영아들은 양육자와 애착을 형성하며 자신이 타인과 분리된 개체임을 인식하고 자신의 욕구와 감정을 표현하며 점차 다른 사람의 감정에도 주의를 기울이게 된다. 따라서 교사는 일상생활에서 영아와 친근하게 느끼도록 신체적 접촉과 언어적 표현을 하여 어린이집 생활에서 안정감을 느낄 수 있도록 해야 한다.

② 만 2세 수준별 세부내용

<table>
<tr><th>내용범주</th><th>내용</th><th>1수준</th><th>2수준</th></tr>
<tr><td rowspan="3">나를 알고 존중하기</td><td>나를 구별하기</td><td colspan="2">나와 다른 사람의 모습을 구별한다.</td></tr>
<tr><td rowspan="2">좋아하는 것 해 보기</td><td colspan="2">내가 좋아하는 것을 찾아본다.</td></tr>
<tr><td>좋아하는 놀이나 놀잇감을 선택해 본다.</td><td>스스로 선택한 놀이나 놀잇감을 즐긴다.</td></tr>
<tr><td rowspan="2">나와 다른 사람의 감정 알기</td><td>나의 감정을 나타내기</td><td colspan="2">여러 가지 감정을 말과 행동으로 나타낸다.</td></tr>
<tr><td>다른 사람의 감정에 반응하기</td><td colspan="2">다른 사람이 나타내는 여러 가지 감정에 반응을 보인다.</td></tr>
<tr><td rowspan="8">더불어 생활하기</td><td>내 가족 알기</td><td>내 가족에게 애정을 표현한다.</td><td>내 가족에게 다른 사람과는 구별된 특별한 감정을 갖는다.</td></tr>
<tr><td rowspan="2">또래와 관계하기</td><td>또래에게 관심을 보인다.</td><td>또래의 모습과 행동을 모방한다.</td></tr>
<tr><td>또래의 이름을 안다.</td><td>또래가 있는 곳에서 놀이를 한다.</td></tr>
<tr><td>자신이 속한 집단 알기</td><td>자신이 속한 반과 교사를 안다.</td><td>자신이 속한 반의 활동에 즐겁게 참여한다.</td></tr>
<tr><td rowspan="4">사회적 가치를 알기</td><td>도움받아 물건을 정리한다.</td><td>스스로 물건을 정리한다.</td></tr>
<tr><td>자기 순서를 안다.</td><td>순서를 기다린다.</td></tr>
<tr><td colspan="2">바른 태도로 인사한다.</td></tr>
<tr><td colspan="2">간단한 약속을 지킨다.</td></tr>
</table>

만 2세 영아들은 감정을 표현하는 방법이 발달하여 다른 사람의 감정에도 반응을 보이며 일상생활에서 혼자 해 보려고 시도하는 주장과 행동을 하게 된다. 따라서 교사는 영아의 감정표현에 언어와 비언어적 표현으로 반응하여 다른 사람에게 표현하는 방법을 보여주거나 설명해 주어야 한다.

5) 예술경험 영역

(1) 예술경험 영역의 목표

① 만 0~1세 보육과정의 목표

· 자신의 신체와 주변의 감각 자극에 호기심을 가지고 반응한다.

· 소리와 움직임으로 반응하고, 단순한 미술을 경험하며, 모방 행동을 즐긴다.

· 친근한 소리나 노래를 즐겨 듣고, 자연물, 사물, 주변 환경에 관심을 가진다.

② 만 2세 보육과정의 목표

· 주변 생활에서 예술적 요소를 발견하고 흥미롭게 탐색한다.

· 간단한 리듬이나 노래, 움직임, 자발적인 미술활동을 자유롭게 시도하고 모방이나 상상놀이로 표현한다.

· 주변의 환경과 자연 및 다양한 표현에서 예술적 요소를 관심 있게 보고 즐긴다.

(2) 예술경험 영역의 수준별 내용

〈표 5-5〉에 제시되었듯이 연령이 높아질수록 예술경험 영역의 내용범주에 따라 연령별 목표와 내용이 점점 확장되기도 하고 통합적인 내용을 다루고 있음을 알 수 있다.

표 5-5 예술경험 영역의 내용범주와 내용

내용범주	만 0~1세	만 2세
아름다움 찾아보기	예술적 요소에 호기심 가지기	예술적 요소 탐색하기
예술적 표현하기	리듬 있는 소리로 반응하기	리듬있는 소리와 노래로 표현하기
	움직임으로 반응하기	움직임으로 표현하기
	단순한 미술 경험하기	자발적으로 미술활동하기
	모방행동 즐기기	모방과 상상놀이하기
예술 감상하기	아름다움 경험하기	아름다움 즐기기

① 만 0~1세 수준별 세부내용

<table>
<tr><th>내용범주</th><th>내용</th><th>1수준</th><th>2수준</th><th>3수준</th><th>4수준</th></tr>
<tr><td rowspan="2">아름다움 찾아보기</td><td rowspan="2">예술적 요소에 호기심 가지기</td><td colspan="4">주변의 소리와 움직임에 호기심을 가진다.</td></tr>
<tr><td colspan="4">주변 환경에서 색, 모양에 호기심을 가진다.</td></tr>
<tr><td rowspan="6">예술적 표현하기</td><td rowspan="2">리듬 있는 소리로 반응하기</td><td colspan="2">리듬 있는 소리에 관심을 가진다.</td><td colspan="2">노래를 부분적으로 따라 부른다.</td></tr>
<tr><td colspan="2">리듬과 노래에 소리로 반응한다.</td><td colspan="2">리듬과 음높이에 맞추어 소리를 낸다.</td></tr>
<tr><td rowspan="2">움직임으로 반응하기</td><td colspan="4">손발 흔들기와 몸 움직임으로 반응한다.</td></tr>
<tr><td colspan="2"></td><td colspan="2">간단한 도구를 활용하여 움직인다.</td></tr>
<tr><td>단순한 미술 경험하기</td><td colspan="2"></td><td colspan="2">감각적으로 단순한 미술경험을 한다.</td></tr>
<tr><td>모방행동 즐기기</td><td colspan="2">소리나 얼굴 표정, 몸 움직임 등을 모방한다.</td><td colspan="2">단순한 모방행동을 놀이처럼 즐긴다.</td></tr>
<tr><td rowspan="2">예술 감상하기</td><td rowspan="2">아름다움 경험하기</td><td colspan="2">일상생활에서 반복되는 소리와 노래에 관심을 가진다.</td><td colspan="2">일상생활에서 리듬 있는 소리와 노래를 즐겨 듣는다.</td></tr>
<tr><td colspan="4">일상생활에서 자연이나 사물의 아름다움을 경험한다.</td></tr>
</table>

만 0~1세의 영아는 일상생활 속에서 소리, 움직임, 색, 모양 등에 호기심을 가지며, 특히 리듬감 있는 소리나 강한 움직임 등에 반응을 보인다. 따라서 교사는 안정적인 보육환경에서 색, 모양, 질감을 자연스럽게 느껴 볼 수 있도록 재료와 경험의 기회를 제공해야 한다.

② 만 2세 수준별 세부내용

내용범주	내용	1수준	2수준
아름다움 찾아보기	예술적 요소 탐색하기	주변 환경에서 나는 다양한 소리와 움직임을 탐색한다.	
		주변 환경에서 색, 모양을 탐색한다.	
예술적 표현하기	리듬있는 소리와 노래로 표현하기	친근한 노래를 따라 부른다.	
		신체, 사물, 리듬악기 등을 이용하여 간단한 리듬과 소리를 만든다.	
	움직임으로 표현하기	노래나 리듬에 맞춰 몸으로 표현한다.	
		간단한 도구를 활용하여 몸으로 표현한다.	
	자발적으로 미술활동하기	자발적으로 그리기, 만들기를 한다.	
		간단한 도구와 미술재료를 다룬다.	
	모방과 상상놀이하기	모방행동을 놀이처럼 즐긴다.	일상생활 경험을 상상놀이로 즐긴다.
예술 감상하기	아름다움 즐기기	자연이나 생활의 소리나, 움직임, 친근한 음악과 춤을 관심있게 듣거나 본다.	
		일상생활에서 자연과 사물의 아름다움에 관심을 가지고 즐긴다.	
		자신과 또래가 표현한 노래, 춤, 미술품 등에 관심을 가지고 즐긴다.	

만 2세의 영아는 노래를 들으며 몸을 움직이는 표현을 즐기고 미술재료를 탐색하거나 활용하여 그리며 만드는 등의 표현활동도 좋아한다. 또한 모방행동과 상상놀이를 즐기며 또래의 행동에 적극적인 관심을 보이며 함께 표현을 하기도 한다. 따라서 교사는 다양한 음악적 요소와 미술적 요소 등을 포함한 놀이가 충분히 이루어지도록 재료와 활동경험을 제공해야 한다.

6) 자연탐구 영역

(1) 자연탐구 영역의 목표

① 만 0~1세 보육과정의 목표

- 주변 사물에 대한 탐색을 시도한다.
- 주변에서 일어나는 수학적 상황을 지각한다.
- 감각과 조작을 통하여 주변 사물과 자연 환경에 대해 지각한다.

② 만 2세 보육과정의 목표

- 호기심을 가지고 주변 세계에 대해 다양하게 탐색한다.
- 주변에서 경험하는 수학적 상황을 인식한다.
- 다양한 탐색을 통하여 주변 사물과 자연 환경을 인식한다.

(2) 영역의 수준별 내용

〈표 5-6〉에 제시되었듯이 연령이 높아질수록 자연탐구 영역의 내용범주에 따라 연령별 목표와 내용이 점점 세분화되고 확장되고 있음을 알 수 있다.

표 5-6 자연탐구 영역의 내용범주와 내용

내용범주	만 0~1세	만 2세
탐구하는 태도 기르기	사물에 관심 가지기	호기심 가지기
	탐색 시도하기	반복적 탐색 즐기기
수학적 탐구하기	수량 지각하기	수량 인식하기
	주변 공간 탐색하기	공간과 도형에 관심 가지기
	차이를 지각하기	차이에 관심 가지기
	간단한 규칙성 지각하기	단순한 규칙성에 관심 가지기
		구분하기
과학적 탐구하기	물체와 물질 탐색하기	물체와 물질 탐색하기
	주변 동식물에 관심 가지기	주변 동식물에 관심 가지기
	주변 자연에 관심 가지기	자연을 탐색하기
	생활도구 탐색하기	생활도구 사용하기

① 만 0~1세 수준별 세부내용

<table>
<tr><th rowspan="2">내용범주</th><th rowspan="2">내용</th><th colspan="4">만 0~1세 수준별 세부내용</th></tr>
<tr><th>1수준</th><th>2수준</th><th>3수준</th><th>4수준</th></tr>
<tr><td rowspan="2">탐구하는 태도 기르기</td><td>사물에 관심 가지기</td><td></td><td colspan="3">주변 사물에 관심을 가진다.</td></tr>
<tr><td>탐색 시도하기</td><td>나와 주변 사물을 감각으로 탐색한다.</td><td colspan="3">주변의 사물에 대해 의도적인 탐색을 시도한다.</td></tr>
<tr><td rowspan="5">수학적 탐구하기</td><td>수량 지각하기</td><td></td><td>있고 없는 상황을 지각한다.</td><td>'있다'와 '없다'를 구별한다.</td><td>'한 개'와 '여러 개'를 구별한다.</td></tr>
<tr><td rowspan="2">주변 공간 탐색하기</td><td></td><td colspan="3">도움을 받아 주변의 공간을 탐색한다.</td></tr>
<tr><td colspan="4">주변 사물의 모양을 지각한다.</td></tr>
<tr><td>차이를 지각하기</td><td colspan="2"></td><td colspan="2">주변 사물의 차이를 지각한다.</td></tr>
<tr><td>간단한 규칙성 지각하기</td><td colspan="2"></td><td colspan="2">일상과 놀이에서 간단한 규칙성을 경험한다.</td></tr>
<tr><td rowspan="5">과학적 탐구하기</td><td>물체와 물질 탐색하기</td><td colspan="4">일상생활 주변의 몇 가지 친숙한 것들을 양육자와 함께 탐색한다.</td></tr>
<tr><td>주변 동식물에 관심 가지기</td><td colspan="2"></td><td colspan="2">주변 동식물의 모양, 소리, 움직임에 관심을 가진다.</td></tr>
<tr><td rowspan="2">주변 자연에 관심 가지기</td><td></td><td colspan="3">생활 주변의 자연물을 감각으로 느껴 본다.</td></tr>
<tr><td></td><td colspan="3">바람, 햇빛, 비 등을 감각으로 느껴 본다.</td></tr>
<tr><td>생활도구 탐색하기</td><td colspan="2"></td><td colspan="2">도움을 받아 생활도구를 탐색한다.</td></tr>
</table>

만 0~1세의 영아는 주변 환경의 사물과 자연에 많은 관심을 보이고 반복하여 탐색하고자 시도하려고 하며, 특히 생명체와 관심을 보이기도 한다. 따라서 교사는 영아들이 다양한 모양을 지각하고 만져 보는 경험을 제공하여 충분한 탐색이 이루어지도록 한다.

② 만 2세 수준별 세부내용

<table>
<tr><th>내용범주</th><th>내용</th><th>1수준</th><th>2수준</th></tr>
<tr><td rowspan="2">탐구하는
태도 기르기</td><td>호기심 가지기</td><td colspan="2">주변 사물과 자연 세계에 호기심을 가진다.</td></tr>
<tr><td>반복적 탐색 즐기기</td><td colspan="2">관심 있는 사물을 반복하여 주도적으로 탐색하기를 즐긴다.</td></tr>
<tr><td rowspan="9">수학적
탐구하기</td><td rowspan="3">수량
인식하기</td><td colspan="2">많고 적음을 구별한다.</td></tr>
<tr><td>두 개 가량의 수 이름을 말해 본다.</td><td>세 개 가량의 구체물을 말하며 세어 본다.</td></tr>
<tr><td colspan="2">구체물을 일대일로 대응해 본다.</td></tr>
<tr><td rowspan="2">공간과 도형에 관심 가지기</td><td colspan="2">나를 중심으로 익숙한 위치, 장소를 인식한다.</td></tr>
<tr><td colspan="2">주변 사물의 모양에 관심을 가진다.</td></tr>
<tr><td>차이에 관심 가지기</td><td colspan="2">주변 사물의 크기(속성의 차이)에 관심을 가진다.</td></tr>
<tr><td>단순한 규칙성에
관심 가지기</td><td colspan="2">주변에서 단순하게 반복되는 규칙성에 관심을 가진다.</td></tr>
<tr><td>구분하기</td><td colspan="2">주변 사물의 같고 다름에 따라 구분한다.</td></tr>
<tr style="display:none"><td></td></tr>
<tr><td rowspan="6">과학적
탐구하기</td><td>물체와 물질 탐색하기</td><td colspan="2">친숙한 물체와 물질을 능동적으로 탐색한다.</td></tr>
<tr><td>주변 동식물에
관심 가지기</td><td colspan="2">주변 동식물의 모양, 소리, 움직임에 관심을 가진다.</td></tr>
<tr><td rowspan="2">자연을 탐색하기</td><td colspan="2">돌, 물, 모래 등의 자연물을 탐색한다.</td></tr>
<tr><td colspan="2">날씨를 감각으로 느낀다.</td></tr>
<tr><td rowspan="2">생활도구 사용하기</td><td colspan="2">생활 속에서 간단한 도구에 관심을 가진다.</td></tr>
<tr><td colspan="2">간단한 도구를 사용한다.</td></tr>
</table>

만 2세의 영아는 일상생활에서 많은 호기심을 갖고 끊임없는 질문을 하기도 하며, 여러 가지 사물과 자연의 속성을 탐색하고 비교해 보기도 한다. 따라서 교사는 영아들이 수와 모양, 규칙성 등에 관심을 갖고 탐색해 볼 수 있도록 다양한 사물과 자연물을 제공하고 충분히 경험적인 활동을 제공해야 한다.

제 6 장

만 3~5세의 보육과정(누리과정)

보육과정은 영유아를 건강하게 성장·발달시키기 위해 일정한 목표와 수준에 따라 제공되는 전문적이고 체계적인 보육설계도이다. 만 3~5세의 보육과정(누리과정)은 유아가 다양한 활동을 경험할 수 있도록 통합적이고 융통성 있게 내용을 구성하여 실천하는 활동이다. 본 장에서는 만 3~5세의 유아들을 위한 신체운동·건강, 의사소통, 사회관계, 예술경험, 자연탐구 등 5개 영역의 목표와 수준별 내용, 그리고 각각의 영역에 대한 교사의 역할을 제시하고 있다. 이는 표준보육과정에서 추구하는 인간상과 일반적인 목표에 근거한다.

1. 만 3~5세 보육과정(누리과정)의 구성방향과 목표

1) 구성방향

5세 누리과정에 이어 2013년부터 만 3~4세까지 누리과정이 확대 도입됨에 따라 모든 만 3~5세 유아들에게 유아교육 · 보육과정이 통합된 3~5세 누리과정을 제공함으로써 취학 전 교육의 질을 제고하고, 생애 초기 출발점 평등을 보장할 수 있게 되었다(육아정책연구소, 2012).

3~5세 연령별 누리과정의 영역과 내용을 구성함에 있어서 2012년부터 적용하고 있는 5세 누리과정의 기본 구성방향과 구성체계를 유지하고 있다. 따라서 신체운동 · 건강, 의사소통, 사회관계, 예술경험, 자연탐구의 5개 영역 구성과 내용범주는 그대로 유지하며, 전체적인 체계와 맥락을 고려하여 내용을 통합하거나 명칭을 수정하였고 세부내용을 일부 조정하였다. 최근 국가 · 사회적으로 강조되고 있는 녹색성장교육, 인터넷 · 미디어중독예방교육 등에 관련된 내용을 추가로 반영하였다. 또한 다양한 가족유형과 문화, 국제화 등 다원화된 사회에서 미래 민주시민의 기초를 형성하도록 다른 사람과 화목하게 지내며 나와 다른 사람과의 차이를 존중하는 내용을 강조하였다.

2013년부터 적용하는 '3~5세 연령별 누리과정'의 주요 구성방향은 다음과 같다.

① 질서, 배려, 협력 등 기본생활습관과 바른 인성을 기르는 데 중점을 두어 구성한다.

② 자율성과 창의성을 기르는 데 중점을 두고 전인발달을 이루도록 구성한다.

③ 사람과 자연을 존중하고 우리문화를 이해하는 데 중점을 두어 구성한다.

④ 만 3~5세아의 발달 특성을 고려하여 연령별로 구성한다.
⑤ 신체운동 · 건강, 의사소통, 사회관계, 예술경험, 자연탐구의 5개 영역을 중심으로 구성한다.
⑥ 초등학교 교육과정과 0~2세 표준보육과정과의 연계성을 고려하여 구성한다.

2) 목표

누리과정의 목적은 만 3~5세 유아의 심신의 건강과 조화로운 발달을 도와 민주시민의 기초를 형성하는 데 있다. 이러한 목적을 달성하기 위하여 다섯 가지 목표를 제시한다.

① 기본운동 능력과 건강하고 안전한 생활습관을 기른다.
② 일상생활에 필요한 의사소통 능력과 바른 언어 사용 습관을 기른다.
③ 자신을 존중하고 다른 사람과 더불어 생활하는 능력과 태도를 기른다.
④ 아름다움에 관심을 가지고 예술 경험을 즐기며, 창의적으로 표현하는 능력을 기른다.
⑤ 호기심을 가지고 주변세계를 탐구하며, 일상생활에서 수학적 · 과학적으로 생각하는 능력과 태도를 기른다.

2. 만 3~5세 보육과정의 구체적 내용

제3차 어린이집 표준보육과정에서 만 3~5세 보육과정(누리과정)에서는 기본 생활습관이 다른 영역으로 흡수되어 총 5개 영역으로 구성되었기에 신체운동 · 건강 영역, 의사소통 영역, 사회관계 영역, 예술경험 영역, 자연탐구 영역의 순으로 소개하였다. 각 영역별 만 3~5세의 목표가 동일하기 때문에 본 장에서는 연령별 세부내용체계를 제시하였다.

1) 신체운동 · 건강 영역

(1) 목표

신체운동 · 건강 영역은 유아가 자신의 신체를 긍정적으로 인식하고 신체활동에 즐겁게 참여함으로써 유아기에 필요한 기본운동 능력과 기초 체력을 기르고, 건강하고 안전한 생활을 실천하는 능력과 태도를 기르기 위한 영역으로 다음과 같은 목표를 지닌다.

① 감각 능력을 기르고, 자신의 신체를 긍정적으로 인식한다.
② 신체를 조절하고 기본운동 능력을 기른다.
③ 신체 활동에 즐겁게 참여한다.
④ 건강한 생활습관을 기른다.
⑤ 안전한 생활습관을 기른다.

(2) 연령별 세부내용체계

내용범주	내용	세부내용		
		3세	4세	5세
신체 인식하기	감각능력 기르고 활용하기	감각적 차이를 경험한다.	감각적 차이를 구분한다.	감각으로 대상이나 사물의 특성과 차이를 구분한다.
		감각기관을 인식하고, 활용해 본다.	여러 감각기관을 협응하어 활용한다.	여러 감각기관을 협응하어 활용한다.
	신체를 인식하고 움직이기	신체 각 부분의 명칭을 알고, 움직임에 관심을 갖는다.	신체 각 부분의 특성을 이해하고 활용하여 움직인다.	신체 각 부분의 특성을 이해하고 활용하여 움직인다.
		자신의 신체를 긍정적으로 인식하고 움직인다.	자신의 신체를 긍정적으로 인식하고 움직인다.	자신의 신체를 긍정적으로 인식하고 움직인다.
신체조절과 기본 운동하기	신체조절하기	신체균형을 유지해 본다.	다양한 자세와 움직임에서 신체균형을 유지한다.	다양한 자세와 움직임에서 신체균형을 유지한다.
		공간, 힘, 시간 등의 움직임 요소를 경험한다.	공간, 힘, 시간 등의 움직임 요소를 활용하여 움직인다.	공간, 힘, 시간 등의 움직임 요소를 활용하여 움직인다.
		신체 각 부분의 움직임을 조절해 본다.	신체 각 부분을 협응하여 움직임을 조절한다.	신체 각 부분을 협응하여 움직임을 조절한다.
		눈과 손을 협응하여 소근육을 조절해 본다.	눈과 손을 협응하여 소근육을 조절해 본다.	눈과 손을 협응하여 여러 가지 조작운동을 한다.
		–	–	도구를 활용하여 여러 가지 조작운동을 한다.
	기본운동하기	걷기, 달리기 등 이동운동을 한다.	걷기, 달리기, 뛰기 등 다양한 이동운동을 한다.	걷기, 달리기, 뛰기 등 다양한 이동운동을 한다.
		제자리에서 몸을 움직여 본다.	제자리에서 몸을 다양하게 움직인다.	제자리에서 몸을 다양하게 움직인다.
신체활동에 참여하기	자발적으로 신체활동에 참여하기	신체활동에 자발적으로 참여한다.	신체활동에 자발적이고 지속적으로 참여한다.	신체활동에 자발적이고 지속적으로 참여한다.
		다른 사람과 함께하는 신체활동에 참여한다.	다른 사람과 함께하는 신체활동에 참여한다.	다른 사람과 함께하는 신체활동에 참여한다.
		–	자신과 다른 사람의 운동능력의 차이에 관심을 갖는다.	자신과 다른 사람의 운동능력의 차이를 이해한다.
	바깥에서 신체활동하기	규칙적으로 바깥에서 신체활동을 한다.	규칙적으로 바깥에서 신체활동을 한다.	규칙적으로 바깥에서 신체활동을 한다.

	기구를 이용하여 신체활동 하기	여러 가지 기구를 이용하여 신체활동을 한다.	여러 가지 기구를 이용하여 신체활동을 한다.	여러 가지 기구를 이용하여 신체활동을 한다.
건강하게 생활하기	몸과 주변을 깨끗이 하기	손과 이를 깨끗이 하는 방법을 알고 실천한다.	손과 이를 깨끗이 하는 방법을 알고 실천한다.	스스로 몸을 깨끗이 하는 습관을 기른다.
		주변을 깨끗이 한다.	주변을 깨끗이 하는 습관을 기른다.	주변을 깨끗이 하는 습관을 기른다.
	바른 식생활 하기	음식을 골고루 먹는다.	음식을 골고루 먹는다.	적당량의 음식을 골고루 먹는다.
		몸에 좋은 음식에 관심을 갖는다.	몸에 좋은 음식을 알아본다.	몸에 좋은 음식을 선택할 수 있다.
		바른 태도로 식사한다.	음식을 소중히 여기고 식사예절을 지킨다.	음식을 소중히 여기고 식사예절을 지킨다.
	건강한 일상생활 하기	규칙적으로 잠을 자고, 적당한 휴식을 취한다.	규칙적으로 잠을 자고, 적당한 휴식을 취한다.	규칙적으로 잠을 자고, 적당한 휴식을 취한다.
		하루 일과에 즐겁게 참여한다.	하루 일과에 즐겁게 참여한다.	하루 일과에 즐겁게 참여한다.
		스스로 화장실에서 배변한다.	바른 배변습관을 가진다.	규칙적인 배변습관을 가진다.
	질병 예방하기	질병의 위험을 알고 주의한다.	질병을 예방하는 방법을 알고 실천한다.	질병을 예방하는 방법을 알고 실천한다.
		날씨에 맞게 옷을 입는다.	날씨와 상황에 알맞게 옷을 입는다.	날씨와 상황에 알맞게 옷을 입는다.
안전하게 생활하기	안전하게 놀이하기	놀이기구나 놀잇감, 도구를 안전하게 사용한다.	놀이기구나 놀잇감, 도구를 안전하게 사용한다.	놀이구가나 놀잇감, 도구의 바른 사용법을 알고 안전하게 사용한다.
		안전한 놀이장소를 안다.	안전한 장소를 알고 안전하게 놀이한다.	안전한 장소를 알고 안전하게 놀이한다.
		TV, 인터넷, 통신기기 등을 바르게 사용한다.	TV, 인터넷, 통신기기 등의 위해성을 알고, 바르게 사용한다.	TV, 인터넷, 통신기기 등의 위해성을 알고, 바르게 사용한다.
	교통안전 규칙지키기	교통안전 규칙을 안다.	교통안전 규칙을 알고 지킨다.	교통안전 규칙을 알고 지킨다.
		교통수단을 안전하게 이용한다.	교통수단을 안전하게 이용한다.	교통수단을 안전하게 이용한다.
	비상시 적절히 대처하기	학대, 성폭력, 실종, 유괴 상황을 알고 도움을 요청한다.	학대, 성폭력, 실종, 유괴 상황시 도움을 요청하는 방법을 알고 행동한다.	학대, 성폭력, 실종, 유괴 상황 시 도움을 요청하는 방법을 알고 행동한다.
		재난 및 사고 등 비상시 적절하게 대처하는 방법을 안다.	재난 및 사고 등 비상시 적절하게 대처하는 방법을 알고 행동한다.	재난 및 사고 등 비상시 적절하게 대처하는 방법을 알고 행동한다.

3~5세 연령별 누리과정 해설서(교육과학기술부, 2013 : 43~61)를 토대로 신체운동·건강 영역의 연령별 지도방법을 제시하면 다음과 같다

① 신체 인식하기

만 3세	· 유아가 주변의 대상이나 사물, 환경에서 나타나는 감각적 차이를 경험하고 그 차이를 인식해 봄으로써 자신의 감각 능력을 기를 수 있는 기초를 마련할 수 있도록 한다. · 유아가 감각기관을 활용하여 대상이나 사물의 특성을 파악하고, 여러 감각기관을 사용할 수 있음을 알고 이를 활용하도록 한다.
만 4세	· 유아가 다양한 자극에 대해 자극의 차이를 느끼고 변별해 보며, 감각정보를 통해 자신이 경험하는 주변의 대상이나 사물, 환경적 특성의 차이를 구분할 수 있도록 한다. · 유아가 두 가지 이상의 감각기관을 협응하여 활용하여 대상과 사물을 다각적인 측면에서 탐색하며 이에 대한 특성과 차이를 잘 인식하도록 한다.
만 5세	· 유아가 여러 가지 감각 정보와 경험을 기초로 대상이나 사물의 속성을 파악하고 그 차이를 구분해 봄으로써 사물에 대한 관찰력과 추론 능력을 기르도록 한다. · 유아가 두 가지 이상의 감각기관을 협응하여 활용하여 대상과 사물을 다각적인 측면에서 탐색하며 이에 대한 특성과 차이를 잘 인식하도록 한다.

② 신체조절과 기본운동하기

만 3세	· 신체의 균형을 맞추고자 여러 가지 움직임을 통해 균형감을 경험해 보도록 한다. · 신체를 움직이고 조절하는 과정에서 나타나는 시간의 빠르기와 지속성, 높이 등을 인식하여 신체조절력을 키워 나가도록 한다.
만 4, 5세	· 다양한 방법을 통해 사물을 활용하여 몸의 균형을 유지하고 조정하는 신체 균형 능력을 발달시켜 갈 수 있도록 한다. · 동물이나 기구, 혹은 다른 사람의 움직임을 관찰하여 이를 자신의 신체로 표현해 보도록 한다. · 자신의 신체 부분을 협응하여 동작을 조절하는 능력을 기르도록 한다.

③ 신체활동에 참여하기

만 3세	· 자신의 발달적 특성에 맞는 다양한 신체활동을 통해 신체활동의 즐거움을 경험하며 기초체력을 기르도록 한다.
만 4, 5세	· 좋아하는 신체활동에 자발적으로 참여하면서 기쁨을 느끼고 신체활동에 대한 성취감과 자신감을 키우도록 한다.
만 3, 4, 5세	· 게임이나 동작활동을 통해 규칙을 지키고 또래와 협동하는 경험을 갖도록 즐겁게 참여할 수 있도록 한다.

④ 건강하게 생활하기

만 3세, 4세	· 손과 이를 잘 닦고 자신의 신체를 항상 청결히 유지하도록 한다.
만 4세, 5세	· 자신이 사용한 물건을 스스로 정리 정돈하고 교구나 책걸상 정리 등 교실을 깨끗이 정돈하고 쓰레기를 정리하는 습관을 기르도록 한다.

⑤ 안전하게 생활하기

만 3세, 4세	· 교구나 도구를 사용하기 전에 안전에 필요한 사항을 미리 알고 안전하게 사용할 수 있도록 한다.
만 4세, 5세	· 생활 속에서 전자 미디어와 관련된 다양한 문제 상황이나 위해성, 문제해결방법에 대해 알아보고 스스로 조절할 수 있는 능력을 기르도록 한다.

2) 의사소통 영역

(1) 목표

의사소통 영역은 언어의 기본 형태인 구어와 문어를 활용하여 나와 다른 사람의 느낌이나, 생각, 경험을 상황과 상대방에 알맞게 소통할 수 있는 능력을 기르는 영역이다. 또한 말과 글의 관계를 알고 읽기와 쓰기에 흥미를 가져 언어 사용을 즐기도록 하는 영역으로 다음과 같은 목표를 지닌다.

① 다른 사람의 말을 주의 깊게 듣는 태도와 이해하는 능력을 기른다.
② 자신의 생각과 느낌을 말하는 능력을 기른다.
③ 글자와 책에 친숙해지는 경험을 통하여 글자 모양을 인식하고 읽기에 흥미를 가진다.
④ 말과 글의 관계를 알고 자신의 생각, 느낌, 경험을 글로 표현하는 데 관심을 가진다.

(2) 연령별 세부내용체계

내용범주	내용	세부내용		
		3세	4세	5세
듣기	낱말과 문장 듣고 이해하기	낱말의 발음에 관심을 가지고 듣는다.	낱말의 발음에 관심을 가지고 듣는다.	낱말의 발음에 관심을 가지고 비슷한 발음을 듣고 구별한다.
		일상생활과 관련된 낱말과 문장을 듣고 뜻을 이해한다.	일상생활과 관련된 낱말과 문장을 듣고 뜻을 이해한다.	다양한 낱말과 문장을 듣고 뜻을 이해한다.
	이야기 듣고 이해하기	다른 사람의 이야기를 관심 있게 듣는다.	다른 사람의 이야기를 듣고 이해한다.	다른 사람의 이야기를 듣고 이해한다.
		–	이야기를 듣고 궁금한 것에 대해 질문한다.	이야기를 듣고 궁금한 것에 대해 질문한다.
	동요, 동시, 동화 듣고 이해하기	동요, 동시, 동화를 다양한 방법으로 듣고 즐긴다.	동요, 동시, 동화를 다양한 방법으로 듣고 즐긴다.	동요, 동시, 동화를 다양한 방법으로 듣고 즐긴다.
		–	전래 동요, 동시, 동화를 듣고 우리말의 재미를 느낀다.	전래 동요, 동시, 동화를 듣고 우리말의 재미를 느낀다.
	바른 태도로 듣기	말하는 사람을 바라보며 듣는다.	다른 사람의 이야기를 주의 깊게 듣는다.	다른 사람의 이야기를 주의 깊게 듣는다.
말하기	낱말과 문장으로 말하기	친숙한 낱말을 발음해 본다.	친숙한 낱말을 정확하게 발음해 본다.	정확한 발음으로 말한다.
		새로운 낱말에 관심을 가진다.	다양한 낱말을 사용하여 말한다.	다양한 낱말을 사용하여 상황에 맞게 말한다.

		일상생활에서 일어나는 일들을 간단한 문장으로 말한다.	일상생활에서 일어나는 일들을 간단한 문장으로 말한다.	일상생활에서 일어나는 일들을 다양한 문장으로 말한다.
	느낌, 생각, 경험 말하기	자신의 느낌, 생각, 경험을 말해 본다.	자신의 느낌, 생각, 경험을 말한다.	자신의 느낌, 생각, 경험을 적절한 낱말과 문장으로 말한다.
		–	–	주제를 정하여 함께 이야기를 나눈다.
		–	–	이야기 지어 말하기를 즐긴다.
	상황에 맞게 바른 태도로 말하기	상대방을 바라보며 말한다.	듣는 사람의 생각과 느낌을 고려하여 말한다.	듣는 사람의 생각과 느낌을 고려하여 말한다.
		바르고 고운 말을 사용한다.	차례를 지켜 말한다.	때와 장소, 대상에 알맞게 말한다.
			바르고 고운 말을 사용한다.	바르고 고운 말을 사용한다.
읽기	읽기에 흥미 가지기	주변에서 친숙한 글자를 찾아본다.	주변에서 친숙한 글자를 찾아본다.	주변에서 친숙한 글자를 찾아 읽어 본다.
		읽어 주는 글의 내용에 관심을 가진다.	읽어 주는 글의 내용에 관심을 가진다.	읽어 주는 글의 내용에 관심을 가지고 읽어 본다.
	책 읽기에 관심 가지기	책에 흥미를 가진다.	책 보는 것을 즐기고 소중하게 다룬다.	책 보는 것을 즐기고 소중하게 다룬다.
		책의 그림을 단서로 내용을 추측해 본다.	책의 그림을 단서로 내용을 이해한다.	책의 그림을 단서로 내용을 이해한다.
			궁금한 것을 책에서 찾아본다.	궁금한 것을 책에서 찾아본다.
쓰기	쓰기에 관심 가지기	말을 글로 나타내는 것에 관심을 보인다.	말이나 생각을 글로 나타낼 수 있음을 안다.	말이나 생각을 글로 나타낼 수 있음을 안다.
		자기 이름의 글자에 관심을 가진다.	자기 이름을 써 본다.	자신의 이름과 주변의 친숙한 글자를 써 본다.
			자신의 느낌, 생각, 경험을 글자와 비슷한 형태로 표현한다.	자신의 느낌, 생각, 경험을 글자와 비슷한 형태나 글자로 표현한다.
	쓰기 도구 사용하기	–	쓰기 도구에 관심을 가지고 사용해 본다.	쓰기 도구에 관심을 가지고 사용해 본다.

3~5세 연령별 누리과정 해설서(교육과학기술부, 2013 : 66~84)를 토대로 의사소통 영역의 연령별 지도방법을 제시하면 다음과 같다.

① 듣기

만 3세	· 다양한 개별, 집단활동에서 낱말에 관심을 가지고 듣는 충분한 경험을 표현어휘와 이해어휘를 향상시켜 나가도록 한다.
만 3세, 4세	· 일상생활에서 주변의 사물명칭, 친구이름, 반복적인 행동과 놀이 등 실제 사건을 경험하면서 접하게 되는 낱말과 문장의 뜻을 더 잘 이해하도록 한다.
만 5세	· 또래와 경험을 주고받거나 다양한 현장체험을 통해 새로운 낱말의 의미를 습득하며 이를 자연스럽게 사용할 수 있는 기회를 갖도록 한다.

② 말하기

만 3세	· 일상생활과 집단활동 및 놀이를 통해 주변에서 친숙한 낱말에 관심을 갖고 발음해 보는 경험을 하도록 한다.
만 4세	· 자신이 이미 뜻을 이해하고 있는 친숙한 낱말들을 정확하게 발음해 보며, 다른 사람이 사용하는 낱말을 일상생활 속에서 직접 사용해 보고 간단한 문장에서 점차 복잡한 문장으로 표현해 보도록 한다.
만 5세	· 발음하기 어려운 낱말도 정확한 발음으로 문장의 표현이 이루어지도록 다양한 놀이와 일상생활에서 새로운 낱말과 상황에 맞는 어휘와 문법을 사용해 보는 경험을 통해 자신감을 갖도록 한다. · 비슷한 말, 반대말, 단문, 복합문 등 문법적 요소를 맞추어 말하는 것을 듣고 다양한 형태의 문장을 사용하여 말하는 능력을 기르도록 한다.

③ 읽기

만 3세, 4세	· 자신과 가족 등 친숙한 주변 사람들의 이름과 사물에 관심을 갖고 말소리처럼 글자가 무엇인가를 나타내 주는 것임을 알도록 한다.
만 5세	· 주변 환경에서 볼 수 있는 다양한 인쇄물과 글자, 포스터, 현수막 등을 찾아보고 읽어 보는 경험을 하며 규칙적으로 더 자주 읽어 주어 유아가 자신 있게 읽을 수 있고 읽고자 하는 적극적인 태도를 갖도록 한다.

④ 쓰기

만 3세	· 자신에게만 의미있는 선이나 도형의 모양으로 자신의 생각이나 느낌의 표현을 존중하여 흥미를 보이도록 한다.
만 4세, 5세	· 교실 영역의 이름이나 소속반 이름, 친구이름 등 주변에 친숙한 글자나 이름에 관심을 갖고 글자와 비슷한 모양이나 문자로 표현하는데 흥미를 갖도록 하며, 말과 글의 관계를 알도록 한다.
만 5세	· 친숙한 글자나 이름을 글자로 써 보는 경험을 자주 갖도록 하며, 흥미 영역 이름이나 가게놀이나 병원놀이처럼 놀이 가운데 유아들이 직접 글자를 써 볼 수 있는 기회를 제공하며 필요한 상황을 통해 쓰기 경험을 하도록 한다.

3) 사회관계 영역

(1) 목표

사회관계 영역은 유아가 자신을 알고 소중하게 여기며 가족, 또래와 함께 원만하게 지내는 방법 뿐 아니라 공동체에서 함께 살아가는 방법을 익히고 사회에 관심을 가지며 적응해 나갈 수 있는 기초능력과 인성을 기르기 위한 영역으로 다음과 같은 목표를 지닌다.

① 자신을 소중히 여기며 자율성을 기른다.
② 자신과 타인의 감정을 알고, 자신의 감정을 적절하게 표현하고 조절한다.
③ 가족과 화목하게 지내며 서로 협력한다.
④ 친구, 공동체 구성원들과 서로 돕고, 예의 · 규칙 등 사회적 가치를 알고 지킨다.
⑤ 우리 동네, 우리나라, 다른 나라에 관심을 가진다.

(2) 연령별 세부내용체계

<table>
<tr><th rowspan="2">내용범주</th><th rowspan="2">내용</th><th colspan="3">세부내용</th></tr>
<tr><th>3세</th><th>4세</th><th>5세</th></tr>
<tr><td rowspan="5">나를 알고 존중하기</td><td rowspan="3">나를 알고 소중히 여기기</td><td>나에 대해 관심을 갖는다.</td><td>나에 대해 알아본다.</td><td>나에 대해 알아본다.</td></tr>
<tr><td>나와 다른 사람의 차이에 관심을 갖는다.</td><td>나와 다른 사람의 차이점을 알아본다.</td><td>나와 다른 사람의 신체적, 사회적, 문화적 차이를 존중한다.</td></tr>
<tr><td>나를 소중하게 여긴다.</td><td>나에 대해 긍정적으로 생각하고 나를 소중하게 여긴다.</td><td>나에 대해 긍정적으로 생각하고 나를 소중하게 여긴다.</td></tr>
<tr><td rowspan="2">나의 일 스스로 하기</td><td>내가 할 수 있는 일을 알아본다.</td><td>내가 할 수 있는 일을 해 본다.</td><td>내가 할 수 있는 일을 스스로 한다.</td></tr>
<tr><td>내가 하고 싶은 일을 선택해 본다.</td><td>하고 싶은 일을 계획하고 해 본다.</td><td>하고 싶은 일을 계획하고 해 본다.</td></tr>
<tr><td rowspan="3">나와 다른 사람의 감정 알고 조절하기</td><td rowspan="2">나와 다른 사람의 감정 알고 표현하기</td><td>자신에게 여러 가지 감정이 있음을 안다.</td><td>자신의 감정을 알고 표현한다.</td><td>자신의 감정을 알고 표현한다.</td></tr>
<tr><td>다른 사람의 감정에 관심을 갖는다.</td><td>다른 사람의 감정을 안다.</td><td>다른 사람의 감정을 알고 공감한다.</td></tr>
<tr><td>나의 감정 조절하기</td><td>자신의 감정을 조절해 본다.</td><td>자신의 감정을 조절해 본다.</td><td>자신의 감정을 상황에 맞게 조절한다.</td></tr>
<tr><td rowspan="4">가족을 소중히 여기기</td><td rowspan="2">가족과 화목하게 지내기</td><td rowspan="2">가족의 소중함을 안다.</td><td rowspan="2">가족의 소중함을 안다.</td><td>가족의 의미와 소중함을 안다.</td></tr>
<tr><td>가족과 화목하게 지낸다.</td></tr>
<tr><td rowspan="2">가족과 협력하기</td><td>가족 구성원을 알아본다.</td><td>가족 구성원의 역할에 대해 알아본다.</td><td>다양한 가족구조에 대해 알아본다.</td></tr>
<tr><td>가족을 위하여 내가 할 수 있는 일을 알아본다.</td><td>가족을 위하여 내가 할 수 있는 일을 알아보고 실천한다.</td><td>가족은 서로 도와야 함을 알고 실천한다.</td></tr>
<tr><td rowspan="3">다른 사람과 더불어 생활하기</td><td rowspan="2">친구와 사이좋게 지내기</td><td>친구와 함께 놀이한다.</td><td>친구와 협동하며 놀이한다.</td><td>친구와 협동하며 놀이한다.</td></tr>
<tr><td>나와 친구의 의견에 차이가 있음을 안다.</td><td>친구와의 갈등을 긍정적인 방법으로 해결한다.</td><td>친구와의 갈등을 긍정적인 방법으로 해결한다.</td></tr>
<tr><td>공동체에서 화목하게 지내기</td><td>교사 및 주변 사람과 화목하게 지낸다.</td><td>도움이 필요할 때 다른 사람과 도움을 주고받는다.</td><td>다른 사람과 도움을 주고받고, 서로 협력한다.</td></tr>
</table>

			교사 및 주변 사람과 화목하게 지낸다.	교사 및 주변 사람과 화목하게 지낸다.
	사회적 가치를 알고 지키기	다른 사람의 소유물을 존중한다.	정직하게 말하고 행동한다.	정직하게 말하고 행동한다.
		약속과 규칙을 지켜야 함을 안다.	다른 사람의 생각, 행동을 존중한다.	다른 사람을 배려하여 행동한다.
			친구와 어른에게 예의 바르게 행동한다.	친구와 어른께 예의 바르게 행동한다.
			다른 사람과 한 약속이나 공공규칙을 지킨다.	다른 사람과 한 약속이나 공공규칙을 지킨다.
			자연과 자원을 아끼는 습관을 기른다.	자연과 자원을 아끼는 습관을 기른다.
사회에 관심 갖기	지역사회에 관심 갖고 이해하기	우리 동네의 이름을 안다.	우리 동네에 대해 알아본다.	우리 동네에 대해 알아본다.
		우리 동네 사람들에 관심을 갖는다.	우리 동네 사람들이 하는 일에 관심을 갖는다.	다양한 직업에 관심을 갖는다.
			물건을 살 때 돈이 필요함을 안다.	일상생활에서 돈의 쓰임에 대해 안다.
	우리나라에 관심 갖고 이해하기	우리나라를 상징하는 것에 관심을 가진다.	우리나라를 상징하는 것을 안다.	우리나라를 상징하는 것을 알고 예절을 지킨다.
		우리나라의 전통놀이와 풍습에 관심을 갖는다.	우리나라의 전통놀이와 풍습에 관심을 갖는다.	우리나라의 전통, 역사, 문화에 관심을 갖는다.
			우리나라에 대해 자부심을 갖는다.	우리나라에 대해 자부심을 갖는다.
	세계와 여러 문화에 관심 가지기	–	세계 여러 나라에 대해 관심을 갖는다.	세계 여러 나라에 대해 관심을 갖고, 서로 협력해야 함을 안다.
			다양한 인종과 문화에 관심을 갖는다.	다양한 인종과 문화를 알아보고 존중한다.

3~5세 연령별 누리과정 해설서(교육과학기술부, 2013 : 91~109)를 토대로 사회관계 영역의 연령별 지도방법을 제시하면 다음과 같다

① 나를 알고 존중하기

만 3세	· 유아가 자신의 이름, 나이, 성별이나 모습 등 자신에 대해 관심을 갖고 다른 사람들의 모습이나 성격, 생각의 차이에 관심을 같도록 한다. · 유아의 장점과 능력을 다른 사람들 앞에서 격려해 주어 자신을 존중하고 소중한 사람이라는 자존감을 형성하도록 한다.
만 4세, 5세	· 자신의 출생에 대한 과정과 신체에 대한 특징, 생각과 마음 등에 관심을 가지며, 남녀의 신체적 차이, 양성평등, 다문화 등에 대한 활동을 통해 자신은 물론이고 다른 사람의 신체적, 사회적, 문화적 차이를 존중하도록 한다.

② 나와 다른 사람의 감정 알고 조절하기

만 3세	· 자신에게 슬프고, 기쁘고, 화나는 등 다양한 감정이 있으며 때로는 복합적인 감정이 있음을 알고 다른 사람의 감정에도 관심을 가질 수 있는 활동을 경험하도록 한다.
만 4세	· 다른 사람이 기쁘거나 슬픈 감정을 표현하는 것을 알며, 슬프거나 기쁠 때에 우는 등의 다양한 감정과 표현의 실제상황에 대해 이해할 수 있는 활동을 경험하도록 한다.
만 5세	· 상대방의 정서이해와 공감, 표현에 관한 활동이나 상황을 통해 사회적 상호작용에 중요한 능력을 기르도록 한다.

③ 가족을 소중히 여기기

만 3세, 4세	· 가족이 행복했던 때와 가족의 자랑거리 등을 알고 표현해 보는 경험을 통해 가족의 소중함을 느껴 보도록 한다.
만 5세	· 가족에게 고마움과 소중한 마음을 표현하거나 전달하는 구체적인 방법에 대한 경험을 통해 가족에 대한 고마움과 사랑에 대한 표현이 가족관계의 증진이 도움이 될 수 있음을 느껴 보도록 한다.

④ 다른 사람과 더불어 생활하기

만 3세	· 자신과 친구의 의견이 다를 때에는 친구와 함께하는 과정에서 갈등이 생길 수 있으며, 자신의 의견도 존중하지만 친구의 의견도 존중받아야 함을 수용할 수 있는 경험을 하도록 한다.
만 4세, 5세	· 친구와 다툼이나 갈등이 생겼을 때 긍정적인 방법으로 문제를 해결할 수 있도록 도우며, 다양한 활동과 놀이 상황을 통해 배려, 양보, 타협 등의 사회적 기술을 익히도록 한다.

⑤ 사회에 관심 갖기

만 3세	· 가족뿐 아니라 자신이 살고 있는 동네의 사람들에게 관심을 갖고 존중할 수 있도록 역할놀이와 견학활동 등을 통해 예절과 친절한 표현의 중요성을 알도록 한다.
만 4세	· 일상생활 속에서 만나는 다양한 사람들 중에 우리를 도와주는 일과 그 역할의 고유성 및 기능이 있음을 알며, 사회일원으로서 지켜야 할 규칙과 예의범절의 중요성을 알도록 한다. · 시장놀이나 물건을 구입해 보는 경험과 물건의 가치에 따라 지불하는 값이 달라짐을 인식하는 경험을 하도록 한다.
만 5세	· 다양한 직업에 대한 관심을 갖고 직업과 우리 생활의 연관성을 생각해 보고 직업의 소중함과 직업을 갖는 이유 등에 관해 이해할 수 있는 경험을 통해 장래희망을 생각해 보는 경험을 하도록 한다. · 시장놀이나 물건을 구입해 보는 등의 다양한 활동과 놀이를 통해 돈의 사용법을 알고 바람직한 소비습관과 절약하는 태도를 기르도록 한다.

4) 예술경험 영역

(1) 목표

예술경험 영역은 유아가 친근한 주변 환경에서 발생하는 소리, 음악, 움직임과 춤, 모양과 색 등의 미술 요소에서 아름다움을 느끼고, 또래와 교사, 부모, 지역사회의 주민이나 작가가 표현한 예술작품을 가까이 접하면서, 이를 탐색하고 창의적으로 표현하는 것을 즐기며 감상하기 위한 영역으로 다음과 같은 목표를 지닌다.

① 자연과 주변 환경에서 발견한 아름다움과 예술적 요소에 관심을 갖고 탐색한다.
② 자신의 생각과 느낌을 음악, 움직임과 춤, 미술, 극놀이를 통해 창의적으로 표현하는 것을 즐긴다.
③ 자연과 다양한 예술 작품을 감상하며, 풍부한 감성과 심미적 태도를 기른다.

(2) 연령별 세부내용체계

내용범주	내용	세부내용		
		3세	4세	5세
아름다움 찾아보기	음악적 요소 탐색하기	다양한 소리, 음악의 셈여림, 빠르기, 리듬 등에 관심을 갖는다.	다양한 소리, 음악의 셈여림, 빠르기, 리듬 등에 관심을 갖는다.	다양한 소리, 악기 등으로 음악의 셈여림, 빠르기, 리듬 등을 탐색한다.
	움직임과 춤 요소 탐색하기	움직임과 춤의 모양, 힘, 빠르기 등에 관심을 갖는다.	움직임과 춤의 모양, 힘, 빠르기 등에 관심을 갖는다.	움직임과 춤의 모양, 힘, 빠르기, 흐름 등을 탐색한다.
	미술적 요소 탐색하기	자연과 사물의 색, 모양, 질감 등에 관심을 갖는다.	자연과 사물의 색, 모양, 질감 등에 관심을 갖는다.	자연과 사물에서 색, 모양, 질감, 공간 등을 탐색한다.
예술적 표현하기	음악으로 표현하기	간단한 노래를 듣고 따라 부른다.	노래로 자신의 생각과 느낌을 표현한다.	노래로 자신의 생각과 느낌을 표현한다.
		전래동요를 즐겨 부른다.	전래동요를 즐겨 부른다.	전래동요를 즐겨 부른다.
		리듬악기로 간단한 리듬을 표현해 본다.	리듬악기를 연주해 본다.	리듬악기를 연주해 본다.
		간단한 리듬과 노래를 즉흥적으로 만들어 본다.	간단한 리듬과 노래를 즉흥적으로 만들어 본다.	리듬과 노래 등을 즉흥적으로 만들어 본다.

	움직임과 춤으로 표현하기	신체를 이용하여 주변의 움직임을 자유롭게 표현한다.	신체를 이용하여 주변의 움직임을 자유롭게 표현한다.	신체를 이용하여 주변의 움직임을 다양하게 표현하며 즐긴다.
		움직임과 춤으로 자신의 생각과 느낌을 표현한다.	움직임과 춤으로 자신의 생각과 느낌을 표현한다.	움직임과 춤으로 자신의 생각과 느낌을 표현한다.
		도구를 활용하여 다양한 움직임으로 표현한다.	도구를 활용하여 다양한 움직임으로 표현한다.	다양한 도구를 활용하여 창의적으로 움직인다.
	미술활동으로 표현하기	다양한 미술활동을 경험해 본다.	다양한 미술활동으로 자신의 생각과 느낌을 표현한다.	다양한 미술활동으로 자신의 생각과 느낌을 표현한다.
		미술활동에 필요한 재료와 도구에 관심을 가지고 사용한다.	협동적인 미술활동에 참여한다.	협동적인 미술활동에 참여하여 즐긴다.
			미술활동에 필요한 재료와 도구를 다양하게 사용한다.	미술활동에 필요한 재료와 도구를 다양하게 사용한다.
	극놀이로 표현하기	일상생활의 경험을 극놀이로 표현한다.	일상생활의 경험이나 간단한 이야기를 극놀이로 표현한다.	경험이나 이야기를 극놀이로 표현한다.
			소품, 배경, 의상 등을 사용하여 협동적으로 극놀이를 한다.	소품, 배경, 의상 등을 사용하여 협동적으로 극놀이를 한다.
	통합적으로 표현하기	예술활동에 참여하여 표현과정을 즐긴다.	음악, 움직임과 춤, 미술, 극놀이 등을 통합하여 표현한다.	음악, 움직임과 춤, 미술, 극놀이 등을 통합하여 표현한다.
			예술활동에 참여하여 표현과정을 즐긴다.	예술활동에 참여하여 창의적으로 표현하는 과정을 즐긴다.
예술 감상하기	다양한 예술 감상하기	다양한 음악, 춤, 미술작품, 극놀이 등을 듣거나 본다.	다양한 음악, 춤, 미술작품, 극놀이 등을 듣거나 보고 즐긴다.	다양한 음악, 춤, 미술작품, 극놀이 등을 듣거나 보고 즐긴다.
		나와 다른 사람의 예술 표현을 소중히 여긴다.	나와 다른 사람의 예술 표현을 소중히 여긴다.	나와 다른 사람의 예술 표현을 소중히 여긴다.
	전통예술 감상하기	우리나라의 전통예술에 관심을 갖는다.	우리나라의 전통예술에 관심을 갖는다.	우리나라의 전통예술에 관심을 갖고 친숙해진다.

3~5세 연령별 누리과정 해설서(교육과학기술부, 2013 : 114~132)를 토대로 예술경험 영역의 연령별 지도방법을 제시하면 다음과 같다.

① 아름다움 찾아보기

만 3세, 만 4세	· 꽃과 열매 등 자연과 주변 환경에서 다양한 색과 모양, 재질 등을 느껴 볼 수 있도록 한다.
만 5세	· 자연과 사물에서 색과 모양, 재질의 다양함을 느끼며, 자연과 사물의 위치와 공간의 조화에 따른 아름다움의 차이를 구별하고 여백이 만들어 내는 아름다움을 탐색해 보도록 한다.

② 예술적 표현하기

만 3세	· 다양한 선과 기본도형을 그리거나 상징을 통한 표현, 감각과 신체를 통한 표현 등 자유롭고 다양한 미술활동이 즐거운 경험이 되도록 한다. · 쉽고 용이하게 사용할 수 있는 미술재료와 도구를 제공하여 자신감을 키우고 호기심을 유발하도록 한다.
만 4세, 5세	· 또래들과 사회적 상호작용을 통해 협동할 수 있는 미술활동에 참여하며, 교사 또는 또래에게 인정받고 수용되는 경험을 통해 자신감과 만족감을 경험하도록 한다. · 자연과 주변 환경에서 감각과 신체를 통한 활동, 상상하기 등 다양한 경험을 통해 유아의 생각과 느낌을 표현하도록 한다. · 다양한 재료와 도구들을 새롭고 독창적인 방법으로 창의적인 미술표현을 경험하도록 한다.

③ 예술감상하기

만 3세	· 다양한 음악, 춤, 미술작품, 극놀이 등 역동적인 예술적 환경을 통해 예술적 요소와 차이가 있다는 것을 느끼도록 한다.
만 4세, 5세	· 인형극이나 뮤지컬, 미술관 관람, 미술작품 감상 등 다양한 종류의 예술활동을 통해 자신의 감정, 느낌, 생각을 표현하며 풍부한 감성을 기르도록 한다.
만 3세, 4세, 5세	· 유아가 느끼는 것에 따라 자유롭게 예술적 표현을 하고 존중받도록 하며, 다른 사람의 작품을 가치 있게 여기는 태도를 기르도록 한다.

5) 자연탐구 영역

(1) 목표

자연탐구 영역은 유아가 자신을 둘러싸고 있는 주변 세계에 대해 호기심을 가지고 궁금한 것을 해소하기 위해 탐구하며, 일상생활에서 부딪치는 현상이나 문제해결을 통해 수학적 · 과학적으로 생각하는 기초 능력과 태도를 기르기 위한 영역으로 다음과 같은 목표를 지닌다.

① 주변의 사물과 자연 세계에 대해 알고자 하는 호기심을 가지고 탐구하는 태도를 기른다.
② 생활 속의 여러 상황과 문제를 논리 · 수학적으로 이해하고 해결하기 위한 기초 능력을 기른다.
③ 주변의 관심 있는 사물과 생명체 및 자연현상을 탐구하기 위한 기초 능력을 기른다.

(2) 연령별 세부내용체계

<table>
<tr><th rowspan="2">내용범주</th><th rowspan="2">내용</th><th colspan="3">세부내용</th></tr>
<tr><th>3세</th><th>4세</th><th>5세</th></tr>
<tr><td rowspan="3">탐구하는 태도 기르기</td><td>호기심을 유지하고 확장하기</td><td>주변 사물과 자연세계에 대해 호기심을 갖는다.</td><td>주변 사물과 자연세계에 대해 호기심을 갖는다.</td><td>주변 사물과 자연세계에 대해 지속적으로 호기심을 갖고 알고자 한다.</td></tr>
<tr><td rowspan="2">탐구과정 즐기기</td><td rowspan="2">궁금한 점을 알아보는 과정에 흥미를 갖는다.</td><td rowspan="2">궁금한 점을 알아보는 탐구과정에 관심을 가지고 참여한다.</td><td>궁금한 점을 알아보는 탐구과정에 참여하고 즐긴다.</td></tr>
<tr><td>탐구과정에서 서로 다른 생각에 관심을 갖는다.</td></tr>
</table>

	탐구기술 활용하기	-	일상생활의 문제를 해결하는 과정에서 탐색, 관찰 등의 방법을 활용해 본다.	일상생활의 문제를 해결하는 과정에서 탐색, 관찰, 비교, 예측 등의 탐구기술을 활용해 본다.
수학적 탐구하기	수와 연산의 기초개념 알아보기	생활 속에서 수에 관심을 갖는다.	생활 속에서 사용되는 수의 여러 가지 의미를 안다.	생활 속에서 사용되는 수의 여러 가지 의미를 안다.
		구체물 수량의 많고 적음을 비교한다.	구체물 수량에서 '같다', 더 많다', '더 적다'의 관계를 안다.	구체물 수량의 부분과 전체 관계를 알아본다.
		다섯 개 가량의 구체물을 세어 보고 수량에 관심을 갖는다.	열 개 가량의 구체물을 세어 보고 수량을 알아본다.	스무 개 가량의 구체물을 세어 보고 수량을 알아본다.
				구체물을 가지고 더하고 빼는 경험을 해 본다.
	공간과 도형의 기초개념 알아보기	나를 중심으로 앞, 뒤, 옆, 위, 아래를 알아본다.	위치와 방향을 여러 가지 방법으로 나타내 본다.	위치와 방향을 여러 가지 방법으로 나타내 본다.
				여러 방향에서 물체를 보고 그 차이점을 비교해 본다.
		물체의 모양에 관심을 갖는다.	기본 도형의 특성을 인식한다.	기본 도형의 공통점과 차이점을 알아본다.
			기본 도형을 사용하여 여러 가지 모양을 구성해 본다.	기본 도형을 사용하여 여러 가지 모양을 구성해 본다.
	기초적인 측정하기	두 물체의 길이, 크기를 비교해 본다.	일상생활에서 길이, 크기, 무게 등을 비교해 본다.	일상생활에서 길이, 크기, 무게, 들이 등의 속성을 비교하고, 순서를 지어 본다.
				임의 측정 단위를 사용하여 길이, 면적, 들이, 무게 등을 재 본다.
	규칙성 이해하기	생활주변에서 반복되는 규칙성에 관심을 갖는다.	생활주변에서 반복되는 규칙성을 알아본다.	생활주변에서 반복되는 규칙성을 알고 다음에 올 것을 예측해 본다.
			반복되는 규칙성을 인식하고 모방한다.	스스로 규칙성을 만들어 본다.

<table>
<tr><td rowspan="3"></td><td rowspan="3">기초적인 자료 수집과 결과 나타내기</td><td rowspan="3">같은 것끼리 짝을 짓는다.</td><td>필요한 정보나 자료를 수집한다.</td><td>필요한 정보나 자료를 수집한다.</td></tr>
<tr><td rowspan="2">한 가지 기준으로 자료를 분류해 본다.</td><td>한 가지 기준으로 분류한 자료를 다른 기준으로 재분류해 본다.</td></tr>
<tr><td>그림, 사진, 기호나 숫자를 사용해 그래프로 나타내 본다.</td></tr>
<tr><td rowspan="11">과학적 탐구하기</td><td rowspan="2">물체와 물질 알아보기</td><td rowspan="2">친숙한 물체와 물질의 특성에 관심을 갖는다.</td><td>친숙한 물체와 물질의 특성을 알아본다.</td><td>주변의 여러 가지 물체와 물질의 기본 특성을 알아본다.</td></tr>
<tr><td>물체와 물질을 여러 가지 방법으로 변화시켜 본다.</td><td>물체와 물질을 여러 가지 방법으로 변화시켜 본다.</td></tr>
<tr><td rowspan="4">생명체와 자연환경 알아보기</td><td>나의 출생과 성장에 대해 관심을 갖는다.</td><td>나의 출생과 성장에 대해 관심을 갖는다.</td><td>나와 다른 사람의 출생과 성장에 대해 알아본다.</td></tr>
<tr><td>주변의 동식물에 관심을 가진다.</td><td>관심 있는 동식물의 특성을 알아본다.</td><td>관심 있는 동식물의 특성과 성장과정을 알아본다.</td></tr>
<tr><td rowspan="2">생명체를 소중히 여기는 마음을 갖는다.</td><td>생명체를 소중히 여기는 마음을 갖는다.</td><td>생명체를 소중히 여기는 마음을 갖는다.</td></tr>
<tr><td>생명체가 살기 좋은 환경에 대해 관심을 갖는다.</td><td>생명체가 살기 좋은 환경과 녹색환경에 대해 알아본다.</td></tr>
<tr><td rowspan="3">자연현상 알아보기</td><td>돌, 물, 흙 등 자연물에 관심을 갖는다.</td><td>돌, 물, 흙 등 자연물의 특성과 변화를 알아본다.</td><td>돌, 물, 흙 등 자연물의 특성과 변화를 알아본다.</td></tr>
<tr><td rowspan="2">날씨에 관심을 갖는다.</td><td rowspan="2">날씨와 기후변화에 관심을 갖는다.</td><td>낮과 밤, 계절의 변화와 규칙성을 알아본다.</td></tr>
<tr><td>날씨와 기후변화 등 자연현상에 대해 관심을 갖는다.</td></tr>
<tr><td rowspan="2">간단한 도구와 기계 활용하기</td><td>생활 속에서 간단한 도구와 기계에 관심을 갖는다.</td><td>생활 속에서 간단한 도구와 기계를 활용한다.</td><td>생활 속에서 간단한 도구와 기계를 활용한다.</td></tr>
<tr><td>도구와 기계의 편리함에 관심을 갖는다.</td><td>도구와 기계의 편리함에 관심을 갖는다.</td><td>변화하는 새로운 도구와 기계에 관심을 갖고 장·단점을 안다.</td></tr>
</table>

3~5세 연령별 누리과정 해설서(교육과학기술부, 2013 : 138~159)를 토대로 자연탐구 영역의 연령별 지도방법을 제시하면 다음과 같다

① 탐구하는 태도 기르기

만 3세	· 주변 사물과 자연세계에 대해 새롭고 신기하게 느끼거나 호기심을 갖고 탐구하는 태도를 기르도록 한다.
만 4세	· 주변 사물과 자연세계에 대해 지속적인 호기심을 갖도록 하며, 유아가 궁금한 점과 알고 싶은 점에 대해 경청하고 주의 깊게 관찰하며 적절한 환경을 통해 지속적이고 흥미로운 탐색이 유지되도록 한다.
만 5세	· 어떤 사물이나 현상에 호기심이 생기면 문제해결을 위해 다양한 방법을 탐색하고 조사하며, 유아가 호기심을 유지, 확장시켜 나가도록 한다.

② 수학적 탐구하기

만 3세	· 자신의 나이나 주변 사물 및 환경을 통해 수세기에 관심을 갖고 수의 여러 의미를 알도록 하며, 다양한 교구와 활동을 통해 부분과 전체에 대한 관계를 이해하도록 한다.
만 4세	· 일상생활과 주변 환경에서 구체물 수량에 관심을 갖고, 더 많고, 더 적음의 관계를 알 수 있도록 한다.
만 5세	· 다양한 교구와 일상생활 및 주변 환경에서 구체물 수량에 관심을 갖고 부분과 전체의 관계, 수세기, 더하고 빼는 경험을 하도록 한다.

③ 과학적 탐구하기

만 3세	· 일상생활 속에서 쉽게 접하는 친숙한 물체와 물질에 관심을 갖고 물질의 크기, 모양, 색, 소리 등을 자연스럽게 탐색하도록 한다.
만 4세	· 미술놀이나 과학놀이 등을 통해 물체나 물질에 관심을 갖고 그 특성을 구체적으로 알아보도록 한다.
만 5세	· 주변의 다양한 물체와 물질 등에 관심을 갖고 이에 기본적인 특성을 궁금해하며 세부적인 특성을 알아보기 위해 여러 방법으로 변화시켜 보는 시도를 하도록 한다.

보육과정의 운영

제 3 부

제 7 장 보육과정 운영의 원리
제 8 장 보육과정 운영의 실제
제 9 장 어린이집 협력체계
제 10 장 보육과정 평가

제 7 장

보육과정 운영의 원리

보육의 목적은 영유아의 전인 성장을 달성하기 위하여 잘 계획된 보육과정이 어떻게 실행되는가 하는 문제와 밀접하다. 보육과정의 운영은 영유아가 언제, 무엇을 가지고, 어떻게 활동할 것인지를 미리 준비함으로써 모든 발달영역에서 학습하도록 도와주는 것이다. 효율적인 보육과정의 운영에서 가장 중요한 점은 그들의 발달에 적합하게 일과운영이 실행되며 환경구성 또한 그들에게 최적의 환경이 마련되도록 세심한 계획이 이루어져야 한다.

1. 보육과정의 통합운영

1) 통합운영의 개념

교육에 통합의 개념이 적용된 것은 듀이(Dewey)를 중심으로 한 진보주의 교육자들이 제시한 경험의 재구성이란 개념에서부터 시작되었다고 볼 수 있다. 경험의 재구성이란 학습자의 흥미, 관심에서 비롯된 경험들이 학습자 내부에서 쌓여 가며 그 경험들 간에 통합이 이루어져 새로운 경험을 구성해 가는 것을 말한다(이영석 외, 2003). 유치원 교육과정에서는 제4차 교육과정에서 통합 구성의 형태를 중시하였으며, 제5차와 6차 교육과정부터는 통합적 운영 및 흥미와 경험을 중시하고 있다.

보육현장에서도 통합적 운영이 이루어지고 있으나, 체계적이고 구체적이지 못하며 지속적이지 않는 곳이 많이 있다. 이는 통합적 교육과정에 대한 이해의 차이라고 볼 수 있다. 이기숙(2000)에 의하면, 통합이란 아동중심적인 철학에 기초하며 전인적 발달과 효율적 학습을 위하여 유아의 경험, 흥미 및 요구와 교육내용을 통합하고, 유아와 유아 주변의 인적 · 물적 환경을 통합하여 가르치는 방법으로 정의하였다. 최근 유아교육의 현장에서 가드너(Gardner, 1993)의 다지능이론이 각광을 받고 있는데, 이는 유아가 오직 한 가지 방법으로만 학습하지 않으며, 자신만의 독특한 여러 지능의 조합을 통해 학습한다는 통합된 학습 경험의 중요성을 수용하고 있다고 볼 수 있다. 결국, 영유아기에는 그들의 흥미와 요구를 충족시키며, 균형 있고 조화로운 활동 경험이 상호 연관되어 제공될 때 의미 있는 보육이 될 수 있는 것이다.

통합 유아교육과정을 구성하는 가장 보편적인 방법은 유아의 경험 범위 내에서 하나의 주제나 개념을 제공하는 것이다(Bredekamp & Rosegrant, 1995). 이와 같이, 통합적 영유아보육과정은 영유아의 경험과 발달을 고려하여 주제를 선정하고, 주제에 따라 표준보육과정에서 제시하는 신체운동 · 건강 영역(기본생활 영역, 신체운동 영역), 의사소통 영역, 사회관계 영역, 예술경험 영역, 자연탐구 영역을 체계적으로 계획하여 영유아에게 필요한 경험을 제공해야 한다.

2) 통합운영의 계획

보육과정은 영유아로 하여금 주제를 중심으로 자연스럽게 학습 경험을 할 수 있도록 통합적으로 운영되어야 한다. 이를 위해서는 연간계획을 토대로 주제를 선정하고 목표를 정하여 그에 따른 구체적인 활동을 다양하고 균형있게 계획해야 한다.

통합적인 계획이란 영유아의 전인발달(신체, 인지, 언어, 사회, 정서발달)을 고르게 촉진할 수 있도록 영유아의 발달단계와 일상생활의 경험, 흥미 등을 고려하여 신체운동 · 건강 영역(기본생활 영역, 신체운동 영역), 의사소통 영역, 사회관계 영역, 예술경험 영역, 자연탐구 영역의 목표와 내용에 맞는 활동을 계획하는 것이다.

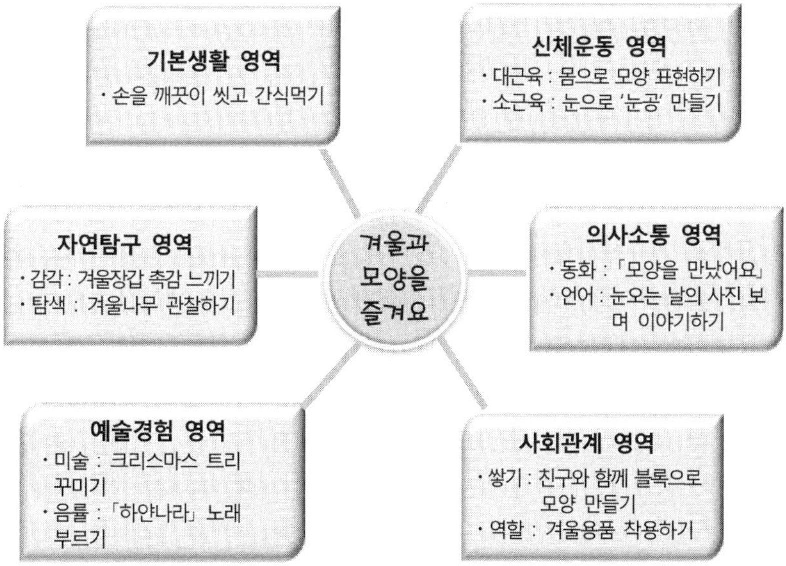

[그림 7-1] 영아반 보육과정의 통합운영 예시

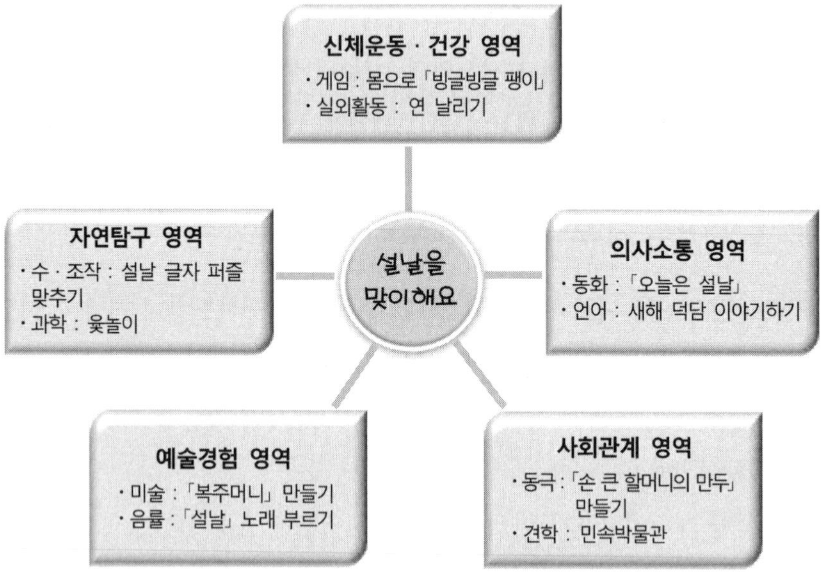

[그림 7-2] 유아반 보육과정의 통합운영 예시

2. 보육환경의 구성

보육환경은 영유아들이 가정 밖에서 오랜 시간 생활하는 곳이며, 집단생활을 경험하는 최초의 환경으로 건강하고 즐거운 삶을 위해 계획한 환경이다. 보육환경은 영유아들에게 전 생애에 있어서 첫 경험을 제공함으로 매우 중요한 의미를 갖는다. 또한 단순히 공간적 의미에서 벗어나 영유아의 신체적, 사회 · 정서적, 인지 · 언어적 발달에 영향을 미치는 중요한 역할을 하므로 환경구성의 원리에 따라 최적의 환경을 마련하도록 세심한 계획이 이루어져야 한다.

1) 환경구성의 원리

영유아발달에 최적의 환경을 구성하기 위한 원리는 다음과 같다(Clark, 2003; 윤희경 외, 2005).

(1) 안전한 환경

학습하고 탐색할 수 있는 안전한 장소로 영유아가 자유롭고 안락함을 느낄 수 있어야 한다.

(2) 안락한 분위기

영유아가 가정과 같이 따스하고 관심과 사랑받고 있다고 느낄 수 있는 분위기를 제공해야 한다.

(3) 소속감

영유아들에게 소속감을 느끼도록 하며, 영유아의 이름이 쓰여진 개인 소지품을 보관할 수 있는 사물함도 제공해야 한다.

(4) 정돈되고 흥미로운 공간

실내공간은 영유아의 흥미와 요구를 불러일으킬 수 있도록 깨끗하고, 잘 정돈되고 흥미로운 환경이어야 한다.

(5) 연령에 적합한 교재 · 교구 제공

영유아의 욕구와 흥미를 충족시킬 수 있도록 연령과 발달에 적합한 교재 · 교구 및 설비를 선택해야 한다.

(6) 다양한 상호작용 유발

영유아가 또래 및 환경과 적극적으로 상호작용 경험을 발달시킬 수 있도록 구성해야 한다.

(7) 독립심과 자발성 촉진

실내공간의 모든 가구는 영유아에게 적합한 크기여야 하며, 교구들은 성인의 도움 없이 선택하고 꺼낼 수 있도록 낮은 선반에 정돈 · 제시해야 한다.

2) 환경 행태적 구성

발달특성에 적합한 보육환경을 위해 공간 디자인의 개념을 다룬 '환경 행태적 개념(이연숙, 1998)'을 적용해 볼 수 있으며, 이를 간략히 살펴보면 다음과 같다(김현자, 2003).

(1) 움직임(movement)

움직임은 신체적 기술을 연습해 보게 하고 사고능력을 발달시킴으로써 성장에 필수적인 요소로 작용한다. 이상적인 영유아 보육환경은 이동하는 법을 배우고, 이동을 통해 학습하고, 다양한 정도의 근육활동을 함으로써 신체와 사물의 조절능력을 고무시키도록 자극하는 촉진제로서의 환경이다.

(2) 편안함(comfort)

쾌적하고 안락한 환경조성이 영유아의 주의력, 기억력, 성취의 발달을 적극적으로 지원하며, 휴식하고 재충전할 수 있도록 해 준다.

(3) 자아존중감(self-esteem)

영유아에게 자신감을 느끼도록 할 수 있는 바람직한 환경은 개인적 욕구를 충족시키고 활동을 용이하게 한다. 교구뿐 아니라 공간이동 및 운동을 스스로 조절하도록 한다.

(4) 통제(control)

실내공간 내에서 자신에 대한 조절 가능성을 갖도록 한다. 영유아의 프라이버시와 소음에 대한 노출을 감소시킬 수 있는 낮은 경계물의 설치가 필요하며, 지나치게 보호적인 폐쇄공간은 과도한 물리적 혹은 시각적 자극과 마찬가지로 불안정하고 주의를 산만하게 한다.

(5) 도전(challenge)

자극적이며 도전적인 환경은 신체적인 움직임과 실수를 통해서 조심성과 안전하게 움직이는 법을 학습할 수 있도록 한다.

(6) 질서(order)

공간의 물리적인 질서 및 시간에 대한 질서 있는 환경은 특정 장소에 대한 예측가능성을 증진시켜 준다. 이는 장소에 대한 애착, 소유감의 발달을 촉진시키며, 적어도 장소에 대한 친밀감을 느끼게 한다.

(7) 안전(security)

안전은 영유아 환경에서 가장 중요시 여기는 개념이지만, 안전을 위한 지나친 고려와 제한은 영유아 발달을 억제시키며, 바람직하지 못한 행태로 표출될 가능성을 내포하고 있다. 따라서 적절한 수준에서 절충되어야 한다.

(8) 건강(health)

건강한 환경을 위해서는 위생설비의 역할이 중요시되는데 기저귀 갈기, 화장실, 손씻기와 목욕을 위한 공간 및 설비 등을 위생적으로 관리 · 제공하도록 해야 한다.

(9) 융통성(flexibility)

사회적 상호작용의 관점에서 영유아의 집단과 개인의 요구를 모두 수용할 수 있는 융통성은 어린이집 계획의 중요한 요인이다. 영유아에 의해 조작될 수 있는 공간환경 계획은 다양한 심리운동기술의 발달을 조장할 수 있기 때문에 블록이나 종이판자 등과 같이 가볍고 다양한 물건들을 제공하는 것이 바람직하다.

3) 흥미영역별 구성

잘 꾸며진 실내환경은 영유아의 정서를 안정시키고 감각을 발달시키며, 운동기술과 사회성 발달을 촉진시키는 동시에 영유아와 교사 모두에게 매력적이다(Kostelnik, 1997). 영유아에게 적절한 환경구성을 위해서는 발달수준에 따라 차별화된 공간 확보 및 배치가 이루어져야 한다.

보육을 위한 물리적 환경은 실내환경과 실외환경으로 나누어 살펴볼 수 있다. 실내환경에서 핵심이 되는 보육실은 영유아들이 함께 생활을 하며, 다양한 놀이가 이루어지게 된다. 따라서 놀이의 특성에 따라 보육실을 구획하여 자료를 영역별로 배치하면 영유아의 놀이가 서로 방해되지 않고 이루어질 수 있다.

보육실의 환경구성은 일반적으로 흥미 영역(interest center)으로 구성된다. 흥미 영역이란 교구장이나 카펫 등과 같은 방법으로 경계를 암시하도록 설비하여 분명히 구분되는 교실의 각 영역을 총칭한다. 이들 각 영역의 특성과 관련된 창의적 놀이를 조장해 줄 수 있는 교구를 비치한다(이기숙, 2001 : 282).

흥미 영역의 가치를 살펴보면 다음과 같다(Seefeldt, 1980 : 110; 이기숙, 2001).

첫째, 효과적이고 창의적으로 폭넓고 다양한 경험을 할 수 있는 기회를 보다 많이 제공해 준다.

둘째, 물리적 · 시각적으로 경계를 지움으로써 영유아의 주의를 집중시키고, 다른 활동을 하는 영유아로부터 방해를 통제할 수 있다.

셋째, 놀이할 영역을 스스로 선택하기도 하고, 교실에 설치할 영역을 결정하는 데 참여할 수 있게 되어 영유아의 의사결정 능력 발달을 촉진한다.

넷째, 기능적인 영역 구분은 영유아가 자신의 경험을 분류, 조작하는 데 도움을 주며 그 자료를 다른 사람의 도움 없이도 혼자 다룰 수 있게 한다.

프로스트(Frost)의 환경구성 원리에 의하면, 교실 내부부터 설비 구성은 주로 [그림 7-3]과 같이 활동적이며, 건조한 영역, 활동적이며 물이 있는 영역, 조용하고 건조한 영역, 조용하고 물이 있는 네 가지 영역으로 구성된다.

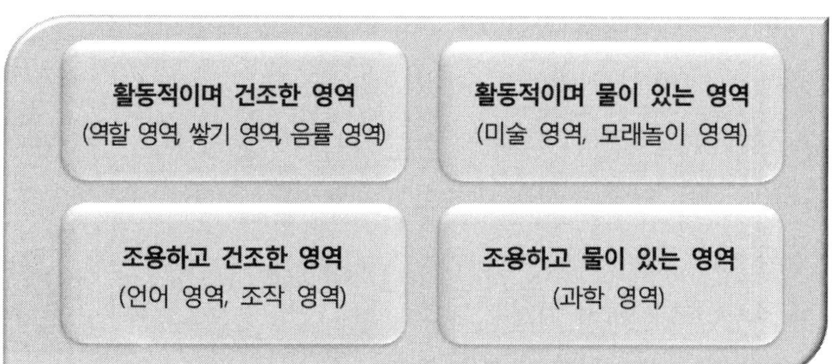

[그림 7-3] 프로스트의 환경구성 원리

따라서 보육실의 구성과 배열은 이 네 가지 구성원리에 기초하여, 영역을 구성할 수 있다. 이때, 시끄러운 놀이와 조용한 놀이, 움직임이 많은 놀이와 움직임이 적은 놀이, 물을 사용하는 놀이와 그렇지 않은 놀이를 분리하도록 놀이 공간을 분리하여 배치하는 것이 좋다. 예를 들어, 조용하고 정적인 놀이(예, 언어 영역, 수 · 과학 영역)를 보육실 한쪽에 배치한다면, 그 반대쪽 공간에는 시끄럽고 움직임이 많은 놀이 영역(예, 음률, 쌓기놀이) 등을 배치하면 서로 놀이에 방해가 되지 않는다.

(1) 영아를 위한 환경구성

영아를 위한 환경구성은 영아의 발달적 요구에 적합한 물리적 환경을 구성하는 것이 중요하다. 자유롭게 이동할 수 있는 공간과 사물을 탐색할 수 있는 다양한 감각 놀잇감이 제공되며, 특히 안전한 환경이 요구된다.

[사진 7-1] 영아를 위한 환경구성

① 0세반 환경구성

0세 영아반은 일상생활 공간(예, 기저귀 갈기, 수유, 손닦기 등)과 기어다닐 수 있는 공간(신체 영역)을 적절히 마련하는 것이 중요하다. 흥미 영역 구성은 대 · 소근육활동과 탐색 영역(감각놀이) 중심으로 구성되어야 한다. 특히 기저귀 갈기와 수유하기 등이 이루어지는 일상생활 영역은 편안함이 강조되어야 한다.

[사진 7-2] 일상생활 영역(기저귀 갈기 영역)

영아는 다양한 것을 좋아하지만, 너무 많은 자료는 영아를 위축시키며, 특히 환경이 낯선 경우 위축이 더 커진다. 또한 이 시기는 미숙한 놀이경험과 기술로 인해 위험부담이 있으므로, 영아들의 움직임을 고려한 환경이 요구된다. 즉

이 시기의 환경구성에서는 안전을 가장 중요하게 고려해야 한다. 영아마다 발달 속도가 다르므로 안전에 대한 내용은 발달속도에 따라 다르다. 3~12개월 영아는 항상 입으로 탐색을 하기 때문에 모든 놀잇감은 다른 영아가 사용하기 전에 청결하게 관리되어야 한다. 어린 영아는 저항력이 약하고 입에 모든 것을 넣으므로 세척이 가능한 놀잇감과 환경구성을 고려해야 한다. 영아의 발달에 적합한 3~12개월 영아를 위한 환경을 구성하되 일상생활, 대근육, 언어, 탐색 · 조작 영역으로 구분하도록 한다. 그러나 모든 영역을 구성할 수 없을 때에는 몇 가지 영역의 수를 조절할 수 있다.

표 7-1 0세반 활동영역별 구성

활동영역	활동영역 구성	활동자료
일상생활 영역	· 수유 및 식사 영역, 휴식 및 낮잠 영역, 기저귀 갈이 영역 · 영아가 기저귀를 갈고, 낮잠을 자는 활동이 이루어지는 곳으로 영아의 정서적 면을 고려하여 환경을 구성	기저귀, 물휴지, 비누, 로션, 딸랑이, 모빌, 안전거울, 영아용 침대 및 매트
감각 · 탐색 영역	· 영아가 오감을 통해 탐색하고, 소근육을 조절하는 많이 경험하는 영역 · 눈과 손의 협응, 시각, 청각, 촉각, 후각, 자극 등의 제공을 위한 환경을 구성	딸랑이, 소리나는 장난감, 천으로 만든 패트나 담요, 손으로 잡을 수 있는 말랑한 공 등
신체 영역	· 영아의 대근육 발달을 돕기 위해 다양한 신체활동이 이루어지는 영역 · 안전하고 도전하는 공간으로 환경을 구성	스폰지 블록, 공, 밀고 당기는 놀잇감, 기어오를 수 있는 계단이나 경사로, 그네(안전벨트)
언어 영역	· 영아의 다양한 언어적 경험을 할 수 있는 영역 · 그림, 사진과 같은 다양한 자료를 구비하여 언어적 상호작용을 위한 환경을 구성	소파나 쿠션, 헝겊이나 플라스틱, 책, 퍼펫, 촉감책

② 1세반 환경구성

1세 영아는 걷고, 자기의사 표현을 하면서 이전에 비해 자기 주장을 많이 내세우면서 무엇이든지 스스로 해 보는 경향이 있다. 비록 영아는 혼자서는 많은 것을 할 수는 없지만, 발달수준에 적합한 환경 속에서 영아 자신의 의도를 자유롭게 시도하고, 탐색해 볼 수 있도록 환경을 구성한다. 1세 영아를 위한 환경구성은 신체 영역, 언어 영역, 감각 · 탐색 영역, 역할 · 쌓기 영역으로 구성할 수 있다. 기저귀를 가는 영아가 있는 경우에 기저귀 갈기 영역도 설치하도록 한다. 특히 신체적 움직임을 통해 탐색과 발견이 이루어지는 대근육 영역에서는 자유로운 움직임과 언어 영역에서의 의사소통의 다양한 경험이 강조되도록 한다.

표 7-2 1세반 활동영역별 구성

활동영역	활동영역 구성	활동자료
일상생활 영역	수유 및 식사 영역, 휴식 및 낮잠 영역, 기저귀 갈이 영역 영아가 기저귀를 갈고, 낮잠을 자는 활동이 이루어지는 곳으로 영아의 정서적 면을 고려하여 환경구성	기저귀, 물휴지, 비누, 로션, 딸랑이, 모빌, 안전거울, 영아용 침대 및 매트
신체 영역	영아의 신체적 움직임에 대한 욕구와 다양한 악기를 탐색하는 영역	탈것들, 낮은 미끄럼틀, 오름틀, 낮은 계단, 리듬막대, 악기실로폰, 자동차 놀잇감
언어 영역	영아가 다양한 자료를 통하여 새로운 말이나 단어를 배울 수 있고, 대화를 통해 의사소통 능력을 증진시킬 수 있는 영역	안락한 쿠션이나 방석, 다양한 그림책, 융판, 손인형, 다양한 그림들
감각 · 탐색 영역	영아가 호기심을 충족시키고 다양한 재료를 탐색하고, 손으로 조작해서 움직이고, 자연물을 관찰하는 영역	어항과 물고기, 까꿍놀잇감, 나무구슬 꿰기, 누르면 튀어나오는 놀잇감, 크기가 다른 컵
역할 · 쌓기 영역	영아가 만지고, 살펴보고, 듣고, 흉내내는 등 모방과 시도가 가능한 영역	밀가루 반죽, 원통블록, 모형음식, 소꿉놀이, 촉감블록

0~1세 영아반 환경구성을 구체적으로 살펴보면 [그림 7-4]와 같다.

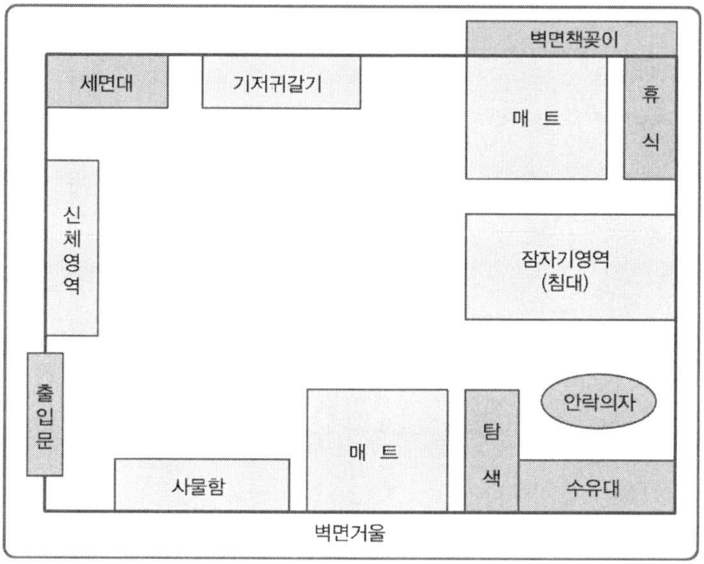

출처 : 경기도 보육정보센터, 2006 : 17

[그림 7-4] 0~1세반 영역 배치

③ 2세반 환경구성

2세 영아를 위한 실내환경은 신체(대근육), 언어, 탐색 · 조작, 음률, 미술, 역할놀이, 쌓기놀이 영역이 있다. 특히, 역할놀이 영역에서는 자연모방 행동과 쌓기 영역에서의 또래간 상호작용 및 표현활동이 강조되도록 한다.

2세 영아반은 놀이실의 크기와 환경을 고려하여 몇 개의 영역은 통합하여 구성할 수도 있다. 예를 들어, 표현 영역(미술 영역, 음률 영역), 역할 및 쌓기 영역(역할 영역, 쌓기 영역)을 통합하여 구성하도록 한다.

[사진 7-3] 쌓기 영역과 역할 영역의 통합적 구성 실례

2세 영아반 환경구성은 [그림 7-5]와 같이 할 수 있다.

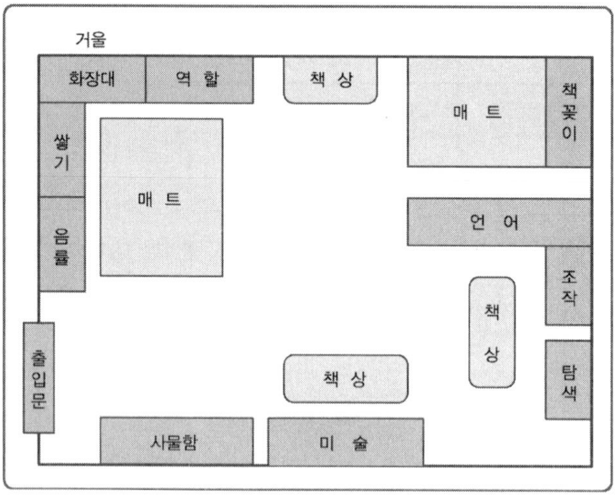

출처: 경기도 보육정보센터, 2006: 18.

[그림 7-5] 2세 영아반 영역 배치

표 7-3 2세반 활동영역별 구성

활동영역	활동영역 구성	활동자료
신체 (대근육) 영역	영아의 신체적 움직임에 대한 욕구를 충분히 고려하여 공간을 확보하여 구성	탈것들(끌차, 붕붕차, 유모차), 낮은 미끄럼틀, 오름틀, 공, 낮은 계단, 흔들말
언어 영역	조용하고 안락한 분위기를 조성하여 책보기활동, 언어적 상호작용이 활발히 이루어지도록 구성	안락한 쿠션, 방석, 손인형, 융판, 다양한 그림책
탐색·조작 영역	영아가 사물을 탐색하고 관찰할 수 있는 자료와 활동을 구비하여 구성	나무구슬 꿰기, 구슬 끼어 넣기 놀잇감, 소리나는 놀잇감, 어항, 새집
음률 영역	음악 듣기, 간단한 리듬악기 연주하기, 음악에 맞추어 몸 움직이기 등 활동적이고 동적인 활동이 이루어지므로 대근육 활동과 인접하고 바닥에 매트를 깔아 소음을 방지	악기류(손목벨, 드럼, 흔들기, 실로폰, 탬버린 등), CD플레이어, 관련 그림
미술 영역	영아가 긁적거리고 가볍게 만들기를 할 수 있는 창의적 표현 영역	찰흙, 도화지, 손가락 그림물감, 포스터 물감, 그림붓, 크레용, 색연필, 사인펜
역할놀이 영역	가정과 같은 분위기를 조성하고, 여러 가지 소품을 준비하여 모방놀이와 상상놀이가 이루어지도록 구성	놀잇감 전화, 인형, 부엌용품, 부엌가구, 안전거울
쌓기놀이 영역	영아가 다양한 형태의 블록을 구성할 수 있는 넓은 공간 확보가 필요하다. 블록놀이가 상상놀이와 연결할 수 있도록 다양한 소품을 구비하여 구성	나무블록, 우레탄 블록, 동물인형, 나무인형, 자동차, 각종 소품

④ 영아를 위한 실외 환경구성

영아를 위한 실외 환경구성은 영아의 독특한 발달적 요구를 고려한 환경구성이 필요하다. 햇빛, 그늘, 바람 등에 따라 분위기 전환이 가능하거나 경치를 감상할 수 있으며, 감각적 경험이 가능하도록 실외환경을 조성해 주어야 한다 (이순형 외, 2006).

실외환경에도 실내환경과 마찬가지로 흥미 영역을 구성하는 것이 바람직하다. 실내에서는 제공하기 힘든 운동놀이 영역, 역할놀이 영역, 감각놀이 영역, 정적놀이 영역 등을 구성하여 대 · 소근육 발달을 돕게 한다. 세발자전거, 종합놀이기구 등 신체활동 영역이 제공될 수 있으며, 의사소통 능력을 키울 수 있도록 그늘진 곳에 책상과 의자를 준비해서 교사와 함께 책 읽는 시간을 마련할 수 있다.

[사진 7-4] 영아반의 실외환경

실외환경은 [사진 7－4]에서처럼 낙엽을 주워서 관찰하고 나무에 묶여진 노끈에 붙여 보는 활동 또는 게임을 하는 공간이 될 수 있다.

(2) 유아를 위한 환경구성

유아를 위한 환경구성은 유아의 발달수준 및 연령, 흥미, 발달 특징, 인원 수 등을 고려하여 구성하는 것이 중요하다. 개별적으로 놀이가 이루어지는 흥미 영역은 유아들의 자기 주도적인 학습과 독립심이 촉진될 수 있도록 다양하며 체계적으로 구성되어야 한다. 대체적으로 언어 영역, 수 · 조작 영역, 과학 영역, 음률 영역, 미술 영역, 역할놀이 영역, 쌓기놀이 영역, 컴퓨터 영역 등으로 구분해서 배치한다.

① 언어 영역

듣기, 말하기, 읽기, 쓰기 등의 기본적인 의사소통 능력을 기를 수 있도록 영역간의 통합된 교구를 제시하여 놀이할 수 있도록 구성한다. 교육 주제와 관련된 동화책과 동시나 동화를 혼자 들을 수 있는 리코더와 테이프, 다양한 필기도구와 종이, 테이블 동화 등을 제공하여 문화에 대한 관심과 문해 발달을 촉진시킬 수 있어야 한다.

[사진 7-5] 유아반의 언어 영역

② 수 · 조작 영역

기초적인 수놀이와 눈과 손의 협응력을 기르는 퍼즐이나 구슬꿰기 등을 하며 놀이할 수 있도록 구성한다. 또한 상호작용이 활발한 판게임 등을 다양하게 제공하여 수 · 조작 영역에 대한 흥미를 고조시킬 수 있어야 한다.

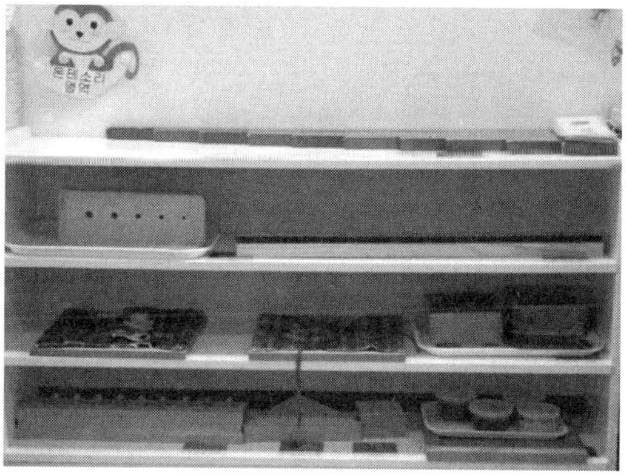

[사진 7-6] 유아반 수 · 조작 영역(몬테소리 교구 중심)

③ 과학 영역

유아들이 다양한 물체와 동 · 식물 등에 관심을 가지고 자연스럽게 수학적, 과학적 지식을 탐색할 수 있도록 구성한다. 과학 영역에서는 유아의 호기심과 탐구력을 지속할 수 있도록 자료와 교재를 다양하게 변화시켜 제공할 수 있어야 한다.

[사진 7-7] 유아반 과학 영역

④ 음률 영역

유아들이 노랫말, 리코더와 테이프, 다양한 악기 등을 사용하여 노래를 부르고, 악기를 다르며, 음악을 감상하는 경험을 할 수 있도록 구성한다. 다양한 장르를 경험하며 악기와 신체로 표현하는 즐거움을 제공할 수 있어야 한다.

[사진 7-8] 유아반 음률 영역

⑤ 미술 영역

다양한 재료를 사용하여 자신의 생각이나 느낌을 창의적으로 표현하는 것을 즐기도록 구성한다. 미술 영역에서는 미술활동을 하면서 차례지키기와 양보하기 등의 친사회적 행동을 학습할 수 있도록 다양하고 충분한 분량의 재료를 제공할 수 있어야 한다.

[사진 7-9] 유아반 미술 영역

⑥ 역할놀이 영역

유아가 가정이나 주변 환경에서 경험한 다양한 역할을 모방하거나 매체를 통해 접한 인물이나 사건을 상상하여 놀이하도록 구성한다. 역할놀이 영역은 교육주제와 관련된 다양한 의상과 놀잇감을 제공하고 편안하고 아늑하게 꾸며 주어 적극적인 놀이가 이루어질 수 있어야 한다.

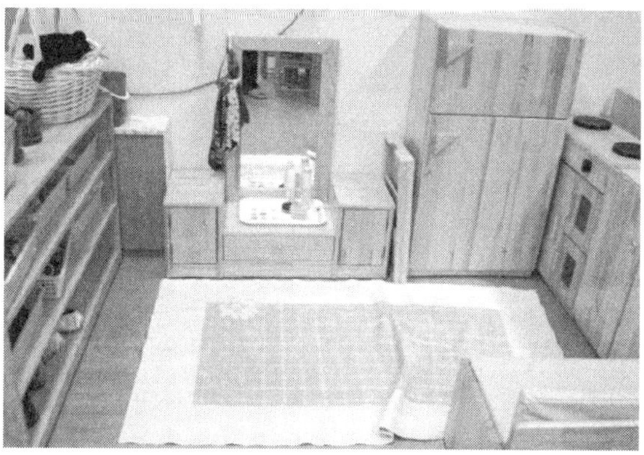

[사진 7-10] 유아반 역할놀이 영역

⑦ 쌓기놀이 영역

유아가 다양한 종류의 블록을 가지고 여러 형태의 구조물을 만들며 놀이할 수 있도록 구성한다. 쌓기놀이 영역은 다양한 블록과 사람, 동물인형 등 소품을 제공하여 블록에 대한 관심을 고취시킬 수 있어야 한다.

⑧ 컴퓨터 영역

유아들이 컴퓨터의 사용에 친숙해지도록 하며, 소프트웨어나 CD ROM을 사용하고 관리할 수 있도록 구성한다. 컴퓨터 영역에서는 유아간의 상호작용이 이루어지도록 의자를 두 개 준비해 준다. 또한 집단 및 개별 활동에 관련하여 컴퓨터 영역을 쉽게 이용하도록 개방적으로 구성하며, 인터넷 연결 및 프린터를 제공할 수 있어야 한다.

이상과 같이 흥미 영역의 배치를 정리하면 [그림 7-6]과 같다. 흥미 영역 구성시에는 언어, 역할놀이, 쌓기놀이 영역 등은 필수적으로 조성해 주어 유아 간에 활달한 상호작용과 의사소통이 이루어져야 한다. 교사는 유아를 흥미 영역을 중심으로 다양한 흥미에 따라서 놀이활동이 이루어지도록 지도한다.

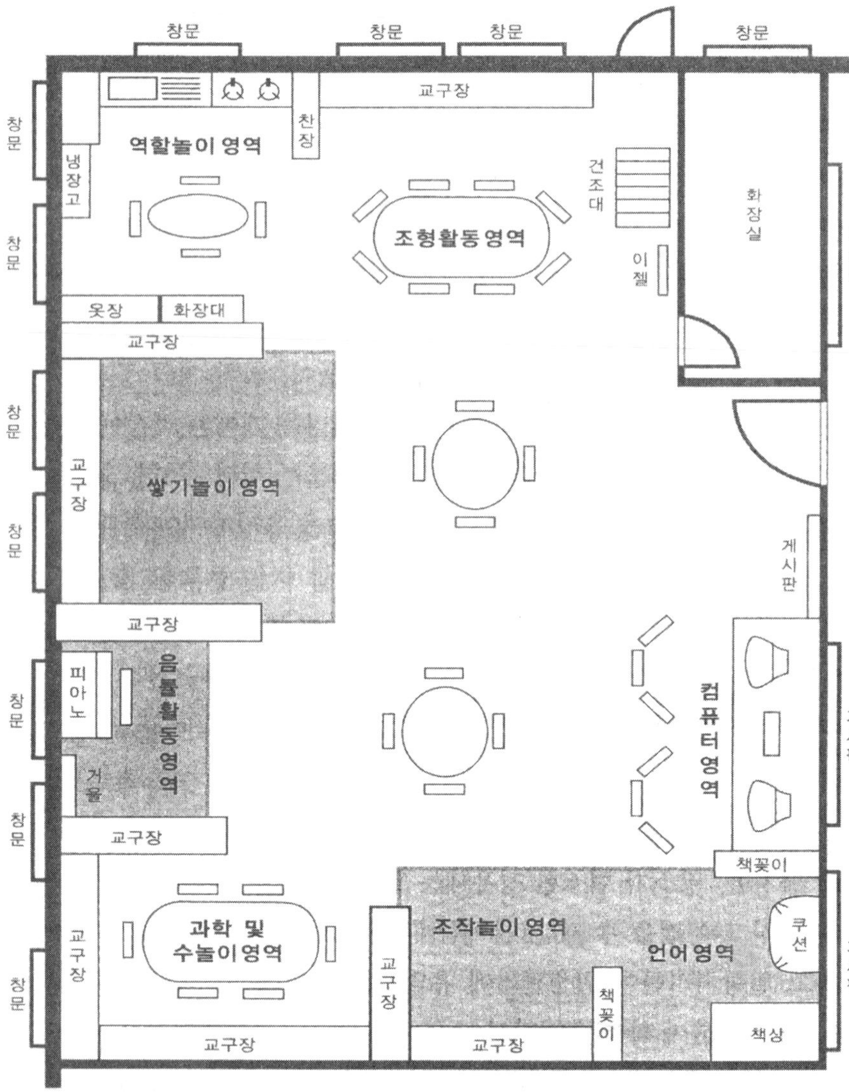

출처: 이기숙, 2001 : 294.

[그림 7-6] 유아를 위한 흥미 영역 배치도

⑨ 유아를 위한 실외 환경구성

유아들은 실외놀이를 통해 신선한 공기를 마시며 자유롭게 신체활동을 경험할 수 있다. 실외환경은 운동놀이 영역, 모래 · 물놀이 영역, 동 · 식물 기르기 영역, 작업 영역, 정적놀이 및 휴식 영역 등을 구성한다. 주로 그네, 미끄럼틀, 시소와 같이 고정된 놀이기구와 세발 또는 두발자전거의 탈것이 제공되며, 소음이나 안전 등의 문제로 인해 실내환경에서 구성하지 못했던 목공놀이나 물 · 모래놀이 등을 경험할 수 있게 구성한다. 실외환경에서는 놀이시설물의 안전한 설치와 정기적인 점검이 이루어져서 유아들이 활발하고 다양한 신체활동을 통해 사회적 상호작용이 증진될 수 있도록 하는 것이 중요하다. 그 외에도 놀잇감 보관 영역을 마련해 준다.

3. 교사의 역할

영유아기는 성장과 발달의 속도가 빠르며 환경과의 친밀한 상호작용을 통해 발달하므로 보육환경으로서의 인적 환경은 영유아의 균형있는 성장 · 발달에 큰 영향을 미친다고 하겠다. 영유아 시기 이후의 삶에 의미있는 영향을 미칠 수 있기 때문에 교사는 어린이집에서 많은 시간을 보내는 영유아들에게는 주양육자 못지않게 중요한 대상이다. 카쯔(Katz, 1980)는 유아교사의 역할을 어머니처럼 유아들을 돌보는 모성의 역할, 가르치는 교수자의 역할, 그리고 유아에게 있는 문제를 발견하는 진단자의 역할로 나누었다. 본 절에서는 영유아 교사의 역할을 양육자, 교수자, 평가자의 측면에서 살펴보고자 한다.

1) 양육자의 역할

교사는 영유아의 기본적인 생리적 욕구를 충족시켜 주며, 영유아의 건강을 돌보고 안전을 지켜 주는 역할을 한다. 특히 영아를 담당하는 교사는 부가적인 자질도 요구된다. 즉 영아들과 개별적인 관계를 형성하여 개별적인 보육을 한다는 점이며, 일상적인 보육활동인 수유, 기저귀 갈아주기 등과 같은 생리적 욕구충족을 위해 민감하게 반응해야 한다(김현자 · 한성심, 2012).

표준보육과정에 기초한 어린이집 프로그램(중앙보육정보센터, 2012 : 106~109)에서 제안하는 '적응을 돕는 교사의 역할 및 상호작용'을 영아기의 양육자 역할로 소개하면 다음과 같다.

① 영아는 교사의 얼굴과 친숙해지며 얼굴과 결합된 교사의 목소리, 냄새, 손길 등을 감각적으로 느낀다. 교사는 일과에서 여러 가지 활동을 할 때 얼굴을 가까이 마주 보고 다양한 표정을 지으며, 익숙한 목소리와 일관된 반응양식을 가짐으로써 영아에게 교사에 대한 이해를 형성하고, 친근감을 통해 보육실 내 안정된 생활을 할 수 있도록 도울 수 있다.

② 영아가 감각을 이용하여 탐색할 수 있는 다양한 자료와 사물을 비치하고 다양한 지각적 체험을 제공하여 교사와 유대를 유지할 수 있도록 한다.

③ 영아의 적응과정은 다음과 같다.

- 만 0세 : 보호자(주양육자)와 함께 어린이집 탐색, 적절한 거리 두고 접근하기, 교사와 안정애착 형성하기, 보호자(주양육자)와 안정적인 분리
- 만 1세 : 보호자(주양육자)와 함께 어린이집 탐색, 교사와 안정애착 형성하기, 보호자(주양육자)와 분리, 교사의 도움으로 일상생활 및 놀이하기, 교사와 안정적으로 일상생활 및 놀이하기, 보호자(주양육자)와 안정적으로 헤어지기
- 만 2세 : 보호자(주양육자)와 함께 어린이집 탐색, 보호자(주양육자)와 분리, 교사와 관계 맺기, 놀이 즐기기, 하루 일과 적응하기(급 · 간식, 낮잠, 배변 등)

유아기 역시 교사의 따뜻한 보살핌과 친절하고 밝은 미소, 대·소변 실수에 대한 도움, 음식섭취에 어려움이 있을 때나 아플 때 등 어머니와 같은 양육이 요구되는 시기이다. 따라서 신입원아의 적응 시기나 학기 초에는 일상생활 속에서 따뜻함과 기다림, 배려 등으로 각별히 안정감을 갖도록 하는 데 집중하는 노력이 필요하다.

2) 교수자의 역할

교사는 영유아의 학습을 도와주는 교수자로서 단편적인 지식의 제공자나 전달자가 아니라 지식과 기술의 중재를 통해 새로운 지식을 창조하게 하며 학습의 촉진자 역할을 하는 것이다. 영아는 교사와의 개별적인 상호작용을 통해 놀이를 경험하며, 현재의 발달수준을 촉진시킬 수 있는 기회를 제공받게 된다. 유아 역시 교사와의 개별적인 상호작용과 교사가 계획한 집단활동을 통해 전인적인 발달의 측면에서 긍정적인 발달을 경험하게 된다.

3~5세 연령별 누리과정 해설서(교육과학기술부, 2013)와 제3차 어린이집 표준보육과정과 이에 기초한 어린이집 프로그램(중앙보육정보센터, 2012)에서 제시한 교수·학습방법과 보육계획 수립의 일반적인 이해를 토대로 정리하여 제시하면 다음과 같다.

(1) 영아반 교사역할

① 만 0~1세, 만 2세의 영아는 일상생활 및 개별활동, 휴식 등이 균형있게 이루어지도록 한다.

② 일상생활 활동은 수유 및 이유, 기저귀 갈이, 낮잠 및 휴식으로 이루어진다.

③ 교사는 영아가 경험할 놀이활동과 일상양육 활동의 내용과 준비를 한 눈에 파악할 수 있도록 한다.

④ 일과에서 다루어지는 보육활동 전에 보육실 환경의 안전과 청결을 구체적으로 충분히 점검하여 보육내용을 질 높게 실행할 수 있는 준비를 한다.

⑤ 영아가 실내외에서 신체를 자유롭게 움직이는 동적활동을 반드시 계획한다.

⑥ 만 0세는 월령에 따라 발달적 차이가 크고 일상적 양육활동이 놀이활동에 비해 많은 부분을 차지하고, 만 1세는 일상적 양육활동과 함께 만 0세에 비해 놀이활동이 점점 늘어 가며, 만 2세는 만 0~1세에 비해 일상적 양육활동과 함께 놀이활동의 비중이 커지도록 계획하여 진행한다.

(2) 유아반 교사역할

① 놀이를 중심으로 교수 · 학습활동이 이루어지도록 한다.

교사는 의도하는 교육목표와 내용에 부합하며, 유아가 자발적 · 적극적으로 참여할 수 있는 놀이를 계획하여 제공한다. 생활주제와 영유아의 발달수준을 고려하여 다양한 놀이와 환경을 준비하고 유아가 놀이를 통해 자연스럽게 학습할 수 있도록 안내자 및 촉진자의 역할을 한다.

② 유아의 흥미를 중심으로 활동을 선택하고 지속할 수 있도록 한다.

교사는 유아의 관심과 흥미에는 개인차가 있으므로 다양한 활동과 환경을 준비하여 유아가 각기 원하는 활동을 직접 선택할 수 있는 기회를 충분히 제공한다. 생활주제별로 다양한 활동을 진행하고 유아가 충분히 경험할 수 있는 안전하고 충분한 환경과 시간을 제공한다.

③ 유아가 생활 속 경험을 통해 지식, 기능, 태도 및 가치를 습득하도록 한다.

교사는 유아가 생활 속에서 경험할 수 있는 친숙하며 구체적이고 직접적인 일상을 중심으로 지식, 기능, 태도 및 가치를 배우도록 한다. 유아가 가정, 유치원, 어린이집의 일과, 친구관계 등에서 유아가 하는 경험이 무엇인지를 알도록 한다.

④ 유아와 교사, 유아와 유아, 유아와 환경 간에 능동적인 상호작용이 이루어지도록 한다.

교사는 개별 또는 집단활동을 통해 유아, 교사, 환경과의 상호작용을 통해 새로운 지식과 기능, 가치, 태도 등을 학습하도록 한다. 유아의 연령, 사전경험, 발달수준 등을 고려하여 유아, 교사, 환경과의 상호작용이 활발히 이루어지도록 한다.

⑤ 실내 · 실외활동, 정적 · 동적 활동, 대 · 소집단활동 및 개별활동, 휴식 등이 균형 있게 이루어지도록 한다.

교사는 주제를 중심으로 여러 활동이 통합적으로 이루어지도록 균형있게 계획하되, 유아의 신체적 · 심리적 상태와 날씨 등을 고려하여 진행한다. 만 3~5세 유아는 실내 · 실외활동, 정적 · 동적 활동, 대 · 소집단활동 및 개별활동, 휴식 등이 균형있게 이루어지도록 한다.

3) 평가자의 역할

평가는 모든 프로그램에 기초적이며 필수적인 과정이다. 교사는 교육의 질적 개선과 영유아의 발달을 촉진하기 위해 평가자로서의 역할을 수행해야 한다.

① 어린이집 표준보육과정의 목표와 내용에 근거하여 영유아의 특성과 변화 정도를 평가한다.
② 만 0~2세 보육과정과 만 3~5세 보육과정(누리과정)의 영역별 세부내용이 연간, 월간, 주간, 일일계획 내에서 균형있게 편성되었는지, 연간에서 일관성 있게 연계되어 운영되었는지를 평가한다.
③ 계획안 분석, 관찰, 활동결과물 분석, 평가척도, 부모면담 등 다양한 방법을 사용하여 종합적으로 평가하고, 그 결과를 기록한다.

④ 교수 · 학습방법이 영유아의 흥미와 놀이 및 활동의 특성에 적합한지를 평가한다.

⑤ 영유아의 평가 결과는 영유아에 대한 이해와 보육과정 운영의 개선 및 부모면담 자료로 활용한다.

제 8 장

보육과정 운영의 실제

보육과정의 운영은 영유아로 하여금 주제를 중심으로 자연스럽게 학습 경험을 할 수 있도록 운영되어야 하며, 이를 위해서는 연간계획을 토대로 주제를 선정하고 목표를 정하여 그에 따른 구체적인 영역별 활동을 다양하고 균형있게 계획 · 실행해야 하므로 본 장에서는 이에 대한 실제를 제시하였다. 교사는 보육과정에서 지향하는 철학과 목표 속에서 영유아의 연령과 발달수준 및 흥미와 요구를 고려하여 일과운영을 계획하고 운영하여야 한다.

1. 일과운영의 계획

어린이집에서 장시간 생활하는 영유아들의 하루 일과는 영유아들이 흥미를 갖고 통합적으로 학습이 이루어질 뿐 아니라 심리적인 안정감을 얻으며 다양한 경험을 할 수 있도록 구성되어야 한다. 교사의 가장 중요한 역할 중의 하나는 기본적으로 보육과정에서 지향하는 철학과 목표 속에서 영유아의 연령과 발달수준 및 흥미와 요구가 고려되도록 일과의 계획을 세우고 운영하는 일이다. 교사는 1년 동안 보육하게 될 영유아들의 발달특성을 고려하여 연간 및 월간의 목표에 따라 주간 또는 일일 보육계획을 구성하게 된다. 일일 보육계획은 하루 동안 영유아들에게 어떤 종류의 활동을 어느 활동 시간대에, 어느 영역에서, 어떻게 이루어지도록 할 것인가에 대한 전체적이면서 구체적인 관리이며 이를 일과운영이라 할 수 있다. 일과운영은 영유아가 교사 및 또래와의 상호작용을 통해 보육내용을 충분히 경험하도록 하는 과정이 되는 것이다.

강문희(2002)가 제시한 보육과정 계획의 필요성을 살펴보면 다음과 같다.

첫째, 학습에서의 연속성을 위해 필요하다. 활동계획이 하루 일과표에 배정되어 주안에 연결되고, 이것은 월안에 연결되어 전체 프로그램에 연결되기 때문이다.

둘째, 활동계획의 평가를 통해서 학습의 부족한 면을 찾아내어, 이를 보완시킬 수 있는 활동들을 계획할 필요가 있기 때문이다.

셋째, 영유아들의 특별한 요구를 들어주기 위해서 필요하다.

넷째, 하루 시간 중에서 활동적인 활동과 조용한 활동, 개별활동 시간과 집단활동 시간 등 활동의 균형을 맞추기 위해서 필요하다.

다섯째, 교사들이 활동에 따른 책임을 분담하고 일관성 있게 협력함으로써 보육 및 교육이 효과적일 수 있기 때문에 필요하다.

여섯째, 다양한 시설과 자료들의 사용을 촉진시키기 위해서 필요하다. 왜

냐하면 시설과 자료에 대한 적절한 계획이 없으면 시설과 자료 중에서 어떤 것은 잘 사용되지 않는 반면, 어떤 자료와 시설들은 너무 많이 사용하게 되는 경우가 있기 때문이다.

영아와 유아의 발달특성에 따라 진행되는 일과운영은 다음과 같이 이루어진다.

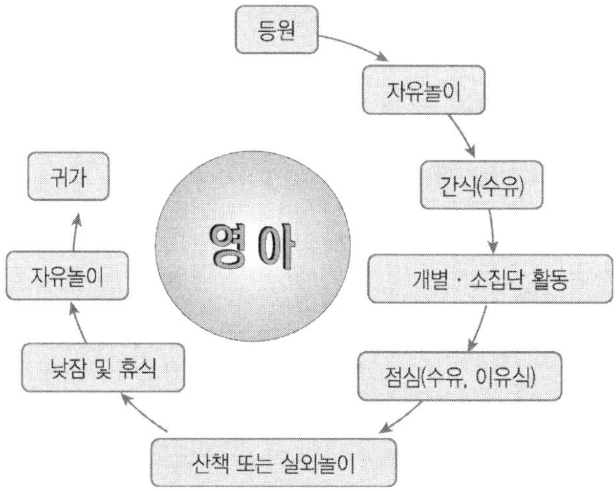

[그림 8-1] 영아반의 일과운영

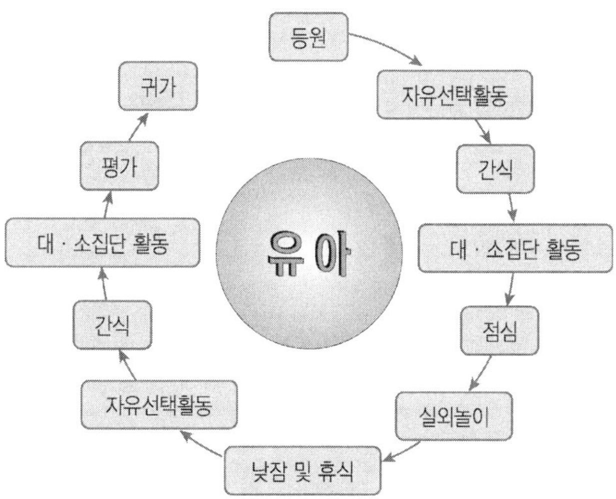

[그림 8-2] 유아반의 일과운영

2. 일과운영의 원리

보육과정은 영유아보육법의 보육 이념과 목표를 달성하기 위하여 보육계획 수립, 보육과정 편성, 보육과정 실시, 보육과정 운영 평가의 과정이며, 일과운영은 보육과정의 한 부분으로 관찰자 또는 참관자로 하여금 어린이집의 질을 가늠할 수 있는 중요한 과정이라 하겠다. 일과운영은 신체운동 · 건강(기본생활, 신체운동), 의사소통, 사회관계, 예술경험, 자연탐구와 관련된 기본 능력과 태도를 기르는 체계적인 과정이 될 수 있도록 통합적으로 운영되어야 한다.

일과운영 계획은 표준보육과정에서 제시하는 영아반 6개 영역, 유아반 5개 영역이 통합적으로 적용될 수 있도록 이루어져야 한다. 또한 보육내용과 활동 수준은 영유아에게 친밀한 내용에서 새로운 내용으로, 구체적인 내용에서 추상적인 내용으로, 쉬운 내용에서 어려운 내용으로 접근하여 계획되어야 한다. 이러한 모든 계획은 보육과정의 영역별 목표에 근거하여 진행하게 된다.

표 8-1 0~2세 보육과정의 영역별 목표

영역	목표	
	0~1세	2세
기본생활	· 건강하고 편안한 일상생활 경험하기 · 안정한 생활 경험하기	· 건강한 생활습관의 기초 경험하기 · 안전한 생활습관의 기초 경험하기
신체운동	· 감각기능을 발달시키고 자신의 신체 탐색하기 · 대 · 소근육을 조절하고 걷기 등의 능력 기르기 · 규칙적으로 신체활동에 참여하기	· 감각능력을 기르고 자신의 신체 움직임을 탐색하기 · 안정된 자세로 대 · 소근육을 조절하고 기본운동 능력을 기르기 · 규칙적으로 신체활동에 참여하기

의사소통	· 주변의 소리와 말소리 듣기에 관심 보이기 · 자신의 생각과 느낌을 표현하기 · 짧은 그림책이나 환경 인쇄물에 관심 가지기 · 끼적이기에 관심 가지기	· 다른 사람의 말과 짧은 이야기 듣기를 즐기기 · 자신의 생각과 느낌을 말로 주고받기를 즐기기 · 짧은 그림책이나 환경 인쇄물에 관심 가지고 글의 내용에 흥미를 가지기 · 글자 형태 끼적이기에 관심 가지기
사회관계	· 자신과 다른 사람을 구별된 존재로 인식하기 · 기본 정서를 표현하고 다른 사람의 감정에 주의 기울이기 · 안정적인 애착을 형성하고 또래나 교사와 함께 지내기	· 자기존중감 형성하기 · 자기 감정 알고 다른 사람의 감정에 반응 보이기 · 가족을 사랑하고 또래, 교사와 즐겁게 지내며 간단한 규칙지키기
예술경험	· 자신의 신체와 주변의 감각 자극에 호기심을 가지고 반응하기 · 소리와 움직임으로 반응, 단순한 미술 경험, 모방행동 즐기기 · 친숙한 소리나 노래 즐겨 듣고, 자연물, 사물, 주변 환경에 관심 가지기	· 예술적 요소 발견하고 흥미롭게 탐색하기 · 리듬이나 노래, 움직임, 미술활동을 자유롭게 시도하고 모방이나 상상놀이로 표현하기 · 주변 환경과 자연 및 다양한 표현에서 예술 요소를 관심있게 보고 즐기기
자연탐구	· 주변 사물에 대해 탐색을 시도하기 · 주변에서 일어나는 수학적 상황 지각하기 · 주변 사물과 자연 환경에 대해 지각하기	· 주변 세계를 다양하게 탐색하기 · 주변에서 경험하는 수학적 상황 인식하기 · 주변 사물과 자연 환경을 인식하기

표 8-2 3~5세 보육과정의 영역별 목표

영역	목 표
신체운동 · 건강	· 감각능력을 기르고 자신의 신체를 긍정적으로 인식하기 · 신체를 조절하고 기본운동 능력 기르기 · 신체활동에 즐겁게 참여하기 · 건강한 생활습관 기르기 · 안전한 생활습관 기르기
의사소통	· 다른 사람의 말을 주의 깊게 듣는 태도와 이해하는 능력 기르기 · 자신의 생각과 느낌을 말하는 능력 기르기 · 글자 모양을 인식하고 읽기에 흥미 가지기 · 자신의 생각과 느낌과 경험을 글로 표현하는데 관심 가지기

사회관계	·자신을 소중히 여기며 자율성 기르기 ·자신과 타인의 감정을 알고 자신의 감정을 적절하게 표현하고 조절하기 ·가족과 화목하게 지내며 서로 협력하기 ·친구, 공동체 구성원들과 서로 돕고, 예의 · 규칙 등 사회적 가치를 알고 지키기 ·우리 동네, 우리나라, 다른 나라에 관심 가지기
예술경험	·자연과 주변 환경에서 아름다움과 예술적 요소에 관심을 갖고 탐색하기 ·자신의 생각과 느낌을 예술활동을 통해 창의적으로 표현하는 것을 즐기기 ·자연과 다양한 예술 작품을 감상하며 풍부한 감성과 심미적 태도를 기르기
자연탐구	·주변의 사물과 자연세계에 대해 호기심을 가지고 탐구하는 태도 기르기 ·여러 상황과 문제를 논리 · 수학적으로 이해하고 해결하기 위한 기초 능력 기르기 ·주변의 관심있는 사물과 생명체 및 자연 현상을 탐구하기 위한 기초 능력 기르기

일과운영 계획의 원리를 살펴보면 다음과 같다.

① 일과운영은 보육과정의 영역별 목표와 내용에 따라 계획하여 운영해야 한다.

② 연간, 월간, 주간 보육계획에 따른 일과운영이 이루어지되, 계절이나 지역 내 특별 행사 또는 어린이집의 환경 등을 고려해야 한다.

③ 연령, 발달수준, 흥미, 장애 등의 개인차와 가정환경을 반영하여 수준별 보육내용으로 구성해야 한다.

④ 일일 보육목표와 보육내용에 적합한 보육활동을 다양하게 선정하여 통합적으로 운영하고, 영역별 경험이나 활동을 균형 있게 제공해야 한다. 즉 동적 · 정적 활동, 실내 · 외 활동, 개별활동과 대 · 소집단의 활동이 골고루 안배되어 다양한 경험을 할 수 있도록 계획한다.

⑤ 보육계획을 문서화하여 보육내용의 선정과 실시과정이 적절하였는지를 정기적으로 평가한다.

3. 보육계획안 작성

보육계획안은 연령과 발달수준을 고려해야 하므로, 영아반과 유아반을 구분하여 진행한다. 영아와 유아를 구분하여 연간, 주간, 일일 보육계획안의 구성원리를 살펴보면 다음과 같다.

1) 연간 보육계획

연간 보육계획은 1년 동안 영유아가 보육경험으로 제공받게 되는 일련의 지침이다. 연간 보육계획은 일반적으로 계절, 행사 등을 고려하여 주제를 중심으로 구성한다. 연령 및 발달수준, 흥미를 고려한 연간계획과 월간, 주간계획을 통해 체계적인 학습의 경험을 제공한다.

(1) 영아반 보육계획

영아반 초기에는 낯선상황에 대한 적응 및 정서적 안정과 신체적 움직임에 대한 욕구를 충분히 고려해서 개별적인 활동중심으로 계획한다.

이외에도 추가적이고 좀 더 구체적인 수립원리(중앙보육정보센터, 2012 : 97)를 소개하면 다음과 같다.

① 만 0세는 월령에 따라 발달적 차이가 크고 일상적 양육활동이 놀이활동에 비해 많은 부분을 차지하므로 만 0세의 발달특성과 발달과업을 중심으로 세상에 대한 호기심, 애착을 보이는 사람과 사물을 중심으로 주제를 선정한다.

② 만 1세는 일상적 양육활동과 함께 만 0세에 비해 놀이활동이 점점 늘어나게 되므로 만 1세의 발달특성과 발달과업, 적응, 계절, 어린이집이나 지

역사회의 특성을 반영하되, 만 0세와 만 2세와의 연계성을 고려하여 선정한다.

③ 만 2세는 만 0~1세에 비해 일상적 양육활동과 함께 놀이활동의 비중이 커지므로 만 2세의 발달특성을 반영하여 어린이집-나-가족-친구로 관계를 확장해 나가고, 동시에 계절의 변화, 흥미와 관심 등을 반영하는 주제를 선정한다.

표준보육과정에서 제시되는 영아반 연령별 연간 보육계획안의 주제와 소주제는 다음과 같다.

〈만 0세반 연간 보육계획안 예시〉

주제	소주제
낯설어요	엄마와 함께해요 선생님을 만나요 선생님을 만져 봐요 선생님과 놀아요 익숙해졌어요
느껴 보아요	씻으며 느껴요 입으며 느껴요 먹으며 느껴요 놀며 느껴요 자연을 느껴요
움직여요	누워서 움직여요 앉아서 움직여요 기어요 서고 걸어요 잡아 보아요
놀이는 재미있어요 I	움직이는 놀잇감 구멍이 있는 놀잇감 굴러가는 놀잇감 까꿍 놀잇감 소리가 나는 놀잇감
놀이는 재미있어요 II	통 · 상자놀이 헝겊 · 천놀이 공놀이 악기놀이 그릇놀이
좋아해요	마주봐요 안아줘요 같이 해 봐요 함께 웃어요 사랑해요

〈만 1세반 연간 보육계획안 예시〉

주제	소주제
새로운 것이 낯설어요	어린이집에 왔어요 만나고 친해져요 우리 반에 무엇이 있을까요? 밖으로 나가 보아요
느낄 수 있어요	만져 보아요 살펴보아요 들어 보아요 맡아 보아요 맛보아요 온몸으로 느껴 보아요
놀이할 수 있어요	놀잇감은 재미있어요 1 놀잇감은 재미있어요 2 물놀이는 재미있어요 까꿍놀이는 재미있어요
나는 할 수 있어요 (5주)	즐겁게 할 수 있어요 말할 수 있어요 찾을 수 있어요
움직이는 것이 재미있어요 (7주)	바깥놀이는 재미있어요 몸을 움직여요 움직이게 할 수 있어요
좋아하는 놀이가 있어요 (8주)	그림책으로 놀아요 춤추고 놀이해요 흉내내요 쉬, 응가놀이가 좋아요
새로운 것도 좋아요 (4주)	함께 놀아요 선생님이 좋아요

〈만 2세반 연간 보육계획안 예시〉

주제	소주제
어린이 집이 좋아요	나는 ○○반이에요 엄마, 아빠와 헤어질 수 있어요 우리 반 선생님과 친구들이에요 재미있는 놀잇감이 있어요 내가 좋아하는 놀잇감이에요 편안하게 지내요 안전하게 놀아요
봄나들이 가요 (5주)	바깥놀이가 재미있어요 안전하게 바깥놀이해요 꽃구경은 즐거워요 벌레가 꿈틀꿈틀해요 봄나들이 갈까요?
나는요 (5주)	나는 ○○○이에요 내 몸을 살펴보아요 나는 느껴요 내가 좋아하는 것이 있어요 혼자서도 잘해요
재미있는 여름이에요 (7주)	날씨가 더워졌어요 비가 많이 와요 깨끗하게 씻어요 물놀이가 재미있어요 1 물놀이가 재미있어요 2 여행을 가요
나는 가족이 있어요 (5주)	엄마, 아빠가 좋아요 우리 가족을 흉내내요 1 우리 가족을 흉내내요 2 우리 가족을 소개해요 1 우리 가족을 소개해요 2
동물놀이해요 (6주)	여러 가지 동물이 있어요 엄마동물 아기동물 동물처럼 소리를 내어 보아요 동물처럼 움직여 보아요 ○○○반이 좋아하는 동물 동물을 사랑해요

알록달록 가을이에요 (6주)	가을이에요 가을 나들이 단풍이 물들어요 자연물로 놀이해요 알록달록 색깔나라 재미있는 그리기 나라
겨울과 모양을 즐겨요 (5주)	여러 가지 모양이 있어요 모양놀이해요 즐거운 성탄이에요 추워요 따뜻하게 지내요
나는 친구가 있어요 (6주)	내 친구가 좋아요 친구와 함께 하는 놀이가 있어요 우리는 ○○살(설날) 형 · 언니가 되었어요 즐거웠던 우리 반이에요

(2) 유아반 보육계획

유아반은 발달수준과 흥미, 이전의 경험 및 생활주제를 토대로 다양한 활동이 포함되도록 계획한다. 또한 규칙적이고 일관성 있는 일과 속에서 활동 간의 균형이 이루어지도록 계획한다. 유아반은 개별활동과 소집단 및 대집단 활동에 참여할 수 있도록 하며, 실내활동과 실외활동이 골고루 안배되도록 해야 한다. 유아반의 경우에는 개별활동, 대 · 소집단활동이 사회관계 영역, 의사소통 영역, 신체운동 · 건강 영역, 예술경험 영역, 자연탐구 영역으로 연계될 수 있도록 계획해야 한다.

3~5세 유아반 연령별 연간 보육계획안을 제시하면 다음과 같다.

〈만 3세반 연간 보육계획안 예시〉

월	주제	소 주 제	월	주제	소 주 제
3	즐거운 어린이집	· 처음 만난 우리 어린이집 · 신나는 하루 · 새 친구 · 재미난 놀잇감 · 함께 놀이하는 우리 반	9	우리나라	· 우리나라 사람들의 생활 · 즐거운 한가위 · 흥겨운 전통놀이 · 혼이 담긴 예술과 문화
4	봄의 생활/ 자연과 동 · 식물	· 봄의 날씨 · 봄의 풍경 · 우리와 함께하는 동 · 식물 · 자연과 더불어 사는 우리	10	가을	· 가을의 변화 · 무지개 색깔의 가을 · 풍성한 가을 열매 · 가을 나들이
5	나와 우리 가족	· 자라나는 몸과 마음 · 소중한 나 · 행복한 우리 가족 · 가족의 고마움	11	환경과 생활	· 물과 우리 생활 · 돌 · 흙과 우리 생활 · 바람 · 공기와 우리 생활 · 빛과 우리 생활 · 소리와 우리 생활
6	우리 동네 / 건강한 몸과 마음	· 우리 동네의 모습 · 우리 동네 생활 · 우리 동네 사람들 · 맛있는 음식과 영양 · 즐거운 운동과 휴식	12	겨울과 놀이	· 겨울의 날씨 느끼기 · 신나는 겨울 놀이 · 사랑을 나누는 계절 · 건강하고 안전한 겨울
7	즐거운 여름	· 여름 날씨 느끼기 · 여름 풍경 즐기기 · 여름철 음식과 영양 · 즐거운 운동과 휴식	1	편리한 생활도구	• 여러 가지 생활도구 • 편리해진 도구 • 생활도구의 안전한 사용 • 새해맞이와 즐거운 놀이
8	내 친구 교통기관	· 여러 가지 교통기관 · 고마운 교통기관 · 육상 교통기관 · 항공 · 해상 교통기관 · 안전한 교통생활	2	형님이 되어요	· 나는 자랐어요 · 동생을 도와줄래요 · 우리들의 추억 · 형님반에 가요

〈만 4세반 연간 보육계획안 예시〉

월	생활주제	주 제	월	생활주제	주 제
3	즐거운 어린이집	· 우리 원에 있어요 1 · 우리 원에 있어요 2 · 우리 원에서 지내요 · 우리 원의 친구 · 우리 원에서 지켜야 할 약속	9	자랑스러운 우리나라	· 우리나라를 상징해요 · 풍성한 한가위 · 우리나라 사람들의 의식주 생활 · 우리나라의 전통놀이와 전통예술
4	봄의 생활	· 봄철 날씨와 생활 · 따뜻한 봄을 즐겨요 · 봄에 볼 수 있어요 · 자연과 함께하는 우리	10	궁금한 여러 나라 / 풍성한 가을	· 세계의 의식주 생활 · 더불어 사는 지구촌 · 가을철 날씨와 생활 · 가을 열매와 곡식
5	나와 우리 가족	· 나의 몸이 하는 일 · 소중한 나 · 함께하는 우리 가족 · 우리 가족의 생활모습	11	환경과 생활	· 물과 함께 살아요 · 돌 · 흙과 함께 살아요 · 바람 · 공기와 함께 살아요 · 빛 · 소리와 함께 살아요 · 우리가 살고 있는 지구
6	우리 동네 / 자연	· 우리 동네 모습이 궁금해요 · 우리 동네 생활이 궁금해요 · 더불어 사는 이웃 · 동 · 식물과 우리의 생활 · 자연과 함께 살아요	12	겨울이 왔어요	· 겨울철 날씨와 생활 · 신나는 겨울 놀이 · 동 · 식물의 겨울나기 · 감사와 사랑을 나눠요
7	건강한 여름	· 여름철 날씨와 생활 · 여름 풍경을 즐겨요 · 깨끗한 나, 튼튼한 나 · 몸에 좋은 음식을 먹어요	1	생활도구 / 설날	· 우리 주변의 생활도구 · 도구와 기계를 움직이는 힘 · 미디어와 미래의 생활도구 · 새해맞이와 즐거운 놀이
8	건강과 안전 / 다양한 교통기관	· 즐거운 운동과 휴식 · 안전한 놀이와 생활 · 땅에서 다니는 교통기관 · 바다와 하늘에서 다니는 교통기관 · 편리한 교통생활	2	형님이 되었어요	· 행복한 추억 나누기 · 이만큼 자랐어요 · 고마웠던 분들 · 형님반이 되어요

〈만 5세반 연간 보육계획안 예시〉

월	주제	소주제	월	주제	소주제
3	어린이집과 친구들	· 우리 원 환경 · 우리 반 환경 · 우리 반에서의 하루 · 우리 반에서 만난 친구들	9	우리나라	· 우리나라 사람들의 생활 · 우리나라 역사와 자랑거리 · 추석 이야기 · 우리나라 놀이와 예술
4	나와 가족 / 봄	· 소중한 나의 몸과 마음 · 특별한 나 · 화목한 가족 · 따사로운 봄맞이 · 우리들의 봄 이야기	10	가을과 자연	· 풍성한 가을 · 가을 곡식과 열매 · 우리 주변의 나무와 숲 · 우리들의 가을 이야기
5	우리 동네	· 우리 동네 모습 · 우리 동네 기관 · 우리 동네 사람들과 다양한 직업 · 함께하는 우리 동네	11	환경과 생활	· 물과 우리 생활 · 돌 · 흙과 우리 생활 · 바람 · 공기와 우리 생활 · 빛과 우리 생활 · 소리와 우리 생활
6	동물과 식물 / 교통기관	· 동물과 우리 생활 · 식물과 우리 생활 · 편리한 교통기관 · 달라지는 교통기관 · 교통기관에서의 안전	12	겨울	· 따뜻한 겨울맞이 · 우리들의 겨울 이야기 · 신나는 겨울 놀이 · 나눔과 배려가 있는 우리
7	예술문화 / 건강과 안전	· 음악 미술 문화 · 영화 공연 문화 · 건강한 생활 · 안전한 생활	1	생활도구 / 설날	· 편리한 생활도구 · 생활도구 이야기 · 미디어 / 발명품 · 새해맞이와 즐거운 놀이
8	여름 / 세계 여러 나라	· 우리들의 여름 이야기 · 여름 풍경 즐기기 · 세계 여러 나라 사람들 · 세계의 문화유산 · 함께하는 세계	2	초등학교 / 졸업	· 1년간의 우리 반 추억 · 선생님, 친구들에게 감사한 마음 · 졸업, 초등학교에 가면 · 새로운 만남

2) 월간 보육계획

월간 계획은 연간 계획을 토대로 하여 매월의 주제와 소주제에 대한 내용이 활동별로 수립되어야 한다. 영아의 경우 일상생활과 자유놀이로 구분할 수 있으며, 유아는 실내외 자유선택활동과 일상생활, 기본생활습관 관련 활동 등으로 구분할 수 있다. 월간 보육계획은 주제별로 3~5개의 소주제로 구성하되, 표준보육과정의 수준별 내용과 연관되도록 강조되는 지식, 기술, 태도 및 가치를 제시한다. 계획된 월간 보육계획안을 바탕으로 물리적 환경 구성을 계획한다.

월간 보육계획안을 연령별로 제시하면 다음과 같다.

〈만 0세반 월간 보육계획안 예시〉

주제 : 놀이는 재미있어요
기간 : ○○○○년 12월

구분 \ 주		1주 12월 5일 ~ 10일	2주 12월 12일 ~ 17일	3주 12월 19일 ~ 24일	4주 12월 26일 ~ 31일
소 주 제		악기 소리를 들어봐요	악기로 소리 내며 놀이해요	다양한 그릇이 있어요	그릇으로 흉내 놀이해요
등원 및 맞이하기		악기 소리 들으며 인사해요		엄마, 아빠와 즐겁게 헤어져요	
일상생활	수유 및 이유식	음식 먹고 입을 닦아요		자리에 앉아서 먹어 봐요	
	낮잠 및 휴식	이불을 잘 덮고 잠자요		친구와 인사하고 잠들어요	
		·[감상곡] 베토벤의 '전원교향곡 2악장'	·[감상곡] 그리그의 '트롤하우젠의 결혼식 날'	·[감상곡] 바흐의 '환상곡과 푸가'	·[감상곡] 비발디의 사계 중 '겨울'
	기저귀 갈이	악기 흔들며 기저귀를 갈아요		선생님 손잡고 기저귀를 가는 곳으로 가봐요	
기본생활(인성교육)		·[절제] 휴지는 필요한 만큼만 사용해요		·[예절] 공공장소에서는 작은 목소리로 말해요	
안전교육		·[교통안전] 눈 오는 날 조심해요	·[성폭력 및 아동학대] 아동학대예방 – 우리에게는 아동권리가 있어요	·[생활안전] 즐겁고 안전한 겨울 놀이를 즐겨요	·[소방안전] 산에 불이 났어요 ·[소방대피훈련] 화장실에 불이 났어요

자유놀이활동	신체	•[대근육] 피아노 매트를 밟아 봐요	•[대근육] 핸드벨 소리를 따라 움직여요	•[대근육] 큰 그릇에 담아 옮겨 봐요	•[대근육] 은박 접시와 하이파이브해요
		•[소근육] 손가락으로 피아노 건반을 눌러 봐요	•[소근육] 북채를 잡고 두드려요	•[소근육] 컵을 쌓고 무너뜨려요	•[소근육] 주전자, 컵 손잡이를 잡아 봐요
		•[쌓기] 방울 소리 나는 블록으로 놀이해요	•[쌓기] 블록으로 악기연주 놀이해요	•[쌓기] 큰 그릇에 블록을 쏙쏙!	•[쌓기] 블록 주방에서 놀이해요
	언어	•[듣기/말하기/읽기/쓰기] 동화 '악기 놀이는 재미있어요'	•[듣기/말하기/읽기/쓰기] 동화 '즐거운 음악회'	•[듣기/말하기/읽기/쓰기] 동화 '크리스마스트리'	•[듣기/말하기/읽기/쓰기] 동화 '그릇으로 놀아요'
		•[듣기/말하기/읽기/쓰기/사회관계증진] 선생님과 악기 그림카드 보며 이야기 들어요	•[듣기/말하기/읽기/쓰기/사회관계증진] 선생님과 비밀 상자에서 나는 소리를 찾아요	•[듣기/말하기/읽기/쓰기/사회관계증진] 선생님과 종이 접시 그림에 끼적여요	•[듣기/말하기/읽기/쓰기/사회관계증진] 그릇 속 친구 사진을 보며 이야기해요
	감각 · 탐색	•[역할] 탬버린 그릇으로 놀이해요	•[역할] 빨래판으로 소리 내요	•[역할] 냄비 뚜껑 심벌즈	•[역할] 그릇으로 소꿉놀이를 해요
		•[음률/동작] 노래에 맞춰 악기연주해요	•[음률/동작] 새노래 '피아노 나라'	•[음률/동작] 새노래 '산타할아버지'	•[음률/동작] 새노래 '예쁜 컵 못난 컵'
		•[미술] 악기 그림 위에 콩콩 찍어요	•[미술] 스티커 붙여 분유통 북을 만들어요	•[미술] 그릇을 대고 그린 그림에 끼적여요	•[미술] 종이컵으로 나팔을 만들어요
		•[탐색] 레인메이커를 움직여요	•[탐색] 소리 나는 방울 장갑과 목도리	•[탐색] 그릇 속에 숨은 물건을 찾아요	•[탐색] 절구로 쿵쿵
		•[탐색/사회관계증진] 선생님, 친구와 딩동댕 두드려요	•[탐색/사회관계증진] 친구와 에그쉐이커를 굴리며 놀이해요	•[탐색/사회관계증진] 그릇 속에 그릇이 숨었어요	•[탐색/사회관계증진] 친구 컵에 쪼르륵 따라요
산책 및 실외활동		•[실외활동] 방울 장갑 끼고 밖에 나가 봐요	•[실외활동] 악기 징검다리를 건너요	•[실외활동] 그릇에 눈을 뭉쳐서 담아봐요	•[실외활동] 큰 그릇에 무엇을 담을까요?
		•[일상생활] 선생님과 함께 구세군 냄비를 살펴봐요	•[실외활동] 따뜻하게 옷 입고 산책해요	•[일상생활] 크리스마스트리를 보며 산책해요	•[지역사회연계] 할머니, 할아버지께서 들려주시는 이야기를 들어요
		•[대체활동] 내 몸은 악기예요	•[대체활동] 친구 따라 흔들흔들 짝짝짝	•[대체활동] 바구니 기차에 타세요	•[대체활동] 앞에 놓인 그릇을 지나가요
가정연계활동		•[음률] 엄마, 아빠와 함께 악기연주 놀이해요	•[음률] 주방 도구로 악기 놀이해요	•[미술] 종이 접시로 만든 크리스마스 장식	•[탐색] 냄비 뚜껑을 맞춰 주세요

〈만 1세반 월간 보육계획안 예시〉

주제 : 겨울 / 좋아하는 놀이가 있어요.
기간 : ○○○○년 12월

구분 \ 주		1주 12월 5일 ~ 10일	2주 12월 12일 ~ 17일	3주 12월 19일 ~ 24일	4주 12월 26일 ~ 31일
소 주 제		추운 겨울이에요	겨울을 따뜻하게 보내요	그림책으로 놀이해요	춤추고 노래해요
등원 및 맞이하기		• 겨울바람 느낌 이야기하며 인사해요	• 입고 온 외투를 정리해요	• 좋아하는 그림책 이야기하며 인사해요	• 노래 들으며 즐겁게 등원해요
일상생활	점심 및 간식	• 겨울 이야기하며 먹어요	• "잘 먹겠습니다" 이야기하고 먹어요	• 그림책에서 본 음식 이야기하며 먹어요	• "잘 먹었습니다" 이야기하고 자리 정리해요
	낮잠 및 휴식	• 따뜻하게 하고 잠들어요	• 겨울 그림책 이야기 들으며 잠들어요	• 좋아하는 그림책 보며 잠들어요	• 이불을 덮어 주고 인사해요
		• [감상곡] 베토벤의 '전원교향곡 2악장'	• [감상곡] 그리그의 '트롤하우젠의 결혼식날'	• [감상곡] 바흐의 '환상곡과 푸가'	• [감상곡] 비발디의 사계 중 '겨울'
	기저귀 갈이/배변활동	• 참지 않고 화장실에 가서 배변해요	• 배변하고 깨끗하게 손을 씻어요	• 배변하고 "다했어요" 이야기해요	• 변기 물은 한번만 내려요
기본생활 (인성교육)		• [절제] 휴지는 필요한 만큼만 사용해요	• [예절] 공공장소에서는 작은 목소리로 말해요	• [자조] 벗은 외투를 정리해요	• [인성/배려] 친구를 기다려 줘요
안전교육		• [교통안전] 눈 오는 날 조심해요	• [성폭력 및 아동학대] 아동학대예방 - 우리에게는 아동권리가 있어요	• [생활안전] 즐겁고 안전한 겨울 놀이를 즐겨요	• [소방안전] 산에 불이 났어요 • [소방대피훈련] 화장실에 불이 났어요
자유놀이활동	신체	• [대근육] 뒤뚱뒤뚱 펭귄처럼 걸어요	• [대근육] 얼음을 피해 지나가요	• [대근육] 그림책 길을 걸어요	• [대근육] 친구를 따라 몸을 움직여요
		• [소근육] 신문지 눈사람을 만들어요	• [소근육] 장갑을 끼고 벗어 봐요	• [소근육] 리본 끈을 감고 풀어요	• [소근육] 신문지로 술을 만들어요
	언어	• [듣기/말하기/읽기/ 쓰기] 동화 '추운 겨울이 왔어요'	• [듣기/말하기/읽기/쓰기] 동화 '겨울이 좋아요'	• [듣기/말하기/읽기/쓰기] 동화 '신나는 그림책 놀이'	• [듣기/말하기/읽기/쓰기] 동화 '신나게 춤춰요'
		• [듣기/말하기/읽기/쓰기/사회관계증진] 동시 '겨울이 좋아요'	• [듣기/말하기/읽기/쓰기/사회관계증진] 친구와 함께 겨울용품 단어카드 놀이해요	• [듣기/말하기/읽기/쓰기/사회관계증진] 친구에게 트리 모양 편지를 전달해요	• [듣기/말하기/읽기/쓰기/사회관계증진] 친구와 함께 춤추고 노래하는 사진을 봐요

	감각 · 탐색	• [음률/동작] 새노래 '눈사람 내 동생	• [음률/동작] 새노래 '괜찮아요'	• [음률/동작] 새노래 '산타할아버지'	• [음률/동작] 노래를 부르며 춤을 춰요
		• [미술] 눈사람을 꾸며요	• [미술] 겨울 코트를 꾸며요	• [미술] 산타할아버지께 선물할 그림책을 만들어요	• [미술] 춤추는 나를 꾸며요
		• [탐색] 겨울 풍경 퍼즐을 맞춰요	• [탐색] 눈사람을 따뜻하게 해줘요	• [탐색] 촉감 그림책을 만져봐요	• [탐색] 춤추는 인형을 살펴봐요
		• [탐색/사회관계증진] 친구와 함께 얼음을 옮겨 봐요	• [탐색/사회관계증진] 친구에게 겨울옷을 입혀줘요	• [탐색/사회관계증진] 까꿍 그림책 속 친구 얼굴	• [탐색/사회관계증진] 친구와 함께 리본 끈을 잡아 봐요
	쌓기 · 역할	• [쌓기] 얼음 블록을 쌓아요	• [쌓기] 장작을 쌓아요	• [쌓기] 그림책으로 벽을 만들어요	• [쌓기] 무대를 만들어요
		• [역할] 나무에게 옷을 입혀줘요	• [역할] 겨울옷을 입어 봐요	• [역할] 그림책에서 본 장면을 흉내내요	• [역할] 내가 원하는 옷을 입고 춤춰요
실외활동		• [실외활동] 겨울 길을 산책해요	• [실외활동] 스스로 외투 입고 바깥에 나가 봐요	• [실외활동] 눈발자국을 만들어요	• [실외활동] 겨울바람을 몸으로 표현해요
		• [일상생활] 따뜻한 옷을 입고 산책해요	• [실외활동] 눈길 위를 걸어요	• [지역사회연계] 도서관에 가요	• [일상생활] 쌓인 눈을 밟으며 걸어요
		• [대체활동] 신문지 눈싸움	• [대체활동] 발바닥 스케이트를 타요	• [대체활동] 영차영차! 그림책을 옮겨요	• [대체활동] 낙하산을 흔들흔들~ 흔들어요
가정연계활동		• [탐색] 호호 입김 불어요	• [역할] 따뜻하게 겨울옷을 입어 봐요	• [미술] 크리스마스트리를 꾸며요	• [실외] 눈길을 밟으며 걸어 봐요

〈만 2세반 월간 보육계획안 예시〉

주제 : 겨울과 모양을 즐겨요.
기간 : ○○○○년 12월

구분		1주	2주	3주	4주
주		12월 5일 ~ 10일	12월 12일 ~ 17일	12월 19일 ~ 24일	12월 26일 ~ 31일
소주제		여러 가지 모양이 있어요	모양으로 놀이해요	즐거운 성탄절이에요	펄펄 눈이 와요
등원 및 맞이하기		• 차가워진 손을 따뜻하게 마주 잡으며 인사해요	• 등원 길에 본 모양 이야기하며 인사해요	• 선생님, 친구와 "메리 크리스마스"라고 인사해요	• 눈을 본 경험 이야기하며 인사해요
일상생활	점심 및 간식	• 음식 모양 이야기하며 먹어요	• 그릇 모양 이야기하며 먹어요	• 캐럴 들으며 음식 먹어요	• 몸을 따뜻하게 해주는 음식 알아보며 먹어요
	낮잠 및 휴식	• 내가 아는 모양 이야기하며 잠들어요	• 내가 좋아하는 모양 이야기하며 잠들어요	• 산타할아버지에 대해 이야기하며 잠들어요	• 하고 싶은 눈놀이 이야기하며 잠들어요
		• [감상곡] 베토벤의 '전원교향곡 2악장'	• [감상곡] 그리그의 '트롤하우젠의 결혼식날'	• [감상곡] 바흐의 '환상곡과 푸가'	• [감상곡] 비발디의 사계 중 '겨울'
	배변활동	배변할 때 스스로 옷을 내리고 올려요			
기본생활 (인성교육)		• [절제] 휴지는 필요한 만큼만 사용해요	• [예절] 공공장소에서는 작은 목소리로 말해요	• [자조] 벗은 외투를 정리해요	• [인성/배려] 친구를 기다려 줘요
안전교육		• [교통안전] 눈 오는 날 조심해요	• [성폭력 및 아동학대] 아동학대예방 – 우리에게는 아동권리가 있어요	• [생활안전] 즐겁고 안전한 겨울 놀이를 즐겨요	• [소방안전] 산에 불이 났어요 • [소방대피훈련] 화장실에 불이 났어요
자유놀이활동	신체	• [대근육] 모양을 따라 걸어요	• [대근육] 몸으로 모양을 만들어요	• [대근육] 루돌프 되어 썰매를 끌어요	• [대근육] 신문지 눈 위에 천사 모양을 만들어요
		• [소근육] 빙글빙글 소용돌이를 그려요	• [소근육] 모루로 모양을 만들어요	• [소근육] 양말 모양에 끈을 끼워요	• [소근육] 밀가루 반죽으로 눈사람을 만들어요
	언어	• [듣기/말하기/읽기/쓰기] 동화 '모양을 만났어요'	• [듣기/말하기/읽기/쓰기] 동화 '모양 쿠키'	• [듣기/말하기/읽기/쓰기] 동화 '크리스마스트리'	• [듣기/말하기/읽기/쓰기] 동화 '즐거운 겨울'
		• [듣기/말하기/읽기/쓰기/사회관계증진] 친구와 함께 모양 글자 퍼즐 놀이해요	• [듣기/말하기/읽기/쓰기/사회관계증진] 동시 '모양으로 만들어요'	• [듣기/말하기/읽기/쓰기/사회관계증진] 크리스마스에 받고 싶은 선물 이야기하며 끼적여요	• [듣기/말하기/읽기/쓰기/사회관계증진] 눈 오는 날 사진 보며 이야기 나눠요
	감각 · 탐색	• 크기가 같은 모양을 찾아요	• 그림자에 모양 물건을 맞춰요	• 산타할아버지 퍼즐을 맞춰요	• 같은 모양 눈을 찾아요
		• [사회관계증진]	• [사회관계증진]	• [사회관계증진]	• [사회관계증진]

		친구와 같은 모양 물건을 찾아요	친구 얼굴 모양 쿠키 만들어 선물해요	친구와 함께 주사위 던져 트리를 꾸며요	친구와 함께 눈 내리는 풍경을 완성해요
	미술	• 모양 반죽을 만들어요	• 모양을 붙이고 꾸며 봐요	• 크리스마스 양말을 꾸며요	• 눈 내리는 풍경을 꾸며요
	음률	• [음률/동작] 악기 모양 살펴보며 연주해요	• [음률/동작] 새노래 '내가 그린 동그라미'	• [음률/동작] 새노래 '산타할아버지'	• [음률/동작] 새노래 '멋진 눈사람'
	쌓기 · 역할	• [쌓기] 모양 블록을 쌓아요	• [쌓기] 블록으로 모양을 만들어요	• [쌓기] 굴뚝을 만들어요	• [쌓기] 눈송이 블록으로 눈덩이를 만들어요
		• [역할] 고깔모자 쓰고 생일파티 해요	• [역할] 모양 안경 가게 놀이해요	• [역할] 산타할아버지 놀이해요	• [역할] 집 앞 눈을 쓸어요
실외활동		• [실외활동] 모양을 찾으면서 산책해요	• [실외활동] 발자국으로 모양을 만들어요	• [실외활동] 길거리에서 들리는 캐럴 들으며 산책해요	• [실외활동] 눈 위에 물감을 뿌려 봐요
		• [지역사회연계] 도서관에 가요	• [일상생활] 내가 아는 모양을 찾아요	• [일상생활] 크리스마스트리를 살펴봐요	• [실외활동] 눈 위에 모양 틀을 찍어요
		• [대체활동] 같은 모양을 밟고 움직여요	• [대체활동] 모양 고리를 던져요	• [대체활동] 이불 썰매를 타요	• [대체활동] 눈덩이처럼 공을 굴려요
가정연계활동		• [탐색] 손수건으로 모양을 만들어요	• [탐색] 그림자로 모양 놀이해요	• [언어] 산타할아버지께 보내는 카드를 써 봐요	• [실외] 눈 오는 날 산책해요

〈만 3세반 월간 보육계획안 예시〉

주제 : 편리한 생활도구
기간 : ○○○○년 1월

구 분 \ 주		1주	2주	3주	4주
		1월 2일～6일	1월 19일～14일	1월 16일～21일	1월 23일～28일
소 주 제		여러 가지 생활도구	편리해진 도구	생활도구의 안전한 사용	함께하는 미디어 / 설날
등원 및 맞이하기		· 생활을 편리하게 해 주는 물건 말하며 인사 나누기	· 내가 좋아하는 물건 보여주며 인사 나누기	· 고마운 생활도구를 이야기하며 인사 나누기	· 생활 속 미디어에 대해 이야기하며 인사 나누기
일상생활	식사 및 간식	· [점심] 식사도구를 안전하게 사용하여 식사하기'	· [점심] 음식을 만드는 데 필요한 도구 알아보고 식사하기	· [점심] 반찬을 흘리지 않고 식사하기	· [점심] 식사도구의 편리함을 이야기하며 즐겁게 식사하기
	낮잠 및 휴식	· [낮잠] 바흐의 칸타타 '양들은 한가로이 풀을 뜯고'	· [낮잠] 베토벤의 '론도 카프리치오'	· [낮잠] 그리그의 '그대를 사랑해'	· [낮잠] 바흐의 칸타타 '예수, 인간 소망의 기쁨'
기본생활(인성교육)		· [협력] 함께 해결할 수 있어요	· [나눔] 망가진 물건을 고쳐서 사용해요	· [질서] 컴퓨터와 텔레비전을 바르게 사용해요	· [효] 전화예절을 알고 지켜요
안전교육		· [교통안전] 승강기, 자동계단을 안전하게 이용해요	· [약물오남용] 몸에 해로운 음료수	· [재난대비] 폭설과 한파를 대비해요	· [소방안전] 고마운 소방서 · [소방대피훈련] 조리실에서 가스가 새고 있어요
자유선택활동	언어 영역	· [듣기/말하기/읽기/쓰기] 우리 집에서 사용하는 도구 · [듣기/말하기/읽기/쓰기] 어디에 사용할까요?	· [듣기/말하기/읽기/쓰기] 도구를 움직이는 힘 · [듣기/말하기/읽기/쓰기] 생활도구의 에너지	· [듣기/말하기/읽기/쓰기] 세면도구 이름카드 · [듣기/말하기/읽기/쓰기] 안전하게 먹어요	· [듣기/말하기/읽기/쓰기] 미디어 이름카드 · [듣기/말하기/읽기/쓰기] 새해 소원카드
	미술 영역	· 가위로 모양 오리기 · 여러 가지 붓으로 그려요	· 재활용품 카메라 만들기 · 내가 사용하는 생활도구 콜라주	· 내 물건 정리함 만들기 · 컵 디자인	· 그림책 표지 따라 그리기 · 떡국 한 그릇
	음률 영역	· [동작] 빙글빙글 세탁기	· 수세미로 연주하기	· 악기연주에 맞춰 재미있게 걸어요	· 컴퓨터로 동요를 들어요
	수·조작 영역	· 생활도구 바느질하기 · 생활도구 퍼즐 맞추기	· 어떤 도구가 필요할까요? · 뚜껑을 닫아요	· 생활도구 올바른 사용법 · 안전 그림을 찾아요	· 미디어 패턴 놀이 · 2017년 숫자 놀이
	과학 영역	· 종잇조각이 붙었어요	· 절구에 넣고 찧어요	· 안전한 멀티탭	· 카메라 사진 찍기
	역할놀이 영역	· 문구점 놀이	· 세탁소 놀이	· 미용실 놀이	· 방송국 놀이 · 설날 인사 놀이

	쌓기놀이 영역	• 의자를 만들어요	• 냉장고 구성하기	• 컵으로 쌓아요	• 방송국을 만들어요
대·소그룹활동	이야기 나누기	• 여러 가지 생활도구 • 문구 용품을 바르게 사용해요	• 사람의 힘을 이용한 생활도구 • 에너지를 소개해요 • 에너지를 아껴 써요	• 미술도구 사용하는 방법 • 생활도구의 안전한 사용	• 미디어가 주는 즐거움 • 설날이에요
	동화·동극·동시	• [동화] 나에겐 숫자가 있어 • [동시] 무엇이 필요할까?	• [동시] 요술쟁이 전기 • [동화·동극/사회관계 증진] 힘을 합쳐 뚝딱!	• [동시] 어떻게 사용할까요? • [동화] 발명왕 우혁이	• [동화] 텔레비전만 볼래요
	미술·NIE	• [미술] 지우개 그림 그리기	• [미술] 스마트폰 만들기 • [미술] 칫솔 그림 그리기	• [미술] 카트를 만들어요 • [명화감상] 보나르의 '정원이 보이는 식당'	• [NIE] 잡지에서 찾은 미디어 • [명화감상/사회관계 증진] 클로드 모네의 '인상, 해돋이'
	음률	• [새노래] 빙글빙글 세탁기	• [새노래] 기계와 전기	• [새노래/사회관계증진] 바늘 하나 주웠네	• [새노래] 세배
	신체·게임	• [신체] 크레파스가 되어요 • [게임/사회관계증진] 필요한 도구를 골라요	• [신체/사회관계증진] 손빨래해요	• [게임/사회관계증진] 안전커버로 막아라	• [게임/사회관계증진] 복주머니 속에 복 담기
	요리	• [요리/사회관계증진] 감자 샐러드 만들기		• [요리] 잼 토스트	
실외활동		• [실외활동] 나무 키를 재요 • [일상생활] 시소가 움직여요	• [실외활동] 쓱싹쓱싹 청소해요 • [지역사회연계] 가전제품 수리점에서 하는 일	• [실외활동] 부메랑을 던져요 • [일상생활] 청소를 깨끗하게 해요	• [실외활동] 신문지 위에 올라서요 • [실외활동] 떡 하나 주면 안 잡아먹지
대체활동		• 무엇으로 재볼까요?	• 로봇 청소기가 되어요	• 종이 멀리 날리기	• 신문지로 만든 효과음
특색교육		• [생태] 겨울나무에 옷을 입혀요	• [생태] 나무껍질을 만져요	• [생태] 단단한 땅속 이야기가 궁금해요	• [생태] 겨울나무 퍼즐을 맞춰요
신체		• 뚝딱 망치질해요	• 믹서기 안에 바나나가 움직여요	• 줄 감기 줄 풀기	• 앙드레 드랭의 '신문을 든 남자'를 표현해요
가정연계활동		• [명화감상] 발타의 '주방 안의 여인'	• [언어] 전기를 절약해 보아요	• [NIE] 텔레비전에 내가 나왔으면	• [언어] 내가 좋아하는 그림책이에요

〈만 4세반 월간 보육계획안 예시〉

주제 : 생활도구
기간 : OOOO년 1월

구분 \ 주		1주 1월 2일 ~ 7일	2주 1월 9일 ~ 14일	3주 1월 16일 ~ 21일	4주 1월 23일 ~ 28일
주 제		우리 주변의 생활도구	도구와 기계를 움직이는 힘	미디어와 미래의 생활도구	즐거운 설날
등원 및 맞이하기		• 집에서 사용하는 생활도구에 대해 이야기하며 인사 나누기	• 생활도구가 어떻게 움직이는지 이야기하며 인사 나누기	• 내가 어른이 되었을 때 어떤 생활도구가 필요할지 상상하며 인사 나누기	• 설날에 하고 싶은 놀이에 대해 이야기하며 인사 나누기
일상생활	식사 및 간식	• [점심] 식사할 때 필요한 도구 살펴보기	• [점심] 식사 전 비누로 손을 깨끗이 씻기	• [점심] 젓가락질을 바르게 하기	• [점심] 식사 후 깨끗이 양치하기
	낮잠 및 휴식	• [낮잠] 바흐의 칸타타 '양들은 한가로이 풀을 뜯고'	• [낮잠] 베토벤의 '론도 카프리치오'	• [낮잠] 그리그의 '그대를 사랑해'	• [낮잠] 바흐의 칸타타 '예수, 인간 소망의 기쁨'
기본생활 (인성교육)		• [협력] 함께 해결할 수 있어요	• [나눔] 망가진 물건을 고쳐서 사용해요	• [질서] 컴퓨터와 텔레비전을 바르게 사용해요	• [효] 전화예절을 알고 지켜요
안전교육		• [교통안전] 승강기, 자동계단을 안전하게 이용해요	• [약물오남용] 몸에 해로운 음료수	• [재난대비] 폭설과 한파를 대비해요	• [소방안전] 고마운 소방서 • [소방대피훈련] 조리실에서 가스가 새고 있어요
자유선택활동	언어 영역	• [듣기/말하기/읽기/쓰기] 동시 '수수께끼 물건 이름'	• [듣기/말하기/읽기/쓰기] 동시 '요술쟁이 전기'	• [듣기/말하기/읽기/쓰기] 만화 만들기 • [듣기/말하기/읽기/쓰기] 자연물과 발명품	• [듣기/말하기/읽기/쓰기] 서로 덕담을 나눠요 • [듣기/말하기/읽기/쓰기] 민속놀이 낱말 퍼즐
	미술 영역	• 자를 이용해 그림 그리기 • 생활도구 안전마크 만들기	• 도구를 사용하는 내 모습 그리기	• 미디어제품 오브제	• 색동 버선 만들기
	음률 영역	• 노래를 녹음하고 들어봐요	• 하이든의 '시계교향곡 2악장'에 맞추어 움직이기 • [동작] 빙글빙글 세탁기	• 전자피아노 탐색하기	• 설날 동요 메들리 • [악기연주] 세배
	수 · 조작 영역	• 빨래집게 놀이 • 계산기 숫자 놀이	• 협동 바느질 • 내 몸무게를 재어 보아요	• 광고지 퍼즐 맞추기 • 부모님께 전화를 걸어요	• 1월 달력 퍼즐 • 내 떡국은 몇 그릇?
	과학 영역	• 거울 관찰 • 망원경 관찰	• 어떤 힘으로 움직일까? • 거품기로 거품 만들기	• 컴퓨터와 프린터기 관찰하기	• 쌀로 만든 떡 관찰하기
	역할놀이 영역	• 신발 가게 놀이	• 고장 물건 수리 센터 놀이	• 요리 프로그램 촬영 놀이	• 우리 가족의 설맞이

	쌓기놀이 영역	· 의자를 만들어요	· 내가 좋아하는 도구 만들기	· 방송국 무대 만들기 · 새로운 미디어제품 구성하기	· 팽이 만들기
대·소그룹활동	이야기 나누기	· 어떤 생활도구일까요? · 옛날과 오늘날의 도구 · [사회관계증진] 몸이 불편한 사람을 위한 도구가 있어요 · 생활도구를 안전하게 사용해요	· 도구를 움직이는 다양한 힘 · 에너지는 소중해요	· [사회관계증진] 주말에 경험한 미디어 소개하기 · 고마운 미디어 · 미래의 생활도구와 로봇	· 우리 반 친구들이 좋아하는 설날 음식 · [사회관계증진] 설날에 하는 다양한 민속놀이
	동화·동극·동시	· [동화] 내 짝은 어디에 있을까?	· [동시] 도구를 움직이는 힘 · [동화·동극/사회관계증진] 아름다운 손수레	· [동화] 현서가 아파요 · [동시] 만들자!	· [동화] 모두 모였어요
	미술	· [미술] 고마운 생활도구 만들기	· [미술] 뚜껑으로 만들어요	· [미술/사회관계증진] 발명품 전시회	· [미술] 민속놀이 병풍 만들기
	음률	· [새노래] 비누	· [새노래] 기계와 전기	· [새노래] 방송국은 멋쟁이	· [새노래] 세배
	신체·게임	· [신체/사회관계증진] 자석에 붙여 보세요 · [게임] 고무신과 운동화	· [게임] 손전등 게임 · [신체/사회관계증진] 지금은 몇 시?	· [게임] 블록 로봇	· [게임] 고무신 던져 넣기
	요리·과학		· [과학] 무게를 재는 도구들	· [요리] 블루베리 셰이크	· [요리/사회관계증진] 치즈 가래떡 구이
실외활동		· [일상생활] 나무 둘레 측정하기 · [실외활동] 집게로 쓰레기 줍기	· [일상생활] 우리 주변에서 들리는 기계 소리 · [지역사회연계] 한국전력공사 견학	· [실외활동] 우리 반 실외활동 소개 영상 만들기 · [실외활동] 자연물 도구로 놀이하기	· [실외활동] 민속놀이를 즐겨요 · [실외활동] 시장을 구경해요
대체활동		· 주방도구와 청소도구	· 국자로 탁구공 옮기기	· 로봇은 내 친구	· 팔씨름 한마당
특색교육		· [생태] 눈 결정체를 관찰해요	· [생태] 나뭇가지를 흔들어 눈을 맞아요	· [생태] 눈 물감으로 그림 그려요	· [생태] 눈 산을 가져가요
신체		· 고리 만들기	· 전기절약 달리기	· 책표지를 흉내내요	· 열두 띠 동물 흉내내기
가정연계활동		· [수·조작] 도구를 제자리에 정리해요	· [과학] 바람개비 실험	· [미술] 텔레비전 속 우리 가족	· [언어] 설날 가족 신문

〈만 5세반 월간 보육계획안 예시〉

주제 : 생활도구
기간 : ○○○○년 1월

구 분 \ 주		1주	2주	3주	4주
		1월 2일 ~ 7일	1월 9일 ~ 14일	1월 16일 ~ 21일	1월 23일 ~ 28일
주 제		편리한 생활도구	생활도구 이야기	미디어 / 발명품	설날
등원 및 맞이하기		· 내가 사용하는 편리한 생활도구에 대해 이야기하며 인사 나누기	· 생활도구를 움직이는 힘에 대해 이야기하며 인사 나누기	· 내가 발명하고 싶은 생활도구에 대해 이야기하며 인사 나누기	· 설날에 만나고 싶은 친척에 대해 이야기하며 인사 나누기
일상생활	식사 및 간식	· [점심] 숟가락, 젓가락으로 편리하게 식사하기	· [점심] 다양한 요리도구에 대해 이야기 나누며 식사하기	· [점심] 발명하고 싶은 요리도구에 대해 이야기 나누며 식사하기	· [점심] 맛있는 설음식에 대해 이야기하며 식사하기
	낮잠 및 휴식	· [휴식] 바흐의 칸타타 '양들은 한가로이 풀을 뜯고'	· [휴식] 베토벤의 '론도 카프리치오'	· [휴식] 그리그의 '그대를 사랑해'	· [휴식] 바흐의 칸타타 '예수, 인간 소망의 기쁨'
기본생활(인성교육)		· [협력] 함께 해결할 수 있어요	· [나눔] 망가진 물건을 고쳐서 사용해요	· [질서] 컴퓨터와 텔레비전을 바르게 사용해요	· [효] 전화예절을 알고 지켜요
안전교육		· [교통안전] 승강기, 자동계단을 안전하게 이용해요	· [약물오남용] 몸에 해로운 음료수	· [재난대비] 폭설과 한파를 대비해요	· [소방안전] 고마운 소방서 · [소방대피훈련] 조리실에서 가스가 새고 있어요
자유선택활동	언어 영역	· [듣기/말하기/읽기/쓰기] 생활도구 수수께끼 · [듣기/말하기/읽기/쓰기] 도구 소리책 만들기	· [듣기/말하기/읽기/쓰기] 생활도구 삼행시 · [듣기/말하기/읽기/쓰기] 생활도구 이야기 짓기	· [듣기/말하기/읽기/쓰기] 사이버 언어 지킴이 · [듣기/말하기/읽기/쓰기] 발명가 이야기 속으로	· [듣기/말하기/읽기/쓰기] 새해 덕담 녹음하기 · [듣기/말하기/읽기/쓰기] '한 살 더 먹으니' 동시짓기
	미술 영역	· 생활도구 스텐실 · 나만의 병따개	· 나만의 카메라 · 소리 나는 녹음기	· 미디어 만들기 · 더하기 발명	· 복주머니 접기 · 새해 덕담 POP
	음률 영역	· [동작] 빙글빙글 세탁기	· [악기연주] 즐거운 생활도구 악기연주	· 네티켓 노래	· [동작] 장구춤과 소고춤
	수 · 조작 영역	· 생활도구 퍼즐 · 도구 빙고 게임	· 생활도구 분류하기 · 에너지를 절약해요	· 미디어 끈 끼우기 · 발명품을 찾아라	· 설날 퍼즐 · 새뱃돈을 모아요
	과학 영역	· 다양한 카메라	· 즐거운 미디어아트 기계	· 내가 만들고 싶은 발명품	· 세계 여러 나라의 설날 조사하기
	역할놀이 영역	· 수리센터 놀이	· 즐거운 생활도구를 팝니다	· 발명품 가게 놀이	· 세배 놀이
	쌓기놀이 영역	· 공구 블록 놀이	· 생활도구 가게 구성하기	· 발명품 가게 구성하기	· 한복가게 구성하기

대·소그룹활동	이야기 나누기	•우리 집에서 사용하는 도구 •이렇게 사용하면 편리해요 •도구를 안전하고 바르게 사용해요	•내가 좋아하는 생활도구 •즐거움을 주는 생활도구 •생활도구에 사용되는 에너지	•생활 속의 미디어 •미디어를 바르게 사용해요 •발명은 즐거워요	•설날이 되었어요 •즐거운 설날을 보내려면?
	동화·동극·동시	•[동화·동극] 토끼네 옷가게 •[동시] 요술 지팡이	•[동시] 어떻게 움직일까요? •[동화] 누가 움직인 걸까?	•[동화] 발명왕 우혁이 •[동시] 만들자!	•[동화/사회관계증진] 모두 모였어요 •[동시] 설날이 좋아요
	미술			•[미술/사회관계증진] 우리가 만든 미디어아트	
	음률	•[새노래] 바늘 하나 주웠네	•[새노래] 크레파스 왕자님과 색연필 공주님	•[새노래] 색종이 접기	•[새노래] 가갸 거겨
	신체·게임	•[신체/사회관계증진] 몸으로 생활도구 표현하기	•[신체/사회관계증진] 내가 만약 라디오라면? •[게임/사회관계증진] 풍선 가장 멀리 보내기 시합	•[게임/사회관계증진] 발명품 퀴즈대회	•[게임/사회관계증진] 팽이 시합
	초등연계	•[초등연계] 도구를 살펴보세요 (수학)	•[초등연계] 따루의 고기잡이(슬기로운 생활)	•[초등연계] 친환경 정수기(바른 생활)	•[초등연계] 설날에 하고 싶은 일(국어)
	요리	•[요리/사회관계증진] 핫케이크 만들기			
실외활동		•[실외활동] 고무줄 놀이하기 •[지역사회연계] 가전제품 대리점 견학	•[일상생활] 사진을 찍어요 •[실외활동] 생활도구 보물찾기	•[실외활동] 망원경으로 보는 바깥놀이 세상 •[실외활동] 명탐정 놀이	•[실외활동] 연날리기 •[일상생활] 재래시장에 가보아요
대체활동		•카트 밀고 돌아오기	•파라슈트 놀이	•미디어카드 뒤집기	•엉덩이 씨름
특색교육		•[생태] 걷기 명상을 즐겨요	•[생태] 자연 명상을 즐겨요	•[생태] 음악 명상을 즐겨요	•[생태] 다도 명상을 즐겨요
신체		•리모컨과 다양한 도구 되어 보기	•내가 물레방아하면?	•미디어 체조	•윷 나와라
가정연계활동		•[음률] 우리 집 주방도구 오케스트라	•[언어] 우리 가족 생활도구 이야기	•[요리] 우리 가족은 요리 발명가	•[현장학습] 친척집 방문하기

3) 주간 보육계획

주간 보육계획은 한 주 동안 전개해 나갈 보육활동의 내용을 계획한 것으로, 주간보육에 기초하여 일일계획안이 작성된다. 주간 보육계획은 연간 및 월간 계획과는 달리 날씨 변화 및 행사 일정에 따라 변경되어 진행될 수 있다.

(1) 영아반의 보육계획

영아기에는 개인차가 현저하게 다르기 때문에 한 반의 영아일지라도 개인차를 고려하여 개개인에 대한 계획을 추가로 작성하여 진행할 수 있다. 영아 후기에는 소집단으로 구성하여 적합한 활동을 진행할 수 있다.

(2) 유아반의 보육계획

유아반은 각 주간의 주제와 보육목표에 따라 자유선택활동, 대 · 소집단활동, 기본생활습관으로 구분하여 명확하게 수립한다. 계획, 실행, 평가의 경험과 집단활동의 체계적이고 지속적인 경험이 제공되도록 해야 한다. 유아들은 스스로 놀이영역을 선택하여 놀이하고, 이야기 나누기, 게임, 동화, 동시, 새노래 배우기 등의 다양한 활동을 통해 즐거움과 주도성을 기를 수 있어야 한다.

4) 일일 보육계획

일일 보육계획은 하루에 진행되는 일과로서 영유아들의 발달특성과 흥미를 고려하여 주간 보육계획에 따라 구체적으로 이루어진다. 일일 보육계획은 학급원아의 연령과 인원, 교사 수와 시설이 가장 중요한 기준이 되며, 다음의 기본적인 원리에 기초해야 한다.

① 연간, 월간, 주간계획과 연관성을 가지며, 진행될 날의 주제에 따라 구체

적인 전개방법을 계획한다.

② 활동계획에 있어서 동적 · 정적 활동, 실내 · 외 활동, 개별활동과 대 · 소집단의 활동이 골고루 안배되어 다양한 경험을 할 수 있도록 계획한다.

③ 하루일과는 날씨와 영유아의 요구 및 흥미를 고려하여 융통성 있게 계획한다. 즉, 상황에 따라 계획된 일과가 변경될 수 있다.

④ 영아반의 경우, 정서적 안정 및 생리적 욕구가 충분히 고려되어야 하며, 활동의 반복이 자연스럽게 이루어지도록 한다.

⑤ 유아반의 경우, 개별활동과 대 · 소집단 활동이 일일 주제에 따라 연계되어 이루어지도록 하며, 교사주도 활동과 유아주도 활동이 적절히 균형 있게 이루어지도록 한다.

〈만 0세반 일일 보육계획안 예시 및 연습〉

주 제	놀이는 재미있어요	소 주 제	악기로 소리 내며 놀이해요
목 표	악기 소리에 관심을 가지며 다양한 악기 놀이를 경험한다.		
시 간	활 동 내 용	활동자료	실행 및 평가
~9:00 등원 및 맞이하기	활 동 명 : 악기 소리 들으며 인사해요 활동목표(내용범주) : ① 아침에 만나 인사하는 것에 관심을 갖는다. (사회관계>더불어 생활하기>사회적 가치를 알기) ② 악기 소리에 관심을 갖고 듣는다. (예술경험>아름다움 찾아보기>예술적 요소에 호기심 가지기) 활동방법 : 〈1, 2수준〉 ① 등원한 영아를 반갑게 맞이한다. - ○○야, 안녕하세요! - 오늘도 밝은 얼굴로 어린이집에 왔네요. ② 악기 소리를 들려주며 영아가 교실로 들어올 수 있도록 유도한다. - (악기 소리를 들려주며) 어? 이게 무슨 소리지요? - 딸랑이에서 딸랑딸랑 소리가 나네요. - 교실에 다른 악기들도 있어요. 선생님과 보러 가 볼까요? [기본생활/예절] 공공장소에서는 작은 목소리로 말해요	체온계, 다양한 악기	

9:00~9:30 기저귀 갈이/ 수유 및 이유식/ 손씻기 및 오전 간식	활 동 명 : 악기 흔들며 기저귀를 갈아요 활동목표(내용범주) : ① 기저귀를 갈고 깨끗함을 느낀다. (기본생활>건강하게 생활하기>몸을 깨끗이 하기) ② 악기를 흔들며 소리를 탐색한다. (예술경험>아름다움 찾아보기>예술적 요소에 호기심 가지기) 활동방법 : 〈1, 2수준〉 ① 악기를 흔들며 영아의 관심을 유도한다. - 딸랑딸랑~ 이게 무슨 소리지요? - 딸랑이에서 소리가 나네요. 딸랑이와 같이 기저귀를 갈러 가 볼까요? ② 영아가 악기를 흔드는 동안 기저귀를 갈아 준다. - ○○가 딸랑이를 흔들어 볼래요? - ○○가 딸랑이를 흔들어 보는 동안 선생님이 새 기저귀로 갈아 줄게요. - 새 기저귀로 갈고 나니 기분이 어때요? 시원하지요? 활 동 명 : 음식 먹고 입을 닦아요 활동목표(내용범주) : ① 음식 먹는 것을 즐겁게 느낀다. (기본생활>건강하게 생활하기>즐겁게 먹기) ② 음식을 먹고 휴지로 입을 닦아야 함을 안다. (기본생활>건강하게 생활하기>건강한 일상생활하기) 활동방법 : 〈1, 2수준〉 ① 영아가 간식을 먹을 수 있도록 도와준다. - 음~ 맛있는 냄새가 나요. - 오늘은 어떤 간식일까요? - 선생님과 함께 냠냠 맛있게 먹어 볼까요? ② 간식을 다 먹고 나면 휴지로 입을 닦을 수 있도록 도와준다. - ○○야, 맛있게 먹었나요? - ○○의 입 주변이 지저분해졌네요. - 휴지로 입을 닦아 볼까요? - ○○가 먼저 휴지로 닦아 볼래요? - 나머지 부분은 선생님이 휴지로 닦아 줄게요.	기저귀, 기저귀 갈이대, 일회용 장갑, 물티슈, 손잡이 있는 악기	

09:30~10:30 실내자유 놀이활동

영역	활 동 명	실행 여부	영역	활 동 명	실행 여부
신체	(대근육) 핸드벨 소리를 따라 움직여요		감각 · 탐색	(역할) 빨래판으로 소리 내요	
	(소근육) 북채를 잡고 두드려요			(음률/동작) 새노래 '피아노 나라'	
	(쌓기) 블록으로 악기연주 놀이해요			(미술) 스티커 붙여 분유통 북을 만들어요	
언어	(듣기/말하기/읽기/쓰기) 동화 '즐거운 음악회'			(탐색) 소리 나는 방울 장갑과 목도리	
	(듣기/말하기/읽기/쓰기) 선생님과 비밀 상자에서 나는 소리를 찾아요			(탐색) 친구와 에그쉐이커를 굴리며 놀이해요	

신체 영역	활 동 명	(대근육) 핸드벨 소리를 따라 움직여요
	활동목표 (내용범주)	
	활동방법	
	활 동 명	(소근육) 북채를 잡고 두드려요
	활동목표 (내용범주)	
	활동방법	
	활 동 명	(쌓기) 블록으로 악기연주 놀이해요
	활동목표 (내용범주)	
	활동방법	
언어 영역	활 동 명	(듣기/말하기/읽기/쓰기) 동화 '즐거운 음악회'
	활동목표 (내용범주)	
	활동방법	
	활 동 명	(듣기/말하기/읽기/쓰기) 선생님과 비밀 상자에서 나는 소리를 찾아요
	활동목표 (내용범주)	
	활동방법	
감각 · 탐색 영역	활 동 명	(역할) 빨래판으로 소리 내요
	활동목표 (내용범주)	
	활동방법	
	활 동 명	(탐색) 소리 나는 방울장갑과 목도리
	활동목표 (내용범주)	

<table>
<tr><td></td><td>활동방법</td><td></td><td></td></tr>
<tr><td>10:30~11:30
오전 낮잠
및 휴식
/개별수유</td><td>활 동 명 : 이불을 잘 덮고 잠자요
활동목표(내용범주) :
이불을 따뜻하게 덮고 낮잠을 잔다.
(기본생활>건강하게 생활하기>건강한 일상생활하기)
활동방법 : 〈1, 2수준〉
① 영아가 낮잠을 잘 수 있도록 이부자리를 준비해 준다.
- ○○가 하품을 크게 하네요. 잠이 오나 봐요.
- 선생님이 이불을 깔아 줄게요. 코~ 낮잠을 자 볼까요?
② 영아가 이불을 덮고 잠들 수 있도록 돕는다.
- 내 이불을 만져 보니 어때요?
- 이불을 덮고 누워 볼까요?
- 이불을 덮어 보니 기분이 어때요?
- 이불을 덮으니 따뜻하지요?
- 코~ 자고 일어나서 또 재미있게 놀이해 봐요.</td><td>개별이불과 매트, 베개, 「그리그의 '트롤하우젠의 결혼식날'」 음악 감상</td><td></td></tr>
<tr><td>11:30~12:00
산책 및
실외활동</td><td colspan="2">[실외활동]
<table>
<tr><td>활 동 명</td><td>악기 징검다리를 건너요</td></tr>
<tr><td>활동목표
(내용범주)</td><td>① 악기 징검다리를 따라 걷기를 시도한다.
(신체운동>신체조절과 기본운동하기>기본운동하기)
② 다양한 악기의 형태에 관심을 갖는다.
(자연탐구>탐구하는 태도 기르기>탐색 시도하기)</td></tr>
<tr><td>사전준비</td><td>- 악기 그림자료, EVA 퍼즐 매트
- 악기 그림자료를 붙인 EVA 퍼즐 매트를 징검다리처럼 일정한 간격으로 떨어뜨려 놓는다.</td></tr>
<tr><td>활동방법</td><td>〈I 수준〉
① 영아와 함께 매트에 붙어 있는 악기 그림을 살펴본다.
- ○○야, 바닥에 무엇이 있나요?
- 바닥에 그림이 있는 매트가 있네요.
- 매트에 어떤 그림이 있나요?
② 교사의 손을 잡고 악기 징검다리를 건너 본다.
- 매트에 악기 그림이 붙어 있네요.
- 선생님 손을 잡고 건너가면서 악기 그림을 살펴볼까요?
- ○○의 앞에는 어떤 악기 그림이 있나요?
- 그 다음에는 어떤 악기 그림이 있는지 걸음을 떼고 앞으로 가 볼까요?
〈II 수준〉
① 영아 스스로 징검다리를 건너며 악기 그림을 살펴본다.
- △△는 징검다리를 건너 보고 싶은가 봐요.
- △△가 혼자서 징검다리를 건너 볼래요?</td></tr>
</table></td><td></td></tr>
</table>

<table>
<tr><td></td><td colspan="2">[대체활동]
<table><tr><td>활 동 명</td><td>친구 따라 흔들흔들 짝짝짝</td></tr><tr><td>활동목표
(내용범주)</td><td>① 친구의 움직임에 관심을 갖고 흉내내기를 시도한다.
(사회관계>더불어 생활하기>또래에 관심 갖기)
(예술경험>예술적 표현하기>모방행동 즐기기)
② 다양한 방법으로 몸 움직이는 것을 즐긴다.
(신체운동>신체조절과 기본운동하기>기본운동하기)</td></tr><tr><td>활동방법</td><td>〈I, II 수준〉
① 친구와 함께 마주 앉아 서로의 신체 부분을 찾는 놀이를 한다.
- ♬ ○○ 손은 어디 있나 여기 △△ 발은 어디 있나 여기 ♬
- ○○가 손을 찾았네요. ○○의 손이 어떻게 생겼는지 볼까요?
② 신체 부분을 움직이거나 부딪쳐 소리를 내 본다.
- 반짝반짝! 손을 흔들어 볼까요?
- 양손을 부딪치면 어떤 소리가 날까요?
- 양손을 부딪치니 짝짝짝! 소리가 나네요.
③ 다른 사람의 모습을 살피고 흉내내 본다.
- △△는 손바닥으로 다리를 두드리네요.
- △△처럼 손바닥으로 다리를 두드려 소리를 내 볼까요?
- 이번에는 □□처럼 몸을 움직여 볼까요?</td></tr></table></td><td></td></tr>
<tr><td>12:00~13:00
기저귀 갈이/
수유 및
이유식/
손씻기 및
점심/이닦기</td><td>악기 흔들며 기저귀를 갈아요. 음식 먹고 입을 닦아요.
• 영아가 악기를 흔들며 탐색하는 동안 기저귀를 갈아 준다.
• 영아의 기저귀를 갈아주고 깨끗이 손을 씻는다.
• 개별 영아의 발달에 맞는 이유식을 준비하여 즐겁게 먹으며 고형식에 점차 적응할 수 있도록 돕는다.
• 영아용 칫솔로 영아의 이와 잇몸을 닦아 준다.
• 이를 닦으며 영아가 입 주변을 닦을 수 있도록 도와준다.</td><td>기저귀, 기저귀 갈이대, 일회용 장갑, 물티슈, 손잡이 있는 악기, 단계별 이유식, 숟가락, 턱받이, 영아용 치약과 칫솔, 휴지</td><td></td></tr>
<tr><td>13:00~15:00
오후 낮잠
및 휴식</td><td>이불을 잘 덮고 잠자요.
• 낮잠 자기 전, 영아의 기저귀를 갈아 준다.
• 영아가 이불을 잘 덮고 잠잘 수 있도록 한다.
• 휴식을 취하거나 잠을 자며 안정을 찾고 체력을 회복한다.
• 낮잠 음악 「그리그의 '트롤하우젠의 결혼식 날'」을 들으며 편안하게 낮잠을 잔다.</td><td></td><td></td></tr>
<tr><td>15:00~15:40
기저귀 갈이/
수유 및
이유식/
손씻기 및
오후 간식</td><td>악기 흔들며 기저귀를 갈아요. 음식 먹고 입을 닦아요.
• 영아가 악기를 흔들며 탐색하는 동안 기저귀를 갈아 준다.
• 영아의 기저귀를 갈아주고 깨끗이 손을 씻는다.
• 개별 영아의 발달에 맞는 이유식을 준비하여 즐겁게 먹으며 고형식에 점차 적응할 수 있도록 돕는다.
• 간식을 먹고 휴지로 입 주변을 닦는다.</td><td>기저귀, 기저귀 갈이대, 일회용 장갑, 물티슈, 손잡이 있는 악기, 단계별 이유식 (간식), 숟가락, 턱받이, 휴지</td><td></td></tr>
<tr><td>15:40~16:20
산책 및
실외활동</td><td>(실외활동) 악기 징검다리를 건너요
• 악기 징검다리를 따라 걷기를 시도한다.
• 다양한 악기의 형태에 관심을 갖는다.</td><td>악기 그림자료,
EVA 퍼즐 매트</td><td></td></tr>
</table>

<table>
<tr><td></td><td>(대체활동) 친구 따라 흔들흔들 짝짝짝
• 친구의 움직임에 관심을 갖고 흉내내기를 시도한다.
• 다양한 방법으로 몸 움직이는 것을 즐긴다.</td><td></td><td></td></tr>
<tr><td>16:20~18:00
실내자유
놀이활동 ·
안전교육</td><td colspan="3">• 오전 실내자유놀이활동의 내용을 바탕으로 영아가 원하는 영역에서 자유롭게 놀이한다. (각 영역별 교구)
<table>
<tr><th>영역</th><th>활동명</th><th>실행 여부</th><th>영역</th><th>활동명</th><th>실행 여부</th></tr>
<tr><td rowspan="3">신체</td><td>(대근육)
핸드벨 소리를 따라 움직여요.</td><td></td><td rowspan="5">감각 · 탐색</td><td>(역할)
빨래판으로 소리 내요.</td><td></td></tr>
<tr><td>(소근육)
북채를 잡고 두드려요.</td><td></td><td>(음률/동직)
새노래 '피아노 나라'</td><td></td></tr>
<tr><td>(쌓기)
블록으로 악기연주 놀이해요.</td><td></td><td>(미술)
스티커 붙여 분유통 북을 만들어요.</td><td></td></tr>
<tr><td rowspan="2">언어</td><td>(듣기/말하기/읽기/쓰기)
동화 '즐거운 음악회'</td><td></td><td>(탐색)
소리 나는 방울 장갑과 목도리</td><td></td></tr>
<tr><td>(듣기/말하기/읽기/쓰기)
선생님과 비밀 상자에서 나는 소리를 찾아요.</td><td></td><td>(탐색)
친구와 에그쉐이커를 굴리며 놀이해요.</td><td></td></tr>
</table>
[안전교육/성폭력 및 아동학대]
아동학대예방 – 우리에게는 아동권리가 있어요</td></tr>
<tr><td>18:00~19:30
통합보육 및
귀가지도</td><td colspan="2">• 영아의 발달 상황 및 요구를 고려하여 통합 놀이한다.
• 영아의 용모를 단정히 하여 귀가준비를 하고 보호자가 오면 귀가지도를 한다.
• 하루 동안 영아가 어떻게 지냈는지, 어떤 놀이를 했는지에 대해 보호자에게 전달한다.</td><td></td></tr>
<tr><th>하루평가</th><td colspan="3"></td></tr>
<tr><th>전달사항</th><td colspan="3"></td></tr>
</table>

〈만 1세반 일일 보육계획안 예시 및 연습〉

주 제	좋아하는 놀이가 있어요	소 주 제	춤추고 노래해요
목 표	다양한 움직임을 시도하며 몸 움직임을 즐긴다.		

시 간	활 동 내 용	활동자료	실행 및 평가
~9:00 등원 및 맞이하기	노래 들으며 즐겁게 등원해요 • 영아가 들을 수 있도록 등원하는 시간에 노래를 들려준다. • 등원한 영아와 반갑게 인사를 나눈다. • 영아의 특이사항(투약 여부, 건강 상태, 배변 여부 등)을 확인한다. • 체온계를 사용하여 영아의 체온을 확인한다. [기본생활/인성/배려] 친구를 기다려줘요	체온계, 동요 CD, CD 플레이어	
9:00~9:40 배변활동/ 손씻기 및 오전 간식	변기 물은 한번만 내려요, "잘 먹었습니다" 이야기하고 자리 정리해요 • 배변한 영아의 기저귀를 갈아준다. • 영아가 배변하고 변기 물은 한번만 내릴 수 있도록 상호작용한다. • 간식 먹기 전, 손을 깨끗이 씻는다. • 음식을 골고루 먹을 수 있도록 상호작용한다. • "잘 먹었습니다" 이야기하고 자리를 정리한다.	기저귀, 기저귀 갈이대, 일회용 장갑, 물티슈	

9:40~11:00 실내자유 놀이활동

영역	활동명	실행 여부	영역	활동명	실행 여부
신체	(대근육) 친구를 따라 몸을 움직여요.		쌓기 · 역할	(쌓기) 무대를 만들어요.	
신체	(소근육) 신문지로 술을 만들어요.		쌓기 · 역할	(역할) 내가 원하는 옷을 입고 춤춰요.	
언어	(듣기/말하기/읽기/쓰기) 동화 '신나게 춤춰요'		감각 · 탐색	(음률/동작) 노래를 부르며 춤을 춰요.	
			감각 · 탐색	(미술) 춤추는 나를 꾸며요.	
언어	(듣기/말하기/읽기/쓰기) 친구와 함께 춤추고 노래하는 사진을 봐요.		감각 · 탐색	(탐색) 춤추는 인형을 살펴봐요.	
			감각 · 탐색	(탐색) 친구와 함께 리본 끈을 잡아 봐요.	

영역	구분	내용	
신체 영역	활 동 명	(대근육) 친구를 따라 몸을 움직여요.	
	활동목표 (내용범주)		
	활동방법		
	활 동 명	(소근육) 신문지로 술을 만들어요.	

		활동목표 (내용범주)		
		활동방법		
	언어 영역	활 동 명	(듣기/말하기/읽기/쓰기) 동화 '신나게 춤춰요'	
		활동목표 (내용범주)		
		활동방법		
		활동명	(듣기/말하기/읽기/쓰기) 친구와 함께 춤추고 노래하는 사진을 봐요.	
		활동목표 (내용범주)		
		활동방법		
	쌓기 · 역할 놀이 영역	활 동 명	(쌓기) 무대를 만들어요.	
		활동목표 (내용범주)		
		활동방법		
		활 동 명	(역할) 내가 원하는 옷을 입고 춤춰요.	
		활동목표 (내용범주)		
		활동방법		
	감각 · 탐색 영역	활 동 명	(미술) 춤추는 나를 꾸며요.	
		활동목표 (내용범주)		
		활동방법		
		활 동 명	(탐색) 친구와 함께 리본 끈을 잡아 봐요.	
		활동목표 (내용범주)		
		활동방법		

11:00~11:20 정리 정돈 및 배변활동	변기 물은 한번만 내려요. • 교사의 도움을 받아 놀잇감을 제자리에 정리한다. • 배변한 영아의 기저귀를 갈아 준다. • 영아가 배변하고 변기 물은 한번만 내릴 수 있도록 상호작용한다. • 영아가 배변하고 깨끗하게 손을 씻을 수 있도록 한다.	기저귀, 기저귀 갈이대, 일회용 장갑, 물티슈	
11:20~12:00 실외활동	(실외활동) 겨울바람을 몸으로 표현해요. • 산책하며 겨울바람을 느낀다. • 겨울바람의 느낌을 몸으로 표현한다.		
	(대체활동) 낙하산을 흔들흔들~ 흔들어요. • 낙하산을 잡고 다양한 방법으로 흔든다. • 친구와 함께하는 놀이에 관심을 갖는다.	낙하산	

<table>
<tr><td>12:00~13:10
손씻기 및
점심/이닦기</td><td>"잘 먹었습니다" 이야기하고 자리 정리해요.
• 점심 먹기 전, 손을 깨끗이 씻는다.
• 영아가 음식을 골고루 먹을 수 있도록 상호작용한다.
• "잘 먹었습니다" 이야기하고 자리를 정리한다.
• 점심을 먹고 영아의 이닦기를 돕는다.</td><td>개별 양치도구</td><td></td></tr>
<tr><td>13:10~15:30
낮잠 및 휴식</td><td>이불을 덮어주고 인사해요.
• 낮잠 자기 전, 영아의 기저귀를 갈아 주거나 배변할 수 있도록 도와준다.
• 교실 안의 조도를 낮추어 조용하고 편안한 수면 분위기를 조성한다.
• 영아의 이불을 덮어 주고 인사한다.
• 낮잠 음악 「비발디의 사계 중 '겨울'」을 들으며 편안하게 낮잠을 잔다.</td><td></td><td></td></tr>
<tr><td>15:30~16:00
배변활동/
손씻기 및
오후 간식</td><td>변기 물은 한번만 내려요, "잘 먹었습니다" 이야기하고 자리 정리해요
• 배변한 영아의 기저귀를 갈아 준다.
• 영아가 배변하고 변기 물은 한번만 내릴 수 있도록 상호작용한다.
• 간식 먹기 전, 손을 깨끗이 씻는다.
• 음식을 골고루 먹을 수 있도록 상호작용한다.
• "잘 먹었습니다" 이야기하고 자리를 정리한다.</td><td>기저귀, 기저귀 갈이대, 일회용 장갑, 물티슈</td><td></td></tr>
<tr><td rowspan="2">16:00~16:30
실외활동</td><td>(실외활동) 겨울바람을 몸으로 표현해요
• 산책하며 겨울바람을 느낀다.
• 겨울바람의 느낌을 몸으로 표현한다.</td><td></td><td></td></tr>
<tr><td>(대체활동) 낙하산을 흔들흔들~ 흔들어요
• 낙하산을 잡고 다양한 방법으로 흔든다.
• 친구와 함께하는 놀이에 관심을 갖는다.</td><td>낙하산</td><td></td></tr>
<tr><td>16:30~18:00
실내자유
놀이활동</td><td colspan="3">• 오전 실내자유놀이활동의 내용을 바탕으로 영아가 원하는 영역에서 자유롭게 놀이한다. (각 영역별 교구)
<table>
<tr><th>영역</th><th>활동명</th><th>실행 여부</th><th>영역</th><th>활동명</th><th>실행 여부</th></tr>
<tr><td rowspan="2">신체</td><td>(대근육)
친구를 따라 몸을 움직여요.</td><td></td><td rowspan="2">쌓기·역할</td><td>(쌓기)
무대를 만들어요.</td><td></td></tr>
<tr><td>(소근육)
신문지로 술을 만들어요.</td><td></td><td>(역할)
내가 원하는 옷을 입고 춤춰요.</td><td></td></tr>
<tr><td rowspan="4">언어</td><td rowspan="2">(듣기/말하기/읽기/쓰기)
동화 '신나게 춤춰요'</td><td rowspan="2"></td><td rowspan="4">감각·탐색</td><td>(음률/동작)
노래를 부르며 춤을 춰요.</td><td></td></tr>
<tr><td>(미술)
춤추는 나를 꾸며요.</td><td></td></tr>
<tr><td rowspan="2">(듣기/말하기/읽기/쓰기)
친구와 함께 춤추고 노래하는 사진을 봐요.</td><td rowspan="2"></td><td>(탐색)
춤추는 인형을 살펴봐요.</td><td></td></tr>
<tr><td>(탐색)
친구와 함께 리본 끈을 잡아 봐요.</td><td></td></tr>
</table>
[안전교육/소방안전] 산에 불이 났어요.</td></tr>
<tr><td>18:00~19:30
통합보육 및
귀가지도</td><td colspan="2">• 영아의 발달 상황 및 요구를 고려하여 통합 놀이한다.
• 영아의 용모를 단정히 하여 귀가준비를 하고 보호자가 오면 귀가지도를 한다.
• 하루 동안 영아가 어떻게 지냈는지, 어떤 놀이를 했는지에 대해 보호자에게 전달한다.</td><td></td></tr>
<tr><td>하루평가</td><td colspan="3"></td></tr>
<tr><td>전달사항</td><td colspan="3"></td></tr>
</table>

〈만 2세반 일일 보육계획안 예시 및 연습〉

주 제	겨울과 모양을 즐겨요	소 주 제	따뜻하게 지내요
목 표	① 겨울을 따뜻하게 보내는 것에 관심을 가진다. ② 겨울철에 자주 먹는 음식을 활용하여 놀이한다.		

시 간	활 동 내 용	활동자료	실행 및 평가
~9:00 등원 및 맞이하기	스스로 목도리와 장갑을 벗어 정리해요 • 영아와 아침에 만나 인사를 나눈다. • 스스로 목도리와 장갑을 벗어 정리한다. • 영아의 특이사항(투약 여부, 건강 상태, 배변 여부 등)을 확인한다. • 체온계를 사용하여 영아의 체온을 확인한다.	체온계	
9:00~9:40 배변활동/ 손씻기 및 오전 간식	• 배변할 때 영아 스스로 옷을 내리고 올려볼 수 있도록 한다. • 배변한 후, 소매를 걷고 손을 씻는다. [기본생활/청결] 깨끗이 씻고 수건에 물기를 닦아요		
	겨울에 먹는 음식 이야기하며 먹어요 • 간식을 먹기 전, 손을 깨끗이 씻는다. • 겨울에 먹는 음식에 대해 이야기하며 먹는다. • 다 먹고 난 그릇을 스스로 정리한다.		
9:40~11:10 실내자유 놀이활동	• 새로운 활동을 놀이영역에서 개별적으로 소개한다. • 영아가 관심 있는 영역에서 자유롭게 놀이하도록 돕는다.		

영역	활동명	실행 여부	영역	활동명	실행 여부
신체	(대근육) 같은 음식 밟고 움직여요.		미술	색깔 점토로 겨울 음식을 만들어요.	
신체	(소근육) 따뜻한 외투 단추를 잠가 봐요.		음률	(음률/동작) 새노래 '코끼리와 거미줄'	
신체	(쌓기) 겨울 음식 블록을 쌓아 봐요.		탐색 · 조작	어떤 물건일까요?	
언어	(듣기/말하기/읽기/쓰기) 동화 '추운 겨울이 왔어요'		탐색 · 조작	친구와 함께 같은 겨울용품을 찾아요.	
언어	(듣기/말하기/읽기/쓰기) 친구와 함께 메뉴판을 살펴봐요.		쌓기 · 역할	(역할) 겨울 음식 가게 놀이해요.	

영역	항목	내용	실행 및 평가
신체 영역	활 동 명	(소근육) 따뜻한 외투 단추를 잠가 봐요.	
	활동목표 (내용범주)		
	활동방법		
	활 동 명	(쌓기) 겨울 음식 블록을 쌓아 봐요.	

		활동목표 (내용범주)			
		활동방법			
	언어 영역	활 동 명	(듣기/말하기/읽기/쓰기) 동화 '추운 겨울이 왔어요'.		
		활동목표 (내용범주)			
		활동방법			
		활 동 명	(듣기/말하기/읽기/쓰기) 친구와 함께 메뉴판을 살펴봐요.		
		활동목표 (내용범주)			
		활동방법			
	미술 영역	활 동 명	색깔 점토로 겨울 음식을 만들어요.		
		활동목표 (내용범주)			
		활동방법			
	음률 영역	활 동 명	(음률/동작) 새 노래 '코끼리와 거미줄'		
		활동목표 (내용범주)			
		활동방법			
	탐색 · 조작 영역	활 동 명	어떤 물건일까요?		
		활동목표 (내용범주)			
		활동방법			
		활 동 명	친구와 함께 같은 겨울용품을 찾아요.		
		활동목표 (내용범주)			
		활동방법			
	쌓기 · 역할 놀이 영역	활 동 명	(역할) 겨울 음식 가게 놀이해요.		
		활동목표 (내용범주)			
		활동방법			
11:10~11:30 배변활동			·배변할 때 영아 스스로 옷을 내리고 올려볼 수 있도록 한다. ·배변한 후, 소매를 걷고 손을 씻는다. ·(기본생활/청결) 깨끗이 씻고 수건에 물기를 닦아요.		
11:30~12:10 실외활동			(실외활동) 따뜻하게 옷 입고 산책해요. ·따뜻하게 옷을 입고 산책하는 것을 즐긴다. ·따뜻한 옷차림으로 몸을 보호하며 건강한 생활에 관심을 가진다.	영아 개별 외투, 장갑, 목도리 등	
			(대체활동) 목도리로 기차 놀이해요. ·목도리로 기차 놀이를 하며 몸을 움직인다. ·친구와 함께하는 놀이를 즐긴다.	목도리	

시간	활동	자료	
12:10~13:30 손씻기 및 점심/이닦기	겨울에 먹는 음식 이야기하며 먹어요. • 점심을 먹기 전, 손을 깨끗이 씻는다. • 겨울에 먹는 음식에 대해 이야기하며 먹는다. • 다 먹고 난 그릇을 스스로 정리한다. • 영아의 이 닦기 일상생활습관이 자연스럽게 이루어지도록 한다.	개별 양치도구	
13:30~15:30 낮잠 및 휴식	이불을 덮고 따뜻함을 느끼며 잠들어요. • 영아가 편안한 분위기를 느끼도록 낮잠 준비를 한다. • 이불을 덮고 따뜻함을 느끼며 잠든다. • 낮잠 음악 「바흐의 칸타타 '양들은 한가로이 풀을 뜯고'」를 들으며 편안하게 낮잠을 잔다. • 휴식을 위한 일상적인 활동을 통해 신체의 피로를 회복하고 정서적으로 안정감을 갖는다.		
15:30~16:00 배변활동/ 손씻기 및 오후 간식	• 배변할 때 영아 스스로 옷을 내리고 올려볼 수 있도록 한다. • 배변한 후, 소매를 걷고 손을 씻는다.		
	겨울에 먹는 음식 이야기하며 먹어요. • 간식을 먹기 전, 손을 깨끗이 씻는다. • 겨울에 먹는 음식에 대해 이야기하며 먹는다. • 다 먹고 난 그릇을 스스로 정리한다.		
16:00~16:30 실외활동	(실외활동) 따뜻하게 옷 입고 산책해요. • 따뜻하게 옷을 입고 산책하는 것을 즐긴다. • 따뜻한 옷차림으로 몸을 보호하며 건강한 생활에 관심을 가진다.	영아 개별 외투, 장갑, 목도리 등	
	(대체활동) 목도리로 기차 놀이해요. • 목도리로 기차 놀이를 하며 몸을 움직인다. • 친구와 함께하는 놀이를 즐긴다.	목도리	
16:30~18:00 실내자유 놀이활동	• 오전 실내자유놀이활동의 내용을 바탕으로 영아가 원하는 영역에서 자유롭게 놀이한다.	각 영역별 교구	

영역	활동명	실행 여부	영역	활동명	실행 여부
신체	(대근육) 같은 음식 밟고 움직여요.		미술	색깔 점토로 겨울 음식을 만들어요.	
신체	(소근육) 따뜻한 외투 단추를 잠가 봐요.		음률	(음률/동작) 새노래 '코끼리와 거미줄'	
신체	(쌓기) 겨울 음식 블록을 쌓아 봐요.		탐색·조작	어떤 물건일까요?	
언어	(듣기/말하기/읽기/쓰기) 동화 '추운 겨울이 왔어요'		탐색·조작	친구와 함께 같은 겨울용품을 찾아요.	
언어	(듣기/말하기/읽기/쓰기) 친구와 함께 메뉴판을 살펴봐요.		쌓기·역할	(역할) 겨울 음식 가게 놀이해요.	

[안전교육/교통안전] 승강기, 자동계단을 조심해요.

18:00~19:30 통합보육 및 귀가지도	• 영아의 발달 상황 및 요구를 고려하여 통합 놀이한다. • 영아의 용모를 단정히 하여 귀가준비를 하고 보호자가 오면 귀가지도를 한다. • 하루 동안 영아가 어떻게 지냈는지, 어떤 놀이를 했는지에 대해 보호자에게 전달한다.	
하루평가		
전달사항		

〈만 3세반 일일 보육계획안 예시 및 연습〉

주 제	편리해진 도구	소 주 제	편리한 생활도구 종류 알아보기	
목 표	편리해진 생활도구의 종류를 알아본다.			
시 간	활 동 내 용		활동자료	실행 및 평가
~9:00 등원 및 맞이하기	내가 좋아하는 물건 보여주며 인사 나누기 · 내가 좋아하는 물건을 보여주며 인사 나눈다. · 자기 물건을 사물함에 정리한다.			

9:00~10:00 실내자유 선택활동

영역	활동명	실행 여부	영역	활동명	실행 여부
언어	(듣기/말하기/읽기/쓰기) 도구를 움직이는 힘		음률	수세미로 연주하기	
언어	(듣기/말하기/읽기/쓰기) 생활도구의 에너지		미술	재활용품 카메라 만들기	
수·조작	어떤 도구가 필요할까요?		미술	내가 사용하는 생활도구 콜라주	
수·조작	뚜껑을 닫아요.		역할	세탁소 놀이	
과학	절구에 넣고 찧어요.		쌓기	냉장고 구성하기	

영역	구분	내용	실행 및 평가
언어 영역	활 동 명	(듣기/말하기/읽기/쓰기) 도구를 움직이는 힘	
	활동목표 (내용범주)		
	창의인성 관련		
	활동방법		
	활 동 명	(듣기/말하기/읽기/쓰기) 생활도구의 에너지	
	활동목표 (내용범주)		
	창의인성 관련		
	활동방법		
수·조작 영역	활 동 명	어떤 도구가 필요할까요?	
	활동목표 (내용범주)		
	창의인성 관련		
	활동방법		
	활 동 명	뚜껑을 닫아요	
	활동목표 (내용범주)		
	창의인성 관련		
	활동방법		

	과학 영역	활 동 명	절구에 넣고 찧어요	
		활동목표 (내용범주)		
		창의인성 관련		
		활동방법		
	음률 영역	활 동 명	수세미로 연주하기	
		활동목표 (내용범주)		
		창의인성 관련		
		활동방법		
	미술 영역	활 동 명	내가 사용하는 생활도구 콜라주	
		활동목표 (내용범주)		
		창의인성 관련		
		활동방법		
	역할 놀이 영역	활 동 명	세탁소 놀이	
		활동목표 (내용범주)		
		창의인성 관련		
		활동방법		
	쌓기 놀이 영역	활 동 명	냉장고 구성하기	
		활동목표 (내용범주)		
		창의인성 관련		
		활동방법		
10:00~10:20 정리 정돈/ 손씻기 및 오전 간식	·놀잇감을 제자리에 분류하여 정리한다. ·손을 씻고 간식 먹을 준비를 한다. ·감사 인사를 한 후 간식을 먹는다.			
10:20~10:30 인사 나누기 및 일과계획	·교사와 유아는 반갑게 인사를 나누고 출결을 확인한다. ·활동명이 적힌 카드를 활동판에 순서대로 붙이며 오늘의 일과를 알아본다.			
10:30~11:00 기본생활 (인성교육)	활 동 명	나눔 : 망가진 물건을 고쳐서 사용해요		
	활동목표 (내용범주)			
	창의인성 관련			

	활동방법			
	유 의 점			
	확장활동			
11:00~12:00 실외활동	[실외활동]			
	활 동 명	쓱싹쓱싹 청소해요		
	활동목표 (내용범주)			
	창의인성 관련			
	활동방법			
	유 의 점			
	확장활동			
	[대체활동]			
	활 동 명	로봇 청소기가 되어요.		
	활동목표 (내용범주)			
	창의인성 관련			
	활동방법			
	유 의 점			
	확장활동			
12:00~12:10 정리 정돈	・실외활동 시 사용한 도구와 겉옷, 신발을 제자리에 정리한다. ・화장실에 다녀온 후 손을 씻는다.			
12:10~12:30 대・소그룹 활동	활 동 명	이야기 나누기 : 사람의 힘을 이용한 생활도구		
	활동목표 (내용범주)			
	창의인성 관련			
	활동방법			
	유 의 점	교사가 준비한 생활도구 실물을 유아가 사용할 경우 안전한 사용법을 알려준다.		
	확장활동	도구를 움직이는 다양한 힘(에너지)에 대해 알아본다.		
12:30~13:30 손씻기/ 점심 및 이닦기	음식을 만드는 데 필요한 도구 알아보고 식사하기 ・손을 깨끗이 씻고 배식을 받는다. ・감사 인사를 한 후 점심을 먹는다. ・음식을 만드는 데 필요한 도구를 알아보고 식사한다. ・식사 후 이를 깨끗이 닦는다.			
13:30~14:00 대・소그룹 활동 (특색교육)	활 동 명	생태 : 나무껍질을 만져요		
	활동목표 (내용범주)			

	창의인성 관련			
	활동방법			
	유 의 점			
	확장활동			
14:00~15:00 낮잠 및 휴식	베토벤의 '론도 카프리치오' • 화장실에 다녀온 후 손을 깨끗이 씻고 개인 침구를 준비한다. • 베토벤의 '론도 카프리치오'를 들으며 낮잠을 잔다.			
15:00~15:10 정리 정돈	• 자신이 사용한 이부자리를 정리한다. • 화장실에 다녀온 후 손을 씻는다.			
15:10~15:30 실외활동	(실외활동) 쓱싹쓱싹 청소해요 (대체활동) 로봇 청소기가 되어요			
15:30~16:00 손씻기 및 오후 간식	• 손을 씻고 간식 먹을 준비를 한다. • 감사 인사를 한 후 간식을 먹는다.			
16:00~16:20 신체	활동명	신체 : 믹서기 안에 바나나가 움직여요		
	활동목표(내용범주)			
	창의인성 관련			
	활동방법			
	유의점			
	확장활동			
16:20~18:00 실내자유 선택활동	• 오전에 계획된 자유선택활동을 하거나 연계 및 확장활동을 한다.		각 영역별 교구	

영역	활동명	실행 여부	영역	활동명	실행 여부
언어	(듣기/말하기/읽기/쓰기) 도구를 움직이는 힘		음률	수세미로 연주하기	
	(듣기/말하기/읽기/쓰기) 생활도구의 에너지		미술	재활용품 카메라 만들기	
수 · 조작	어떤 도구가 필요할까요?			내가 사용하는 생활도구 콜라주	
	뚜껑을 닫아요.		역할	세탁소 놀이	
과학	절구에 넣고 찧어요.		쌓기	냉장고 구성하기	

18:00~19:30 일과평가 및 귀가	• 오늘의 일과를 회상하며 평가한다. • 자유롭게 놀이하다가 보호자가 오는 대로 귀가한다.	
하루평가		
전달사항		

〈만 4세반 일일 보육계획안 예시 및 연습〉

<table>
<tr><th>주 제</th><td colspan="3">미디어와 미래의 생활도구</td><th>소 주 제</th><td colspan="2">주변의 미디어 찾아보기</td></tr>
<tr><th>목 표</th><td colspan="6">주변에서 경험할 수 있는 다양한 미디어를 찾아본다.</td></tr>
<tr><th>시 간</th><th colspan="4">활 동 내 용</th><th>활동자료</th><th>실행 및 평가</th></tr>
<tr><td>~9:00
등원 및 맞이하기</td><td colspan="4">내가 어른이 되었을 때 어떤 생활도구가 필요할지 상상하며 인사 나누기
• 내가 어른이 되었을 때 어떤 생활도구가 필요할지 상상하며 인사 나눈다.
• 자기 물건을 사물함에 정리한다.</td><td></td><td></td></tr>
</table>

9:00~10:00 실내자유 선택활동

영역	활동명	실행 여부	영역	활동명	실행 여부
언어	(듣기/말하기/읽기/쓰기) 만화 만들기		음률	전자피아노 탐색하기	
언어	(듣기/말하기/읽기/쓰기) 자연물과 발명품		미술	미디어제품 오브제	
수·조작	광고지 퍼즐 맞추기		역할	요리 프로그램 촬영 놀이	
수·조작	부모님께 전화를 걸어요.		쌓기	방송국 무대 만들기	
과학	컴퓨터와 프린터기 관찰하기		쌓기	새로운 미디어제품 구성하기	

<table>
<tr><td rowspan="8">언어 영역</td><th>활 동 명</th><td>(듣기/말하기/읽기/쓰기) 만화 만들기</td><td rowspan="4"></td></tr>
<tr><th>활동목표
(내용범주)</th><td></td></tr>
<tr><th>창의인성
관련</th><td></td></tr>
<tr><th>활동방법</th><td></td></tr>
<tr><th>활 동 명</th><td>(듣기/말하기/읽기/쓰기) 자연물과 발명품</td><td rowspan="4"></td></tr>
<tr><th>활동목표
(내용범주)</th><td></td></tr>
<tr><th>창의인성
관련</th><td></td></tr>
<tr><th>활동방법</th><td></td></tr>
<tr><td rowspan="8">수·조작 영역</td><th>활 동 명</th><td>광고지 퍼즐 맞추기</td><td rowspan="4"></td></tr>
<tr><th>활동목표
(내용범주)</th><td></td></tr>
<tr><th>창의인성
관련</th><td></td></tr>
<tr><th>활동방법</th><td></td></tr>
<tr><th>활 동 명</th><td>부모님께 전화를 걸어요.</td><td rowspan="4"></td></tr>
<tr><th>활동목표
(내용범주)</th><td></td></tr>
<tr><th>창의인성
관련</th><td></td></tr>
<tr><th>활동방법</th><td></td></tr>
</table>

<table>
<tr><td rowspan="20"></td><td rowspan="4">과학 영역</td><td>활 동 명</td><td colspan="2">컴퓨터와 프린터기 관찰하기</td><td rowspan="4"></td></tr>
<tr><td>활동목표
(내용범주)</td><td colspan="2"></td></tr>
<tr><td>창의인성
관련</td><td colspan="2"></td></tr>
<tr><td>활동방법</td><td colspan="2"></td></tr>
<tr><td rowspan="4">음률 영역</td><td>활 동 명</td><td colspan="2">전자피아노 탐색하기</td><td rowspan="4"></td></tr>
<tr><td>활동목표
(내용범주)</td><td colspan="2"></td></tr>
<tr><td>창의인성
권련</td><td colspan="2"></td></tr>
<tr><td>활동방법</td><td colspan="2"></td></tr>
<tr><td rowspan="4">미술 영역</td><td>활 동 명</td><td colspan="2">미디어제품 오브제</td><td rowspan="4"></td></tr>
<tr><td>활동목표
(내용범주)</td><td colspan="2"></td></tr>
<tr><td>창의인성
관련</td><td colspan="2"></td></tr>
<tr><td>활동방법</td><td colspan="2"></td></tr>
<tr><td rowspan="4">역할 놀이 영역</td><td>활 동 명</td><td colspan="2">요리 프로그램 촬영 놀이</td><td rowspan="4"></td></tr>
<tr><td>활동목표
(내용범주)</td><td colspan="2"></td></tr>
<tr><td>창의인성
관련</td><td colspan="2"></td></tr>
<tr><td>활동방법</td><td colspan="2"></td></tr>
<tr><td rowspan="4">쌓기 놀이 영역</td><td>활 동 명</td><td colspan="2">방송국 무대 만들기</td><td rowspan="4"></td></tr>
<tr><td>활동목표
(내용범주)</td><td colspan="2"></td></tr>
<tr><td>창의인성
관련</td><td colspan="2"></td></tr>
<tr><td>활동방법</td><td colspan="2"></td></tr>
<tr><td>10:00~10:20
정리 정돈/
손씻기 및 오전
간식</td><td colspan="3">• 놀잇감을 제자리에 분류하여 정리한다.
• 손을 씻고 간식 먹을 준비를 한다.
• 감사 인사를 한 후 간식을 먹는다.</td><td></td><td></td></tr>
<tr><td>10:20~10:30
인사 나누기 및
일과계획</td><td colspan="3">• 교사와 유아는 반갑게 인사를 나누고 출결을 확인한다.
• 활동명이 적힌 카드를 활동판에 순서대로 붙이며 오늘의 일과를 알아본다.</td><td></td><td></td></tr>
<tr><td rowspan="3">10:30~11:00
기본생활
(인성교육)</td><td>활 동 명</td><td colspan="2">질서 : 컴퓨터와 텔레비전을 바르게 사용해요.</td><td rowspan="3"></td><td rowspan="3"></td></tr>
<tr><td>활동목표
(내용범주)</td><td colspan="2"></td></tr>
<tr><td>창의인성
관련</td><td colspan="2"></td></tr>
</table>

<table>
<tr><td rowspan="3"></td><td>활동방법</td><td></td><td rowspan="3"></td><td rowspan="3"></td></tr>
<tr><td>유 의 점</td><td></td></tr>
<tr><td>확장활동</td><td></td></tr>
<tr><td>11:00~12:00
실외활동</td><td colspan="2">[실외활동]
활 동 명: 우리 반 실외활동 소개 영상 만들기
활동목표(내용범주):
창의인성 관련:
활동방법:
유 의 점:
확장활동:

[대체활동]
활 동 명: 로봇은 내친구
활동목표(내용범주):
창의인성 관련:
활동방법:
유 의 점:
확장활동:</td><td></td><td></td></tr>
<tr><td>12:00~12:10
정리 정돈</td><td colspan="2">• 실외활동 시 사용한 도구와 겉옷, 신발을 제자리에 정리한다.
• 화장실에 다녀온 후 손을 씻는다.</td><td></td><td></td></tr>
<tr><td rowspan="6">12:10~12:30
대 · 소그룹 활동</td><td>활 동 명</td><td>이야기 나누기 : 주말에 경험한 미디어 소개하기</td><td rowspan="4"></td><td rowspan="4"></td></tr>
<tr><td>활동목표
(내용범주)</td><td></td></tr>
<tr><td>창의인성
관련</td><td></td></tr>
<tr><td>활동방법</td><td></td></tr>
<tr><td>유 의 점</td><td></td><td></td><td></td></tr>
<tr><td>확장활동</td><td></td><td></td><td></td></tr>
<tr><td>12:30~13:30
손씻기/
점심 및
이닦기</td><td colspan="2">젓가락질을 바르게 하기
• 손을 깨끗이 씻고 배식을 받는다.
• 감사 인사를 한 후 점심을 먹는다.
• 젓가락질을 바르게 한다.
• 식사 후 이를 깨끗이 닦는다.</td><td></td><td></td></tr>
<tr><td rowspan="2">13:30~14:00
대 · 소그룹
활동
(특색교육)</td><td>활 동 명</td><td>생태 : 눈 물감으로 그림 그려요.</td><td rowspan="2"></td><td rowspan="2"></td></tr>
<tr><td>활동목표
(내용범주)</td><td></td></tr>
</table>

	창의인성 관련			
	활동방법			
	유 의 점			
	확장활동			
14:00~15:00 낮잠 및 휴식				
15:00~15:10 정리 정돈				
15:10~15:30 실외활동	(실외활동) 우리반 실외활동 소개 영상 만들기 (대체활동) 로봇은 내친구			
15:30~16:00 손씻기 및 오후 간식				
16:00~16:20 신체	활동명	신체 :		
	활동목표 (내용범주)			
	창의인성 관련			
	활동방법			
	유의점			
	확장활동			
16:20~18:00 실내자유 선택활동	• 오전에 계획된 자유선택활동을 하거나 연계 및 확장활동을 한다.		각 영역별 교구	

영역	활동명	실행 여부	영역	활동명	실행 여부
언어	(듣기/말하기/읽기/쓰기) 만화 만들기		음률	전자피아노 탐색하기	
언어	(듣기/말하기/읽기/쓰기) 자연물과 발명품		미술	미디어제품 오브제	
수 · 조작	광고지 퍼즐 맞추기		역할	요리 프로그램 촬영 놀이	
수 · 조작	부모님께 전화를 걸어요.		쌓기	방송국 무대 만들기	
과학	컴퓨터와 프린터기 관찰하기		쌓기	새로운 미디어제품 구성하기	

18:00~19:30 일과평가 및 귀가	• 오늘의 일과를 회상하며 평가한다. • 자유롭게 놀이하다가 보호자가 오는 대로 귀가한다.	
하루평가		
전달사항		

〈만 5세반 일일 보육계획안 예시 및 연습〉

주 제	설 날	소 주 제	뜻깊은 설날 보내기
목 표	① 설날을 뜻깊게 보내는 방법을 안다. ② 설날의 의미를 살려 즐겁게 지낸다.		

시 간	활 동 내 용	활동자료	실행 및 평가
~9:00 등원 및 맞이하기	친구와 설날에 만나고 싶은 친척에 대해 이야기해요. 활 동 명 : 친구와 설날에 만나고 싶은 친척에 대해 이야기해요. 활동목표(내용범주) : 친구의 이야기를 귀기울여 듣고 대답할 수 있다. (의사소통 〉 말하기 〉 낱말과 문장으로 말하기) (의사소통 〉 듣기 〉 바른 태도로 듣기) 활동방법 : 1. 가방을 스스로 정리하고 친구와 반갑게 인사한다. - 안녕하세요. ㅇㅇ이 왔어요? - 가방을 혼자 사물함에 정리할 수 있나요? - 반에 누가 있는지 볼까요? 친구와 반갑게 인사해 보자! 2. 친구와 설날에 만나고 싶은 친척에 대해 이야기 나눈다. - 여러분 내일이 무슨 날일까요? - 시골에 가면 누가 있지요? - 내일 시골에 가면 누구를 만나고 싶나요? - ㅇㅇ이는 사촌언니가 보고 싶었구나. - △△이는 할머니 보는 날만 기다렸구나~	개별 가방, 수저, 투약의뢰서	

9:00~10:00 실내자유 선택활동

영역	활동명	실행 여부	영역	활동명	실행 여부
언어	(듣기/말하기/읽기/쓰기) 새해 덕담 녹음하기		음률	(동작) 장구춤과 소고춤	
언어	(듣기/말하기/읽기/쓰기) '한 살 더 먹으니' 동시짓기		미술	복주머니 접기	
수·조작	설날 퍼즐		미술	새해 덕담 POP	
수·조작	새뱃돈을 모아요		역할	세배 놀이	
과학	세계 여러 나라의 설날 조사하기		쌓기	한복가게 구성하기	

언어 영역		
	활 동 명	(듣기/말하기/읽기/쓰기) 새해 덕담 녹음하기
	활동목표 (내용범주)	
	창의인성 관련	

	활동방법		
	활 동 명	(듣기/말하기/읽기/쓰기) '한 살 더 먹으니' 동시짓기	'한 살 더 먹으니' 활동지, 연필, 지우개, 색연필
	활동목표 (내용범주)	① 한 살 더 먹고 할 수 있는 일에 대해 이야기 나눈다. (의사소통>듣기>이야기 듣고 이해하기) (의사소통>말하기>낱말과 문장으로 말하기) ② '한 살 더 먹으니' 동시를 지어서 적고 읽어 본다. (의사소통>읽기>읽기에 흥미 가지기) (의사소통>쓰기>쓰기에 관심 가지기)	
	창의인성 관련		
	활동방법	① 한 살 더 먹은 나의 모습을 생각해 본다. - 내가 한 살 더 먹고 난 후에 어떤 모습이 되었는지 생각해 볼까요? - 한 살 더 먹고 할 수 있게 된 일은 무엇인가요? ② '한 살 더 먹으니' 동시를 지어 본다. - '한 살 더 먹으니'라는 제목으로 동시를 지어 볼까요? - 또 어떤 말을 넣어 볼 수 있을까요? ③ '한 살 더 먹으니' 활동지에 동시를 지어 적는다. ④ '한 살 더 먹으니' 동시를 읽어 본다. - 우리가 만든 한 살 더 먹으니 어떤 모습이 되었는지 동시를 읽어 볼까요? ⑤ 활동 후 평가한다. - '한 살 더 먹으니'라는 내용으로 우리 생각을 글로 만들어 보았어요. - 어떤 부분이 마음에 드나요? - 더 넣고 싶은 내용이 있나요? - 바꿔보고 싶은 곳은 어디인가요?	
수· 조작 영역	활 동 명	설날 퍼즐	'설날 퍼즐' 그림자료
	활동목표 (내용범주)	① 설날과 관련된 물건 퍼즐을 맞추며 부분과 전체의 관계를 안다. (자연탐구>수학적 탐구하기>공간과 도형의 기초개념 알아보기) ② 퍼즐을 맞추며 소근육 조절능력을 기른다. (신체운동 · 건강>신체조절과 기본운동하기>신체조절하기) ③ 설날과 연관된 것에 관심을 가진다. (사회관계>사회에 관심 갖기>우리나라에 관심 갖고 이해하기)	
	창의인성 관련		
	활동방법	① 퍼즐판을 탐색한다. - 무엇이 있나요? - 떡국은 언제 먹는 음식인가요? - 한복은 주로 언제 입나요? ② 퍼즐판을 선택한 후 퍼즐 조각을 맞춰 본다. - 퍼즐판의 어디부터 맞추면 쉬울까요? ③ 친구와 함께 다양한 방법으로 퍼즐을 맞춰 본다. - 친구와 함께 퍼즐 맞추기 시합을 해 볼까요? - 가위바위보를 해서 이긴 사람부터 퍼즐 조각을 가지고 가서 맞춰 볼까요? - 또 어떻게 맞춰볼 수 있을까요? ④ 활동을 마친 후 평가한다.	

<table>
<tr><td rowspan="5"></td><td></td><td>- 설날과 관련된 물건 퍼즐을 맞추는 놀이를 해 보았어요.
- 어떤 것이 기억에 남나요?
- 다음에는 어떤 퍼즐을 맞춰 보고 싶나요?</td><td></td></tr>
<tr><td>활 동 명</td><td>새뱃돈을 모아요</td><td rowspan="4"></td></tr>
<tr><td>활동목표
(내용범주)</td><td></td></tr>
<tr><td>창의인성
관련</td><td></td></tr>
<tr><td>활동방법</td><td></td></tr>
<tr><td rowspan="5">과학
영역</td><td>활 동 명</td><td>세계 여러 나라의 설날 조사하기</td><td rowspan="5">세계 여러 나라의 설날 모습 사진, 인터넷이 연결된 컴퓨터, 종이, 쓰기 도구</td></tr>
<tr><td>활동목표
(내용범주)</td><td>① 세계 여러 나라의 설날에 대해 조사한다.
(사회관계>사회에 관심 갖기>세계와 여러 문화에 관심 가지기)
(자연탐구>탐구하는 태도 기르기>탐구과정 즐기기)
② 우리나라와 다른 나라 설날의 같은 점과 다른 점을 비교해 본다.
(자연탐구>수학적 탐구하기>기초적인 자료 수집과 결과 나타내기)</td></tr>
<tr><td>창의인성
관련</td><td></td></tr>
<tr><td>사전준비</td><td>세계 여러 나라의 설날 모습 사진을 인터넷으로 찾아 인쇄하여 벽면에 붙인다.</td></tr>
<tr><td>활동방법</td><td>① 세계 여러 나라의 설날에 대해 인터넷으로 찾아 조사한다.
- 우리나라에 설날이 있는 것처럼 다른 나라에도 설날이 있을까요?
- 설날이 있다면 우리와 어떤 점이 같을까요(다를까요)?
② 다른 나라의 설날에 대해 조사한 것을 기록한다.
- 인도는 설날에 무엇을 하나요?
- 멕시코는 설날에 어떻게 소원을 비나요?
- 헝가리에서는 어떻게 설날을 보낼까요?
- 이스라엘에서는 서로 행운의 덕담을 하면서 꿀에 담근 사과나 대추야자, 사탕무를 먹는다고 해요.
- 다른 나라의 설날에 대해 내가 조사한 것을 적어 볼까요?

〈다른 나라의 설날〉
1) 인도 : 죽을 끓여 한 해의 길흉을 점친다.
2) 멕시코 : 1월 1일 직전 자정에 12개의 포도알을 먹으며 소원을 빈다.
3) 헝가리 : 설날 점심에 콩을 넣은 음식을 먹으며 부자가 되길 기원한다.
4) 이스라엘 : 서로 행운의 덕담을 하면서 꿀에 담근 사과, 대추야자, 사탕무 등을 먹는다.
5) 러시아 : 귀밝이 술을 마시며 한 해의 안녕을 기원한다.
6) 이란 : 풍요나 건강을 상징하는 음식을 먹는다.

③ 우리나라와 세계 여러 나라 설날의 같은 점과 다른 점을 알아본다.
- 우리나라와 설날의 모습이 비슷한 나라는 어디였나요?
- 우리나라와 다른 모습은 무엇이었나요?
④ 활동을 마친 후 평가한다.</td></tr>
</table>

영역	구분	내용	자료
		- 세계 여러 나라의 설날을 알아보았어요. - 어떤 것이 기억에 남나요? - 또 어떤 나라의 설날을 알아보고 싶나요?	
음률영역	활 동 명	(동작) 장구춤과 소고춤	장구춤 그림자료, 장구춤과 소고춤 동영상, 장구, 소고, 우리나라 전통음악
	활동목표 (내용범주)	① 퍼즐판을 탐색한다. - 무엇이 있나요? - 떡국은 언제 먹는 음식인가요? - 한복은 주로 언제 입나요? ② 퍼즐판을 선택한 후 퍼즐 조각을 맞춰 본다. - 퍼즐판의 어디부터 맞추면 쉬울까요? ③ 친구와 함께 다양한 방법으로 퍼즐을 맞춰 본다. - 친구와 함께 퍼즐 맞추기 시합을 해 볼까요? - 가위바위보를 해서 이긴 사람부터 퍼즐 조각을 가지고 가서 맞춰 볼까요? - 또 어떻게 맞춰 볼 수 있을까요? ④ 활동을 마친 후 평가한다. - 설날과 관련된 물건 퍼즐을 맞추는 놀이를 해 보았어요. - 어떤 것이 기억에 남나요? - 다음에는 어떤 퍼즐을 맞춰 보고 싶나요?	
	창의인성 관련		
	활동방법	① 장구춤 그림자료를 살펴본다. - 무엇을 하고 있나요? - 장구춤을 춰본 적이 있나요? ② 장구춤, 소고춤 동영상을 감상한다. - 장구와 소고로 춤을 추는 것을 보니 어떤가요? - 우리도 함께 해볼까요? ③ 악기를 선택한 후 노래에 맞춰 춤을 춰 본다. - 어떤 노래에 맞춰 춤을 춰 볼까요? - 장단을 치며 몸을 움직여 볼까요? ④ 활동을 마친 후 평가한다. - 장구와 소고로 우리나라 악기를 이용한 춤을 춰 보았어요. - 어떤 것이 가장 재미있었나요? - 다음에 악기 춤을 춘다면 어떤 악기를 이용해서 추고 싶나요?	
미술영역	활 동 명	복주머니 접기	
	활동목표 (내용범주)	① 복주머니를 접으며 소근육 조절능력을 기른다. (신체운동 · 건강>신체 인식하기>감각능력 기르고 활용하기) ② 복주머니에 담긴 의미를 안다. (사회관계>사회에 관심 갖기>우리나라에 관심 갖고 이해하기)	'복주머니 접기' 활동지, 복주머니, 전통문양 색종이, 미니색종이, 지끈, 모양 펀치, 색연필, 가위, 풀
	창의인성 관련		
	활동방법	① 복주머니를 보며 이야기 나눈다. - 이것을 본 적이 있나요? - 이것은 복주머니예요. - 복주머니에 무엇을 담아 보았나요? ② 활동자료를 탐색한다. - 무엇이 있나요?	

		- 색종이로 복주머니를 접어 보려고 해요. - 종이접기 순서도를 보고 복주머니를 접어 볼까요? 1) 전통문양 색종이를 이용하여 복주머니를 접는다. 2) 미니 색종이를 이용하여 딱지 접기를 한다. 3) 1)의 중앙에 2)를 붙인다. 4) 지끈을 복주머니 입구의 양쪽에 붙여 고리를 만든다. ③ 복주머니를 접는다. - 복주머니를 만들어 볼까요? - 딱지를 접어 복주머니에 붙여 줄까요? ④ 다양한 재료로 복주머니를 만든다. - 지끈으로 고리를 만들어 볼까요? - 모양 펀치로 여러 가지 모양의 종이를 만들어 복주머니에 붙여도 좋아요. ⑤ 활동지에 복주머니를 붙인다. ⑥ 활동을 마친 후 평가한다. - 복주머니를 만들어 보았어요. - 복주머니를 직접 만들어 보니 어떤 느낌이었나요?	
역할 놀이 영역	활 동 명	세배 놀이	한복과 장신구, 병풍, 방석
	활동목표 (내용범주)	① 역할을 나눠 세배 놀이를 한다. (예술경험>예술적 표현하기>극 놀이로 표현하기) ② 세배하는 방법을 알고 직접해 본다. (사회관계>사회에 관심 갖기>우리나라에 관심 갖고 이해하기)	
	창의인성 관련		
	활동방법	① 세배하는 방법을 회상해 본다. - 설날에 세배하는 모습을 떠올려 볼까요? - 세배를 직접해 볼까요? ② 세배하는 방법에 따라 직접 세배를 해 본다. - 남자 친구들의 세배방법을 알아볼까요? - 여자 친구들은 어떻게 세배를 할까요? ③ 친구와 함께 세배 놀이를 한다. - 세배 놀이를 해 보려고 해요. - 세배를 하는 사람과 세배를 받는 사람을 나눠 볼까요? - 세배를 하는 사람은 무엇이라고 말하면서 세배를 하면 좋을까요? - 세배를 받는 사람은 세배를 한 사람에게 어떤 이야기를 해 주면 좋을까요? ④ 역할을 바꾸어서 활동해 본다. ⑤ 활동을 마친 후 평가한다. - 세배 놀이를 해 보았어요. - 세배 놀이를 해 보니 어떤 점이 재미있었나요? - 또 누구와 놀이해 보고 싶나요? (한복과 장신구, 병풍, 방석)	

<table>
<tr><td rowspan="4"></td><td rowspan="4">쌓기
놀이
영역</td><td>활 동 명</td><td>한복가게 구성하기</td><td rowspan="4">전통색지로 싼 벽돌 블록, 한복, 장신구 소품, 꾸미기 재료, 종이, 그리기 도구, 가위, 풀</td></tr>
<tr><td>활동목표
(내용범주)</td><td>① 블록, 소품을 활용하여 한복가게를 만들어 본다.
(자연탐구>수학적 탐구하기>공간과 도형의 기초개념 이해하기)
② 한복가게에 관심을 가진다.
(사회관계>사회에 관심 갖기>지역사회에 관심 갖고 이해하기)</td></tr>
<tr><td>창의인성
관련</td><td></td></tr>
<tr><td>활동방법</td><td>① 한복가게에 대한 경험을 이야기 나눈다.
- 한복가게에 가 본 적이 있나요?
- 언제 가 보았나요?
- 무엇이 있었나요?
② 내가 만들고 싶은 한복가게를 생각해 본다.
- 내가 만들고 싶은 한복가게는 어떤 모습인가요?
- 직접 종이에 그려 볼까요?
③ 블록, 소품 등으로 한복가게를 만든다.
- 한복가게를 어떤 모양으로 만들어 볼까요?
- 종이컵으로 기와집 모양을 만들면 어떨까요?
- 한복가게 문은 어디에 만들까요?
- 한복은 어디에서 고를 수 있나요?
- 한복을 갈아입을 수 있는 장소는 어디로 할까요?
- 한복가게 간판은 어떻게 만들어 볼까요?
④ 활동을 마친 후 평가한다.
- 한복가게를 만들어 보았어요.
- 어떻게 만들었나요?
- 한복가게를 만들어 보니 어떤 것에 관심이 생겼나요?
(전통색지로 싼 벽돌 블록, 한복, 장신구 소품, 꾸미기 재료, 종이, 그리기 도구, 가위, 풀)</td></tr>
<tr><td>10:00~10:20
정리 정돈/
손씻기 및 오전
간식</td><td colspan="3">활 동 명 : (일상생활) 화장실 사용하는 규칙을 알고 청결하게 사용해요
활동목표(내용범주) :
1. 스스로 놀잇감을 제자리에 정리한다.
(사회관계〉다른 사람과 더불어 생활하기〉 사회적 가치를 알고 지키기)
2. 화장실 사용 규칙을 안다.
(자연탐구〉 수학적 탐구하기〉 규칙성 이해하기)
3. 공공시설을 청결하게 사용하는 태도를 기른다.
(사회관계〉다른 사람과 더불어 생활하기〉사회적 가치를 알고 지키기)
활동방법 :
1. 스스로 놀잇감을 정리해 본다.
- 놀이하는 시간이 끝났어요. 이제 무엇을 해야 할까요?
- ㅇㅇ이는 친구가 놀이한 것도 정리해 주었구나. 훌륭해요~
2. 화장실 사용 규칙에 대해 이야기해 본다.
- 화장실에 갈 때에는 어떻게 해야 할까요?
- 친구를 밀치지 않고 차례로 줄을 서서 가야 하지요~
- 화장실 안에서 지켜야 할 규칙이 뭐가 있을까요?
3. 화장실을 청결하게 사용하는 방법을 알고 사용한다.
- 차례차례 줄서서 화장실에 갔다 올 수 있나요?
- 화장실에서 볼일을 보고 난 후 어떻게 해야 할까요?
- 다음 친구를 위해 변기물을 꼭 내려야 해요!</td><td>간식, 간식접시, 포크 및 수저, 정리쟁반 ,물티슈</td><td></td></tr>
</table>

<table>
<tr><td></td><td colspan="2">- 손을 씻고 나서는 어떻게 해야 할까요?
- 그래요. 물기를 제거하기 위해 마른 수건으로 닦아야 해요!</td><td></td><td></td></tr>
<tr><td>10:20~10:30
인사 나누기 및
일과계획</td><td colspan="2">• 교사와 유아는 반갑게 인사를 나누고 출결을 확인한다.
• 활동명이 적힌 카드를 활동판에 순서대로 붙이며 오늘의 일과를 알아본다.</td><td></td><td></td></tr>
<tr><td rowspan="4">10:30~11:00
안전교육</td><td>활 동 명</td><td>소방안전 : 고마운 소방서</td><td rowspan="4">'천하무적 119 아저씨' 안전 동요 및 플래시, '고마운 소방서' 플래시, 소방관이 하는 일 안전 그림자료</td><td rowspan="4"></td></tr>
<tr><td>활동목표
(내용범주)</td><td>① 소방서의 다양한 기능을 안다.
(사회관계>사회에 관심 갖기>지역사회에 관심 갖고 이해하기)
② 소방관에게 감사하는 마음을 갖는다.
(사회관계>다른 사람과 더불어 생활하기>공동체에서 화목하게 지내기)</td></tr>
<tr><td>창의인성
관련</td><td></td></tr>
<tr><td>활동방법</td><td>〈도입〉
① '천하무적 119 아저씨' 안전 동요 플래시를 시청하며 따라 부른다.
- 노래를 함께 불러 보았나요?
- 노래에서 어떤 이야기가 나왔나요?
- 소방서에 가본 경험이 있나요?
- 소방관의 모습을 본 적이 있나요? 어떤 모습이었나요?
- 길을 가다가 소방서 구급차를 본 적이 있나요?
〈전개〉
① 안전보육자료를 보며 소방관이 하는 일에 대해 알아본다.
- 소방관은 어떤 일을 할까요?
- 소방관이 어떤 일을 하는지 그림을 함께 볼까요?
- 불이 나면 소방관이 하는 일은 무엇일까요?
- 불을 끄고 불이 난 곳에 갇힌 사람들을 구출해 주는 모습이 보여요.
- 또 소방관은 어떤 일을 할까요?
- 소방관이 구급차에 아픈 사람을 태우고 있어요.
- 어떤 일이 벌어진 걸까요?
② '고마운 소방서' 플래시를 시청한다.
- 소방서에서 소방관이 어떤 일을 하는지 동영상으로 함께 살펴볼까요?
③ 플래시를 회상하며 소방관에게 감사한 마음을 갖기로 한다.
- 소방서에서 어떤 일을 하였나요?
- 만약에 우리 동네에 소방서가 없다면 어떤 일이 일어날까요?
- 소방관이 없다면 어떨까요?
- 위험을 무릅쓰고 우리를 돕는 소방관에게 감사한 마음을 갖기로 해요.
〈마무리〉
① 소방관에 대한 고마운 마음을 글이나 그림으로 표현하여 편지를 쓴다.
- 소방서에서 일하시는 소방관께 감사한 마음을 어떻게 표현할 수 있을까요?
- 함께 편지를 써서 전해 드릴까요?
- 우리가 생각했던 고마움을 잘 표현해서 편지로 전해 보도록 해요.</td></tr>
</table>

	유 의 점	① 소방서에 장난 전화를 하거나 불장난을 해서 불을 일으키는 것이 소방관에게 어려움을 줄 수 있음을 함께 이야기 나눈다. ② 양성평등 의식 함양을 위해 소방관이 남자만 하는 일이 아니라는 것을 기억하고 이야기 나눈다.		
	확장활동			
11:00~12:00 실외활동	[실외활동]			
	활 동 명	연날리기	연 날리는 모습 동영상, 다양한 연	
	활동목표 (내용범주)	① 소방서에 장난 전화를 하거나 불장난을 해서 불을 일으키는 것이 소방관에게 어려움을 줄 수 있음을 함께 이야기 나눈다. ② 양성평등 의식 함양을 위해 소방관이 남자만 하는 일이 아니라는 것을 기억하고 이야기 나눈다.		
	창의인성 관련			
	활동방법	〈도입〉 ① 연날리기 동영상을 보며 이야기 나눈다. - 이 놀이는 무슨 놀이일까요? - 연날리기를 해 본 적이 있나요? - 연날리기는 어떻게 하는 놀이일까요? 〈전개〉 ① 다양한 연을 탐색한다. - 어떤 모양의 연이 있나요? - 내가 연날리기를 한다면 어떤 연을 날려 보고 싶나요? ② 연날리기 시합을 해 본다. - 누구의 연이 가장 멀리 날아갈 것 같나요? - 왜 그렇게 생각했나요? - 친구와 함께 연날리기 시합을 시작해 볼까요? ③ '연날리기' 노래를 부르며 다 함께 연날리기를 해 본다. - ♬ 에헤야 디야 바람 분다 연을 날려 보자 에헤야 디야 잘도 난다 저 하늘 높이 난다 ♬ 〈마무리〉 ① 활동을 마친 후 평가한다. - 연날리기를 해 보니 어땠나요? - 어떻게 연날리기를 하니 연이 잘 날아갔나요? - 다음에는 어떤 연을 날려 보고 싶나요?		
	유 의 점	연을 안전하게 날리는 방법을 알아본다.		
	확장활동	미술 영역에서 직접 연을 만들어 본다.		
	[대체활동]		엉덩이 씨름하는 모습 사진, 전래동요 음악, 신호 악기	
	활 동 명	엉덩이 씨름		
	활동목표 (내용범주)	① 다리의 균형과 엉덩이의 힘을 이용하며 씨름을 한다.		

	(신체운동 · 건강>신체 인식하기>신체를 인식하고 움직이기) ② 친구와 함께 엉덩이 씨름활동에 즐겁게 참여한다. (사회관계>다른 사람과 더불어 생활하기>친구와 사이좋게 지내기)
창의인성 관련	
사전준비	엉덩이 씨름하는 유아들의 모습을 사진으로 찍어 인쇄하여 활동자료로 준비한다.
활동방법	도입〉 ① 엉덩이 씨름하는 모습 사진을 가리고 부분 그림을 보여주며 주의 집중을 한다. - 어떤 사진이 숨어 있을까요? - 사진을 살짝 열어 볼까요? 무엇인 것 같나요? - 사진을 좀 더 열어 볼까요? (사진을 조금씩 열어 보여주며 수수께끼 낸다) - (사진 전체 모습을 보며) 사진 속 친구들이 무엇을 하고 있는 것 같나요? - 이 놀이의 이름은 무엇일 것 같나요? - 어떻게 하는 놀이인 것 같나요? 〈전개〉 ① 엉덩이 씨름을 소개한다. - 엉덩이 씨름은 어떻게 하는 것일까요? - 엉덩이 씨름하는 방법을 알아볼까요? ② 유아를 두 팀으로 나눈다. ③ 팀에서 한 명씩 나와 시범을 보인다. ④ 엉덩이 씨름 시 약속을 정한다. - 엉덩이 씨름을 할 때 어떻게 밀어야 할까요? - 엉덩이가 아닌 손을 쓰거나 다리를 쓰게 되면 어떻게 할까요? ⑤ 엉덩이 씨름을 한다. 1) 양손을 팔 깍지 끼어서 다리 사이에 넣고 앉는다. 2) 교사가 신호 악기를 울리면 몸과 엉덩이로만 밀어 상대를 넘어뜨린다. 3) 노래 한 곡이 끝날 때까지 결과가 나오지 않으면 무승부로 한다. 〈마무리〉 ① 활동을 마친 후 평가한다. - 엉덩이 씨름을 해 보았는데 어땠나요? - 어떤 점이 재미있었나요?

시간	구분	내용	자료	비고
		- 어떤 점이 어려웠나요? - 다음에는 어떻게 놀이해 보고 싶나요?		
	유 의 점	게임영역을 그려주어 선을 넘었을 경우에 놀이를 종료하도록 한다.		
	확장활동	팔씨름 등 씨름 놀이를 하는 다양한 방법을 알아보고 놀이해 본다.		
12:00~12:10 정리 정돈		• 실외활동 시 사용한 도구와 겉옷, 신발을 제자리에 정리한다. • 화장실에 다녀온 후 손을 씻는다.		
12:10~2:30 대 · 소그룹 활동	활 동 명	초등연계 : 설날에 하고 싶은 일 (국어)	종이, 쓰기 도구	
	활동목표 (내용범주)	① 설날에 하고 싶은 일을 듣고 말한다. (의사소통>듣기>이야기 듣고 이해하기) (의사소통>말하기>느낌, 생각, 경험 말하기) ② 자기 생각을 간단한 문장으로 적는다. (의사소통>쓰기>쓰기에 관심 가지기)		
	창의인성 관련			
	활동방법	〈도입〉 ① '설날' 노래를 부르며 모인다. - ♬ 까치 까치 설날은 어저께고요 우리 우리 설날은 오늘이래요 ♬ 〈전개〉 ① 설날에 하고 싶은 일에 대해 말해 본다. - 다가오는 설날에 무엇을 하고 싶나요? - 왜 설날에 ○○○를 하고 싶나요? ② 설날에 하고 싶은 일을 적어 본다. - 설날에 하고 싶은 일을 적어 볼까요? - 설날에 하고 싶은 일을 적고 실천했는지 표시하는 계획표를 만들어 볼까요? ③ 내가 설날에 하고 싶은 일을 발표한다. - 내가 설날에 하고 싶은 일을 말해 볼까요? - 나와 친구가 말한 것 중에 같은 것이 있나요? - 내가 생각하지 못한 것을 친구가 말한 것이 있었나요? 〈마무리〉 ① 활동을 마친 후 평가한다. - 설날에 하고 싶은 일을 생각해 보고 말해 보았어요. - 나와 다른 친구의 생각을 들어 보니 어땠나요?		
	유 의 점	설날에 하고 싶은 일을 생각하며 말해 본다.		
	확장활동	설날에 하고 싶은 일을 극 놀이로 표현한다.		
12:30~13:30 손씻기/ 점심 및 이닦기		활 동 명 : (일상생활) 설날에 무엇을 할 것인지 이야기 나누며 식사해요 활동목표(내용범주) : 1. 바른 태도로 급식을 즐거운 마음으로 먹는다. (신체운동 · 건강〉 건강하게 생활하기〉 바른 식생활하기) 2. 급식을 먹으며 설날에 무엇을 할지 이야기 나눈다. (의사소통〉 말하기〉 상황에 맞게 바른 태도로 말하기)		

	활동방법 : 1. 순서를 지키며 준비된 급식판을 가지고 자리에 앉는다. - 서두르지 말고 천천히 자리에 앉도록 해요! 2. 감사노래를 하고 나서 음식을 골고루 먹는다. - 선생님 맛있게 드세요 친구들아 맛있게 먹자 잘 먹겠습니다- - ○○는 뭐가 제일 맛있니? - 채소가 먹기 싫으면 한 입만 더 먹어 볼까? 3. 교사, 친구와 설날에 무엇을 할 것인지에 대해 이야기하며 먹는다. - 친구들은 설날에 무엇을 하고 싶나요? - ○○는 윷놀이가 하고 싶구나. 선생님도 가족들과 윷놀이 하는거 참 좋아해요! - △△는 가족들과 영화를 보고 싶었구나. 무슨 영화를 보고 싶나요?			
13:30~14:00 대 · 소그룹 활동	활 동 명	게임/사회관계증진 : 팽이 시합	유아가 만든 팽이, 소고	
	활동목표 (내용범주)	① 팽이의 움직임에 관심을 가진다. (자연탐구>탐구하는 태도 기르기>호기심을 유지하고 확장하기) ② 친구와 협력하여 팽이 시합에 참여한다. (사회관계>다른 사람과 더불어 생활하기>친구와 사이좋게 지내기)		
	창의인성 관련			
	사전준비	① 두꺼운 도화지를 지름 10cm 정도의 원으로 자르고, 크레파스로 색칠하여 다양한 문양을 만든다. ② 원 가운데를 송곳으로 뚫어 끝이 둥근 모양의 막대를 통과시켜 팽이를 만든다. ③ 모든 유아가 팽이를 만든다.		
	활동방법	〈도입〉 ① 팽이치기하는 모습을 떠올려 본다. - 팽이치기를 해 본 적이 있나요? - 어떤 모습으로 팽이치기를 하였나요? 〈전개〉 ① 팽이 시합하는 방법을 알아본다. - 어떤 방법으로 팽이 시합을 하면 좋을까요? - 팽이에 있는 막대를 잡고 손으로 돌리며 놓아요. - 두 명의 친구 중에 누구의 팽이가 더 오랫동안 돌아가는지 게임을 해 볼까요? **〈게임방법〉** 1) 두 명의 유아가 자기 팽이를 가지고 나온다. 2) 교사가 소고를 치면 팽이의 막대 윗부분을 잡고 돌린다. 3) 더 오랫동안 돌린 유아가 이긴다. ② 친구와 팽이 시합을 해 본다. ③ 팀을 나누어 팀별 게임으로 해본다. - 이번에는 팀을 나누어서 게임을 해 볼까요? - 팽이가 어떻게 돌아가나요? - 어떻게 돌렸을 때 팽이가 오래 돌아가나요? 〈마무리〉		

<table>
<tr><td></td><td></td><td>① 활동을 마친 후 평가한다.
- 팽이 시합을 해 보았어요.
- 어떤 점이 재미있었나요? / 어떤 점이 아쉬웠나요?
- 다음에는 팽이를 어떻게 돌려 보고 싶나요?</td><td></td><td></td></tr>
<tr><td></td><td>유 의 점</td><td>넓은 공간을 마련하여 팽이 시합을 안전하게 진행한다.</td><td></td><td></td></tr>
<tr><td></td><td>확장활동</td><td>팽이처럼 몸을 움직여보는 활동을 한다.</td><td></td><td></td></tr>
<tr><td>14:00~15:00
낮잠 및 휴식</td><td colspan="2">활 동 명 : (일상생활) 음악을 들으며 잠들어요.
활동목표(내용범주) :
편안한 환경에서 낮잠 자거나 휴식을 취한다.
(신체운동 · 건강〉 건강하게 생활하기〉 건강한 일상생활하기)
활동방법 :
1. 개별이불을 깔고 이불에 눕는다.
- 사물함에서 이불을 가져와서 낮잠 잘 준비를 해 봐요~
- 이불을 가져온 친구는 조용히 이불에 누워 봐요~
2. 조용한 음악을 들려주고 편안한 환경을 조성한다.
- 이제'예수, 인간 소망의 기쁨'음악을 들려줄 거에요.
- 눈을 감고 어떤 노래인지 상상해 보아요.</td><td></td><td></td></tr>
<tr><td>15:00~15:10
정리 정돈</td><td colspan="2"></td><td></td><td></td></tr>
<tr><td>15:10~15:30
실외활동</td><td colspan="2">(실외활동) 연날리기
(대체활동) 엉덩이 씨름</td><td></td><td></td></tr>
<tr><td>15:30~16:00
손씻기 및 오후 간식</td><td colspan="2">활 동 명 : (일상생활) 설날음식에 대해 이야기하며 간식을 먹어요.
활동목표 :
활동방법 :</td><td></td><td></td></tr>
<tr><td rowspan="5">16:00~16:20
신체</td><td>활 동 명</td><td>신체 및 게임 : 윷 나와라</td><td rowspan="5">윷 실물, 윷판, 윷 옷 4개, 두 가지 종류의 말 목걸이 4개</td><td rowspan="5"></td></tr>
<tr><td>활동목표
(내용범주)</td><td>① 우리나라 전통놀이인 윷놀이 방법을 안다.
(사회관계〉 사회에 관심 갖기〉 우리나라에 관심 갖고 이해하기)
② 몸을 조절하여 움직이며 몸으로 하는 윷놀이를 즐긴다.
(신체운동,건강〉 신체활동에 참여하기〉 자발적으로 신체활동에 참여하기)
③ 친구들과 함께 윷놀이하며 즐거움을 느낀다.
(사회관계〉 다른 사람과 더불어 생활하기〉 친구와 사이좋게 지내기)</td></tr>
<tr><td>창의인성
관련</td><td></td></tr>
<tr><td>사전준비</td><td>① 유아용 조끼 등판에 윷 모양을 붙여 윷 옷을 4개 만든다.
② 바닥에 동그라미 발판을 윷판 모양으로 배치하여 큰 윷판을 만든다.</td></tr>
<tr><td>활동방법</td><td>〈도입〉
① 윷을 제시하며 윷놀이를 소개한다.
이것은 무엇일까요?
이것을 본 적이 있나요?
언제 윷놀이를 해 보았나요?

〈전개〉
① 윷놀이의 유래에 대해 이야기 나눈다.
윷놀이는 어떻게 생겨났을까요?
② 윷놀이하는 방법을 설명한다.
윷을 누가 먼저 던져 볼까요?</td></tr>
</table>

		세 개가 뒤집혔네요. 이것은 세 칸을 가라는 '걸'이에요. 1) 윷이 될 유아 4명을 정하고 윷 옷을 입는다. 2) 다 함께 "윷 나와라"라고 외치면 윷이 된 유아들은 하늘을 보고 눕거나 엎드려 눕는다. 3) 무엇이 나왔는지 확인하고 말 목걸이를 한 유아가 움직인다. ③ 몸으로 하는 윷놀이를 알아본다. – 오늘은 이 작은 윷이 아니라 우리가 직접 윷이 되어 볼거에요. – 윷이 된 친구는 윷 옷을 입고 선생님이 하나 둘 셋을 외치면 엎드리거나 하늘을 보고 누우면 돼요. 개가 나오면 몇 칸을 움직일 수 있을까요? 그럼 ○○팀의 말 목걸이를 한 친구가 두 칸을 움직이면 돼요. ④ 몸으로 하는 윷놀이를 해 본다. 〈마무리〉 ① 활동을 마친 후 평가한다. – 내가 윷이 되어서 윷놀이를 해 보았어요. – 어떤 점이 재미있었나요? / 어떤 점이 아쉬웠나요? – 다음에는 윷으로 무엇을 해 보고 싶나요?		
	유 의 점	윷판 바닥에 반드시 미끄럼 방지 조각을 붙여 안전사고를 예방한다.		
	확장활동	게임이 익숙해지면 다른 팀의 말을 접거나 두 개의 말을 업어서 말을 갈 수 있는 규칙을 정해 윷놀이를 해 본다.		
16:20~18:00 실내자유 선택활동	• 오전에 계획된 자유선택활동을 하거나 연계 및 확장활동을 한다.		각 영역별 교구	

영역	활동명	실행여부	영역	활동명	실행여부
언어	(듣기/말하기/읽기/쓰기) 새해 덕담 녹음하기		음률	(동작) 장구춤과 소고춤	
언어	(듣기/말하기/읽기/쓰기) '한 살 더 먹으니' 동시짓기		미술	복주머니 접기	
수·조작	설날 퍼즐		미술	새해 덕담 POP	
수·조작	새뱃돈을 모아요.		역할	세배놀이	
과학	세계 여러 나라의 설날 조사하기		쌓기	한복가게 구성하기	

18:00~19:30 일과평가 및 귀가	• 오늘의 일과를 회상하며 평가하고, 원에서 지내는 동안의 기분을 이야기 나눈다. • 자유롭게 놀이하다가 보호자가 오는 대로 귀가한다.	
하루평가		
전달사항		

4. 일과운영의 구성

1) 등원

영유아의 등원은 하루의 시작이며, 그 순간부터 보육이 시작된다. 영유아가 보호자와 함께 등원하는 개별적인 등원일 경우, 보호자에게 영유아의 건강상태 또는 전날 있었던 일에 대해 간단히 전달받는다. 유아가 혼자 등원할 경우에는 부모통신수첩을 통해 투약 및 전달사항을 확인한다.

영아들은 등원 전의 수유 또는 배변에 대한 체크가 필요하며, 등원해서 같은 반 영아들이 오기 전까지는 조용히 쉴 수 있도록 돕는다.

유아들은 겉옷이나 개인 소지품을 유아가 직접 개인사물함에 정리하도록 하며, 책읽기나 수 · 조작영역 등과 같이 조용한 영역에서 휴식 또는 놀이를 할 수 있도록 돕는다.

[사진 8-1] 영아반-등원

[사진 8-2] 유아반-등원

2) 자유선택활동

실내 자유선택활동 시간은 교사가 구성한 흥미 영역에서 자유롭게 놀이하는 시간으로 영유아가 어린이집에 도착해서 가장 기대하는 시간이다. 이 시간에는 영유아의 발달수준과 흥미, 개인차가 관찰될 수 있으며, 교사와 영유아가 신체적 · 언어적 상호작용을 가장 많이 할 수 있는 시간이다. 학기 초에 영역별 교구 배치는 적응차원에서 최소의 영역으로 구성해서 영역별 활동에 대한 숙지가 되면 점차 다양한 영역별 활동을 경험하도록 구성한다. 영역구성은 연령과 개인차를 고려하여 구성한다.

- **0세반 영역 구성** : 신체 영역, 언어 영역, 감각 · 탐색 영역
- **1세반 영역 구성** : 신체 영역, 언어 영역, 감각 · 탐색 영역, 역할 및 쌓기놀이 영역
- **2세반 영역 구성** : 신체 영역, 언어 영역, 감각 · 탐색 영역, 미술 영역, 음률 영역, 역할 및 쌓기놀이 영역
- **유아반 영역 구성** : 언어 영역, 미술 영역, 음률 영역, 수 · 조작 영역, 과학 영역, 역할놀이 영역, 쌓기놀이 영역

[사진 8-3] 영아반-탐색놀이

[사진 8-4] 유아반-역할놀이

3) 정리정돈하기

정리정돈 시간은 진행하던 활동을 마무리하고, 다음에 진행될 활동을 준비하는 시간으로 영유아의 자율성 및 주도성을 기르며, 분류개념 및 성취감을 경험할 수 있는 시간이다.

이를 위해서는 영유아 스스로 정리할 수 있는 환경으로 구성하는 것이 중요하다.

교사는 자유선택활동(자유놀이) 시간이 끝나기 5분 전에 정리 신호를 하여, 유아들이 자신이 놀이하던 교구를 제자리에 정리할 수 있도록 한다. 영아들의 경우에는 교사의 도움을 받아서 정리하도록 한다.

[사진 8-5] 영아반-정리하기

[사진 8-6] 유아반-정리하기

4) 화장실 다녀오기 및 손씻기

화장실을 다녀오는 시간은 규칙적으로 배변훈련을 해야 되는 영아들 뿐 아니라 유아들도 화장실에서의 바른 사용법과 신변처리에 대한 습관이 자연스럽게 형성되는 시간이다. 유아들의 경우 놀이에 몰입하여 생리적 욕구를 억제하고 놀이하다가 실수를 하는 경우가 종종 있기 때문에 규칙적으로 화장실에 다녀오도록 해야 한다. 영아들의 경우 기저귀를 사용하는 시기 동안에 불쾌감을 느끼지 않도록 규칙적으로 살펴보는 것이 중요하다.

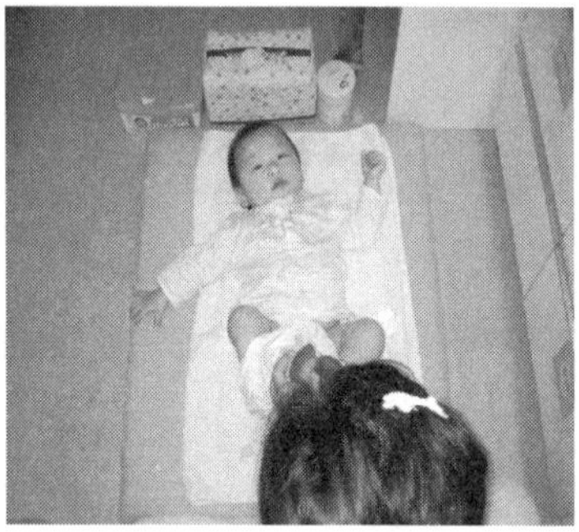

[사진 8-7] 영아반-기저귀 갈기

[사진 8-8] 유아반-화장실 다녀오기

영유아가 화장실을 다녀온 후에는 반드시 비누로 손을 씻도록 하여 자신의 몸 관리를 위한 가장 기본적인 생활습관이 형성되도록 한다. 영아들은 교사의 도움을 받아 씻도록 한다.

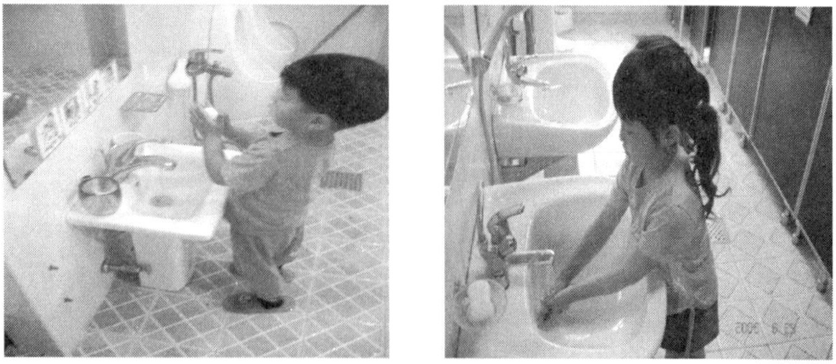

[사진 8-9] 유아반-손씻기

5) 대 · 소집단 활동

대집단 활동 시간에는 한 반의 영아 또는 유아가 교사와 함께 생활주제와 관련하여 교사가 계획한 활동을 경험하게 된다. 이를 통해 주의집중과 집단활동에 참여하는 태도를 기르며, 다른 사람과의 관계경험 및 의사소통 기술을 자연스럽게 배울 수 있다.

영아들의 경우에 신체활동, 미술활동 등의 표현활동과 동화 듣기, 노래 배우기 등의 활동이 소집단으로 진행될 수 있다. 유아들의 경우 사회관계, 의사소통, 신체운동, 예술경험, 자연탐구, 기본생활 영역에 해당되는 이야기 나누기, 동화 듣기, 새노래 배우기, 신체표현, 게임, 실험 및 관찰, 동극, 음악감상, 평가 등의 다양한 활동이 대 · 소집단으로 진행된다.

[사진 8-10] 영아반-대근육활동

[사진 8-11] 유아반-대집단활동

6) 낮잠 및 휴식

영유아의 건강한 신체발달을 위해 규칙적으로 낮잠 시간을 갖는다. 특히 활동량이 많은 유아들의 경우 심신의 안정을 느낄 수 있도록 적어도 1시간 가량은 잠을 자도록 해야 하며, 5세반의 경우 30분이라도 누워서 음악을 듣고 쉴 수 있도록 해야 한다. 낮잠과 휴식 시간을 위해서는 아늑하고 편안한 분위기를 조성해야 한다.

영아들의 경우 등원시간을 포함하여 3회 가량 잘 수 있으며, 수면 시간의 개인차가 고려되어야 한다. 낮잠 자는 시간 못지않게 낮잠을 깨는 시간도 중요하다. 즉 낮잠을 깨고 나서도 교사와 다정하게 언어 · 비언어적인 접촉을 하는 것이 필요하다.

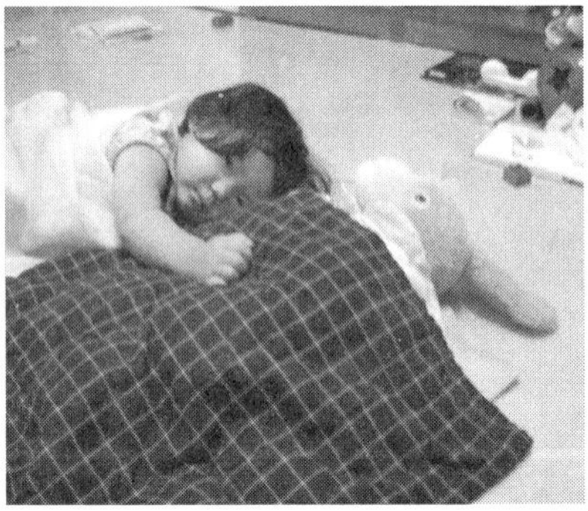

[사진 8-12] 영아반-낮잠자기

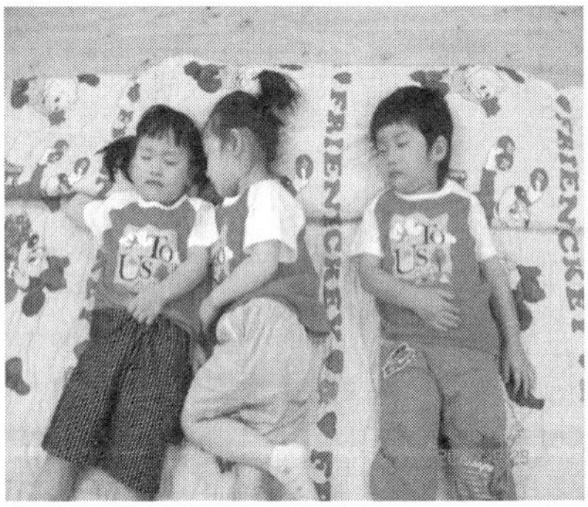

[사진 8-13] 유아반-낮잠자기

유아들의 경우 낮잠 또는 휴식을 하고 난 후에는 누울 때 사용했던 침구류를 스스로 정리하도록 지도한다. 또한 유아 스스로 세수하도록 하며, 교사는 머리 빗기나 로션 바르기 등을 직접해 주면서 정서적 안정을 도울 수 있도록 한다.

7) 간식(수유) 및 점심식사

영아들의 경우 돌 전에는 약 3~4회에 걸쳐 수유를 하게 되며, 점차 이유를 하게 된다. 수유와 이유 시에는 영아의 개인차(기호, 시간, 양 등)를 고려하여 제공해야 한다.

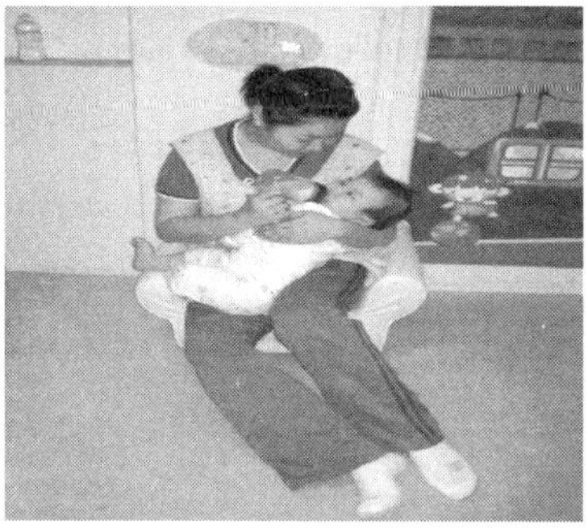

[사진 8-14] 영아반-수유

[사진 8-15] 유아반-손씻기

간식과 점심을 먹는 영유아들은 음식섭취에 대한 즐거운 경험과 식사예절 및 바른 식습관을 형성하게 된다. 또한 다른 사람이 음식을 받을 때까지 기다리는 것을 배우며, 먹은 후에는 자신의 식기를 정리할 줄 아는 습관을 익히게 된다. 유아들의 경우, 친구들에게 직접 간식을 나눠 주거나 식사시간의 배식에 참여하는 경험을 제공할 수 있다.

[사진 8-16] 유아반-점심준비

8) 이닦기

이닦기는 이가 나기 시작해서 성인이 거즈로 닦아 줘야 하는 시기부터 혼자서 칫솔질을 하는 유아기까지를 포함하여 진행한다. 영아반의 경우에는 24개월경부터 칫솔질을 꼼꼼히 할 수 있도록 교사가 지도하며, 유아반의 경우에는 식사 후에 혼자 세면대에 서서 거울을 보며 이를 닦도록 지도한다. 이닦기를 규칙적으로 하는 습관이 형성되도록 일과계획에 꼭 포함시킨다.

[사진 8-17] 영아반-이닦기

[사진 8-18] 유아반-이닦기

9) 실외놀이

더운 날, 추운 날, 바람 부는 날, 비오는 날 등 다양한 날씨 및 계절의 변화를 경험할 수 있도록 실외놀이를 하루에 한 번은 꼭 계획한다. 또한 놀이기구 사용 및 모래놀이시의 안전사고에 대비하여 안전 및 자기조절을 배울 수 있도록 계획한다.

유모차를 타는 영아는 물론이고, 걸음마기 영아는 정교사와 보조교사의 도움을 받아 5명 이내로 산책의 경험을 반복하며, 영아기 후반에는 모래놀이, 놀이기구 사용 등과 같은 실외놀이를 할 수 있어야 한다.

유아반의 경우 실외놀이터에서 놀이기구 사용뿐 아니라 다양한 게임, 물·모래놀이를 경험할 수 있도록 한다.

[사진 8-19 영아반-실외놀이

[사진 8-20] 유아반-실외놀이

10) 평가 및 귀가지도

평가 및 귀가지도 시간에는 하루일과를 회상하고 가정통신문 또는 통신수첩(부모 전달)을 배부한다.

영아반의 경우 다음 날 반갑게 만날 것을 약속하며, 인사노래를 부른다. 또한 교사와 함께 개인 소지품을 챙기며 귀가 준비를 한다.

유아반의 경우 평가는 모든 활동이 끝날 때마다 이루어질 수 있으며, 하루일과를 마치고 귀가하기 전에 함께 모여서 그 날의 활동을 회상해 보는 시간을 갖는다. 또한 귀가시 안전이나 다음 날 계획된 활동에 대해서 간단히 이야기 나눈 후, 유아들 스스로 개인 소지품을 챙기며 귀가 준비를 하도록 한다.

생각하기

어린이는 다르게 생각해야 한다. 그렇지 않으면 커서 바보가 될 것이며, 법에 관한 일을 하지 못할 것이다.

법에 생각하는 것이 금지되어 있지는 않다. 어린이는 자기 나름대로 생각할 수 있다. 그러나 언제나 복종해야 한다.

Thinking

Children have to think differently. If not, when they're big they become silly and don't do the things of the law.

In the law it's not forbidden to think. Children can think in their own way, but they always have to obey.

출처 : 서영숙 역(2002 : 49). Reggio Children 저. 어린이의 권리(A journey into the rights of children). 다음세대

제 9 장

어린이집 협력체계

보육의 목적은 영유아의 건강한 발달을 도모하기 위한 질 높은 경험을 제공하여 궁극적으로는 아동복지 및 가족복지를 증진하는 데 있다. 어린이집과 가족의 협력은 가족, 특히 부모의 발달과 성장, 가족의 기능을 강화하도록 하기 위해 필요로 한다. 어린이집이 가족 및 지역사회와 협력하여 영유아를 보호하고 교육을 제공하면, 영유아는 어린이집에서 보다 안정감을 느끼고 어린이집과 보육교사를 더욱 신뢰하게 된다. 어린이집은 지역사회에 개방적이 되고 부모와 원활한 의사소통을 이루며 부모 간 교류 및 부모교육의 기회를 제공한다. 그리고 어린이집 주변의 환경과 자원을 적극 활용하여 영유아가 지역사회에서 잘 적응할 수 있도록 가정 및 지역사회기관과의 협력과 다양한 교류를 형성한다.

1. 어린이집과 가족의 협력

어린이집과 가정이 보육과 양육에 연속성이 있을 때, 영유아는 안정감을 느끼고, 부모는 어린이집과 보육교사에 대한 신뢰도가 높아진다. 가정과 어린이집은 보호와 교육의 공통점과 차이점을 이해하고 상호 존중함으로써 영유아가 안정적으로 생활할 수 있도록 해 주어야 한다. 어린이집에서는 기관을 개방하고 부모가 영유아의 생활에 대한 의견을 상호 교환할 수 있어야 하며, 부모간 교류, 부모교육 및 참여의 기회를 제공할 수 있어야 한다. 어린이집에서 가족과 협력을 위한 방안으로는 신입원아 부모 오리엔테이션을 비롯하여 부모면담, 부모참여, 어린이집운영위원회 등의 방안이 있다.

1) 신입원아 부모 오리엔테이션

부모 오리엔테이션은 부모의 이해를 돕기 위해 기관의 보육철학 및 보육과정의 내용에 대해 설명하고, 신입원아의 초기 적응을 돕기 위해 어린이집과 가정에서 서로의 의견을 나누는 과정이다. 이를 통해 어린이집은 새로 들어오는 원아에 대한 이해를 넓힐 수 있으며, 신입원아 부모는 기관에 대한 구체적인 정보를 안내받고 도움을 받음으로써 영유아의 조기 적응 및 생활에 도움을 줄 수 있다.

어린이집에 대한 이해를 돕기 위해 제작된 기관운영 안내책자는 어린이집의 설립 목적, 연혁, 보육철학과 프로그램 목표, 보육내용, 적응 프로그램, 하루의 일과, 간식 및 점심식단, 운영방침과 규칙(등·하원 절차, 안전 지침), 건강 및 안전대책, 부모교육 프로그램, 주요 행사, 교직원 소개 등의 내용이 포함되어 있다.

다음은 A어린이집에서 부모에게 신입원아 적응을 위해 도움을 요청한 안내문의 예이다(서울특별시, 2005).

점검해 보세요

※ 신입원아 적응지도 방법 ※

영유아가 부모들과 떨어져 낯설고 생소한 상황에 혼자 놓여지게 되는 경험은 힘든 불안감을 갖도록 합니다. 부모님을 떠나려고 할 때 아이는 울고 뒹구는 등 자기가 할 수 있는 가능한 방법으로 불안을 표현하게 됩니다. 이는 영유아로서 당연한 행동이므로 부모님과 교사가 협력하여 영유아의 초기 적응을 돕는 과정이 필요합니다. 낯선 상황과 사람에 대한 적응 속도는 각 영유아마다 다르기 때문에 내 아이와 다른 아이를 비교하시 말아 주세요.

① 첫날부터 하루 종일 낯선 곳에 머무는 것은 어렵습니다. 영유아의 상황에 따라 보육시간을 점차 늘려야 좋습니다. 첫째 날은 30분~1시간, 둘째 날은 1시간~1시간 30분이 적당합니다. 어떤 영유아는 1~2주일이 지나야 어린이집 일과에 적응합니다. 조금만 기다려 주세요.
② 엄마는 함께 천천히 긴장을 풀면서 어린이집에 대해 흥미를 가져 주세요.
③ 등하원시 꼭 영유아에게 인사를 해 주세요. 도망치듯 영유아 몰래 가지 마세요.
④ 영유아가 가끔 화난 척하거나 무관심해 보여도 상심하지 마세요.
⑤ 집으로 돌아가면서, 또는 집에 가서 둘만의 오붓한 시간이나 스킨십을 나눌 수 있는 특별한 시간을 보내세요. 함께 목욕을 하거나 무릎에 앉히고 그림책을 읽어 주세요. 영유아를 안은 채 느린 음악에 맞추어 춤을 추는 것도 좋겠지요.
⑥ 담임교사를 비롯한 모든 선생님께 자녀와 함께 인사를 해 주세요. 부모와 함께 선생님들의 얼굴을 익혀 나가면서 영유아는 어린이집과 선생님이 자신에게 도움이 되는 존재라는 것을 차츰차츰 믿게 됩니다.
⑦ 영유아가 좋아하는 인형이나 가족 사진 등을 보내 주세요. 낯선 곳에서 생활하는 영유아에게 친근한 나의 가족의 사진이 곁에 있는 것으로도 위안이 됩니다.

출처: 서울특별시, 2005 : 42~43.

2) 부모면담

어린이집에서는 영유아의 적응, 일상생활 내용, 발달 정도 등에 대해 부모와 최소 연 2회의 개별면담을 실시한다. 면담을 위해 교사는 관찰기록, 영유아의 활동결과물이나 일정기간 동안 이루어진 작품들, 신체측정 결과, 건강검진 결과 등을 준비하여 부모와 면담을 하고 영유아를 위한 지도방법 등에 대해서도 상담을 한다.

3) 부모교육

어린이집에서는 부모교육을 통해 올바른 부모역할을 할 수 있도록 관련 지식과 다양한 정보를 제공한다. 이를 통해 부모와 보다 협력적인 관계를 유지할 수 있다. 부모교육 활동으로 예를 들면, 오리엔테이션, 강연회, 토론회, 워크숍, 가족행사, 부모통신, 교육상담, 홈페이지를 통한 정보 제공 등의 부모교육 프로그램 계획을 들 수 있다.

또한 부모교육 활동은 부모나 영유아, 어린이집의 특성에 따라 여러 가지 유형을 선택하고 관련 분야의 전문가를 초빙하여 프로그램을 실시한다. 부모교육 활동의 주제로는 영유아의 성장과 발달, 발달단계에 따른 부모-자녀관계, 의사소통, 영유아를 위한 놀잇감 등의 프로그램을 계획한다.

부모교육을 계획할 때에는 부모들의 의견을 수렴하여 반영한다. 부모교육의 주제는 부모들이 관심을 가지고 있는 주제를 선정하며, 부모교육 계획시에는 부모참석이 가능한 시간을 조사하여 조정한다.

4) 부모참여 및 부모간 교류

어린이집에서는 부모들이 자녀양육의 어려움과 영유아 활동이나 발달에 대하여 다른 부모들과 서로 의견을 나누고 정보를 교류할 수 있도록 다양한 기회를 마련하고 지원하여야 한다. 부모간 교류기회를 제공할 수 있는 활동의 예로는 학급별, 또는 소집단 부모간담회, 신입원아의 부모에게 같은 지역 재원 부모 연결, 영유아의 등하원시 자동차 함께 타기, 부모와 영유아가 함께하는 도서관 견학, 지역사회 또는 어린이집 자원봉사활동 함께하기 등이 있다.

[사진 9-1] 부모회의

5) 어린이집운영위원회

어린이집운영위원회는 영유아보육법 제25조 제1항의 규정 및 동법 시행령 제26조, 제27조에 의거하며 설치 · 운영한다. 어린이집운영위원회 구성과 활동은 국 · 공립, 법인, 법인 외 40인 이상 어린이집은 의무사항이다.

어린이집운영위원회의 설치 목적은 어린이집 운영의 자율성과 투명성을 높이고 지역사회와의 연계를 강화하여 지역 실정과 특성에 맞는 보육을 실시할 수 있도록 하기 위함이다. 어린이집운영위원회는 당해 어린이집의 원장, 보육교사 대표, 학부모 대표 및 지역사회 인사, 직장어린이집의 경우 당해 직장의 어린이집 업무 담당자를 포함한 5인 이상 10인 이내로 구성한다. 운영위원회 구성시에 다른 위원보다 지역사회 인사를 적게 구성할 수 있다. 운영위원회 위원장은 어린이집 직원이 아닌 위원 중에서 선출한다.

어린이집운영위원회의 기능은 첫째, 어린이집 운영 규정 제 개정에 관한 사항, 어린이집의 예산 및 결산(보고 사항), 둘째, 영유아의 건강 · 영양 및 안전에 관한 사항, 셋째 보육시간 · 보육과정의 운영방법 등 어린이집의 운영에 관한 사항, 그 밖의 어린이집 운영에 대한 제안 및 건의 사항에 대하여 심의한다.

2. 어린이집과 지역사회의 협력

어린이집은 지역사회기관과 다양한 교류를 통해 영유아가 주변 세계에 대해 잘 적응할 수 있도록 도와주어야 한다. 뿐만 아니라 지역사회의 다양한 인적, 물적 자원들을 적극 활용함으로써 어린이집 내 발생하는 문제에 대해 전문적인 지원체제를 구축할 수 있다.

보육프로그램의 활동 내용은 주로 영유아의 실생활 및 주변 환경과 밀접한 관계가 있는 것이어야 하므로 영유아가 가정 및 어린이집 외에 지역사회 환경에 대해 보다 친밀하게 이해할 수 있도록 지역사회기관과의 협조관계를 유지하고 지역사회 자원을 활용한 프로그램과 활동 기회를 제공한다.

어린이집에서 활용할 수 있는 지역사회의 협력 유형으로는 지역사회 자원, 지역사회기관, 지역사회 자원봉사 등이 있다.

1) 지역사회 자원 활용

지역사회의 자원은 영유아에게 다양한 교육적인 경험과 다양한 직업과 성인 모델을 접하게 한다. 예를 들어, 노인정과 연계하여 노인과 함께하는 활동을 계획한다든지, 인근 병원의 의사나 간호사가 어린이집을 방문하여 영유아의 건강을 위한 활동을 한다. 지역사회 도서관, 쇼핑몰, 관공서, 소방서, 어린이 교통공원, 사회복지관, 재래시장, 은행 등의 기관과 연계하여 아동에게 필요한 서비스를 연결해 준다. 지역사회 자원의 활용은 영아의 경우 발달적인 특성에 따라 횟수를 제한할 수 있다. 지역사회 자원 중 부모의 자원을 활용시에는 학기 초, 오리엔테이션 진행시 부모자원 활용을 위한 설문지를 통해 부모 자원을 확보하고 부모 자원을 활용한다.

2) 지역사회기관 활용

지역사회에 있는 기관이나 시설의 활용을 통해 지속적인 협력적인 관계를 유지한다. 지역사회기관 활용을 위한 방안을 살펴보면 다음과 같다.

첫째, 견학이나 현장 학습을 위해 공공건물이나 시설을 활용한다. 이를 통해 다양한 지역사회기관, 시설과의 형식적 · 비형식적인 관계를 유지한다.

둘째, 지역사회와의 소통을 위해 어린이집을 개방한다. 보육관련 단체 및 개인의 요청에 따라 어린이집 참관을 허용한다. 참관과 견학을 통해 어린이집의 이해를 높인다.

셋째, 공공기관과 연계하여 영유아에게 필요한 서비스를 연결해 준다.

어린이집에서 견학은 근처 지역사회기관이나 시설, 공원 등을 산책하기 등으로 계획하는 것이 좋다. 교사는 사전에 견학 장소를 방문해서 장애물이 있는지 살펴보고, 어느 정도 시간이 걸리는지, 화장실은 있는지, 걷기에 좋지 않은 바닥이 있는지를 먼저 파악한다. 교사는 사전에 부모로부터 견학에 관한 동의서를 받아야 한다. 장소는 현재 활동하고 있는 생활주제나 활동주제에 맞는 적합한 대상지를 선정한다. 지역사회 안에 있는 시설일수록 대형마트, 세탁소, 서점, 꽃집, 악기가게, 도서관, 소방서, 박물관 등을 이용 가능한지의 여부를 확인한다.

다른 기관에서도 많이 견학하는 유명한 놀이시설이나 박물관 등은 아동들이 이용 가능한 날짜, 비용, 위치, 걸리는 시간, 안내자 유무 등을 꼼꼼히 확인하고 부모 자원봉사자의 도움을 받도록 한다. 장소가 결정되면, 4주 전부터 계획을 하여 실행하도록 한다.

다음은 지역사회기관을 이용한 견학 활동지도에 관한 내용이다(여성가족부, 2005).

지역사회 견학 실행을 위한 지침

1 실시 4주 전
① 장소, 날짜 선정 및 방문하고자 하는 교육목표 설정
② 협조공문 발송(공공기관의 경우 : 소방서, 경찰서)
③ 전화상으로 기초적 자료 수집(이용가능 여부/비용/준비물 등)

2 실시 3주 전
① 답사 후 소요 비용 산출, 구체적으로 이용할 기관 위치 및 특성 조사 (교사용 답사 체크리스트 준비, 사진 촬영)
② 체크리스트 내용으로 사전 준비상황 파악
③ 차량 예약을 할 경우 상황을 파악하고 1차 가정통신문 발송(참가여부 확인)

3 실시 2주 전
① 사진 자료를 준비하여 유아들과 이야기 나누기를 통해 장소에 대한 사전 지식을 전달하고, 견학시 주의사항을 유아들과 토론함
② 역할분담－교사들은 현장 학습 전에 각자 준비물을 마련함
③ 활동자료나 활동지가 필요하면 제작함

4 실시 1주 전
① 최종 확정된 가정통신문 배부(가정 협조사항 전달)
② 실시 2일 전에 교사들은 역할 분담을 확인(이름표, 구급약품 등), 비상연락망(부모연락처, 응급구조대 전화번호) 준비, 활동 진행 내용이나 순서 확인(최종 점검)

5 실시 후
교사들은 자체평가를 하고 유아들은 사후 확장활동을 하며 다녀온 것을 개별적으로 의미 있게 평가할 수 있도록 하고, 무료 이용 가능한 관공서나 기관일 경우 유아들이 만든 감사편지를 보내거나 직접 유아가 만든 간단한 선물을 준비하여 전달함

3) 자원봉사활동

자원봉사활동은 영유아가 지역사회 주민들과 접촉함으로써 영유아들의 대인 경험을 풍부하게 한다. 지역주민과 주변학교 학생들의 자발적인 참여를 통해 영유아들과의 대인관계가 긍정적으로 유지되도록 도와준다.

자원봉사활동을 활용하기 위해서는 육아종합지원센터, 자원봉사센터 등의 외부기관과 긴밀한 협력관계를 통해 필요한 자원봉사자를 모집하거나 지원을 받는다. 어린이집에서 자원봉사의 의미를 인지하고 체험할 기회를 제공한다.

제 10 장

보육과정 평가

보육에서의 평가는 어린이집의 질적인 개선을 위해 필수적인 작업이며, 영유아의 전인적인 성장과 발달을 위한 실증적이고 과학적인 자료와 정보를 수집하는 작업으로서 의미가 크다. 어린이집의 양적인 확충에 급급한 나머지 어린이집의 질적인 수준 점검과 관리에는 상대적으로 많은 관심을 기울이지 못했으나, 최근에는 보건복지부에서 어린이집의 질적인 개선을 위해 보육평가 인증제도의 실시나 이를 위한 어린이집의 선정과 같은 일련의 조치와 계획을 통해 향후 보육의 질적인 변화에 기대하게 되었다.

어린이집의 평가인증제도는 보육서비스에 대한 긍정적인 인식변화에 고무적이라 할 수 있다. 보육전문가들에 의해 개발된 평가지표는 2005년에 시범적으로 실시되어 2006년부터 본격적으로 확대 실시되고 있다. 어린이집 교사가 숙지해야 할 평가인증제도의 중요성과 지표내용을 살펴보고 변경된 지표기준 및 운영체계를 소개하였다.

1. 보육평가

1) 보육평가의 개념과 필요성

보육과정에서 평가는 보육활동이나 프로그램이 어느 정도 실현되었는지, 그 효율성은 어느 정도인지, 영유아 발달에 균형있게 구성되었는지, 보육과정을 수행하기 위한 보육환경과 교수방법의 수준이 영유아에게 적절했는지 등을 알아보는 과정이다.

보육현장에서 평가의 필요성을 살펴보면 다음과 같다(임재택, 1995).

첫째, 영유아 보육의 평가는 영유아에게 점수나 등급을 매겨 우수한 유아와 열등한 유아를 구분하여 선발하는 것이 아니라 영유아 개개인의 전인적 성장과 발달을 도와주는데 그 필요성이 강조되어야 한다.

둘째, 영유아 보육의 목표가 제대로 성취되었는지의 여부를 밝혀 아동보육활동의 전반적인 과정을 개선하기 위해서는 실행되고 있는 보육과정에 대한 평가가 필수적이다. 특히 영유아 보육활동이 전개된 후 설정된 목표에 실제로 어느 정도 도달하였는지, 만약 제대로 달성되지 않았다면 그 요인은 무엇이며, 어떻게 수정 · 보완해야 할 것인가에 대한 합리적 근거는 평가를 통해 찾을 수 있으므로 평가과정이 필요하다.

셋째, 어린이집에 자녀를 보내고 싶어하는 부모들은 자신들의 투자와 노력에 대한 효과를 알고 싶어한다. 어린이집에서는 보육의 효과에 대한 실증적이고 과학적인 증거를 수집, 정리하여 그 결과를 부모에게 알려줄 정보제공이 필요에 따라 평가가 요청이 된다.

2) 보육평가의 영역

보육평가는 보육교사가 보육과정 계획부터 보육활동 실행에 이르기까지의 전과정을 평가하는 근거가 되기 때문에 평가영역, 평가방법, 평가자료의 활용 등에 대해 준거가 이루어져야 한다. 일반적으로 보육평가의 영역에는 아동평가, 교사평가, 부모평가, 환경평가, 보육과정 평가 등이 있다. 각 평가 영역들은 보육과정 평가를 중심으로 아동평가, 교사평가, 학부모평가, 환경평가, 각 평가 영역들간에 서로 상호관계를 가지며, 보육과정 평가와 역동적인 관계체제를 갖는다. 보육평가는 보육과정 평가를 중심으로 한 총체적인 평가이며, 보육프로그램이나 교수 · 학습방법과 직접적인 관계가 있다는 점에서 핵심평가 영역으로 볼 수 있다(백혜리 외, 2007 : 108~112 재인용).

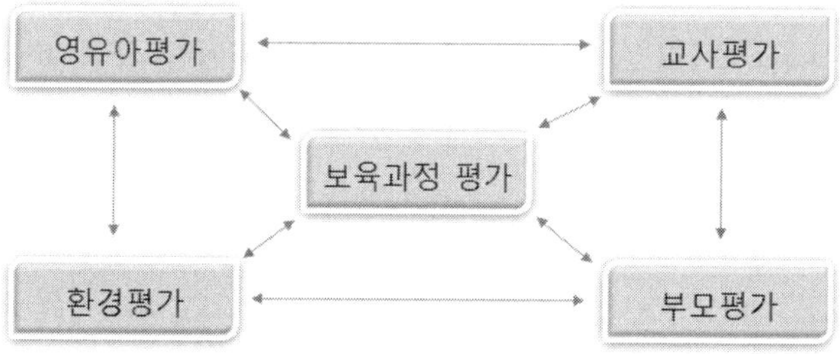

[그림 10-1] 보육평가 영역

(1) 보육과정 평가

보육과정 평가는 영유아의 요구 및 발달에 적합한 보육활동을 계획하고 학습과 발달 증진을 위한 교수 · 학습방법 및 자료를 활용했으며, 학부모와 효율적인 상담을 진행했는지 등을 평가한다.

(2) 영유아평가

영유아평가는 보육활동이나 보육프로그램이 영유아의 인지나 행동변화에 어느 정도 영향을 미쳤는지, 목표성취도와 발달성취도를 평가한다. 이 평가자료는 영유아의 발달수준과 요구에 따라 보육내용을 결정하는 데 유용하게 활용될 수 있다. 교사는 영유아 개개인의 특성에 맞게 평가해야 한다. 평가목적에 적절한 평가도구를 선택하여 정기적으로 실시하며, 평가자료는 영유아의 발달수준을 이해하기 위한 보조자료임을 명심해야 한다.

(3) 교사평가

교사평가는 교사의 보육계획 및 보육활동, 교사의 교수 · 학습방법이나 교구 · 교재 선정 및 활용, 교사의 영유아와의 상호작용 및 행동, 영유아의 욕구에 대한 교사의 반응 등을 평가한다. 교사평가는 일반적으로 영유아의 성취도 평가로 나타나지만 학부모의 조사, 교사 자기평가 등으로도 이루어질 수 있으며, 평가자료는 보육과정 및 프로그램의 적절성 및 효율성을 판단하는 근거로 활용된다.

(4) 부모평가

부모평가는 부모의 보육에 대한 이해 정도, 자녀의 보육활동에 대한 참여 정도, 자녀의 심리 및 발달에 대한 이해 정도, 가정과 어린이집과의 연계성을 위한 노력 정도 등을 평가한다. 교사는 부모가 생활 속에서 영유아의 성장과 발달에 도움이 되는 바른 역할을 할 수 있도록 기회를 제공하고 수시로 부모평가를 실시하도록 한다.

(5) 환경평가

환경평가는 영유아의 성장과 발달에 영향을 미치는 교실의 물리적 · 심리적 환경 등을 평가한다. 교실 환경평가는 실내 흥미 영역의 평가와 실외 흥미 영역의 평가로 볼 수 있다. 영유아 시기는 어느 발달 시기보다도 학습환경의 영향을 직접적으로 받게 되는 시기이기 때문에 교실환경의 평가는 매우 중요하다.

2. 보육과정 평가

1) 보육과정 평가의 기준

보육과정 평가는 보육과정을 계획하고, 실제에서 운영해 보고, 그 운영의 결과를 확인해 보는 일련의 과정이다. 따라서 보육과정 평가는 보육과정의 구성요소인 보육목표, 보육내용, 교수·학습 과정, 보육평가 등을 말하며 이러한 일련의 평가과정을 통하여 보육과정 구성의 각 요소들이 지속적으로 상호 밀접한 관계를 가지며 발전하게 된다. [그림 10-2]는 보육과정의 4가지 구성요소에 대한 순환과정을 나타낸 것이다. 이때 각 보육과정 구성요소들의 평가기준에 따른 구체적인 평가내용의 예시를 〈표 10-1〉에 제시하였다.

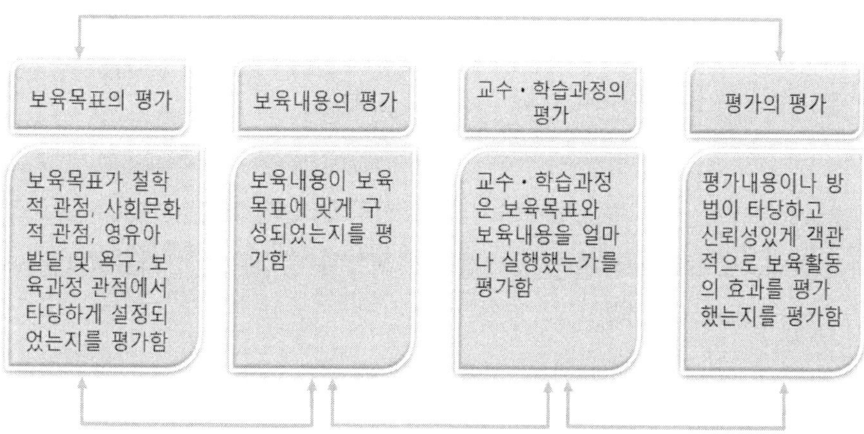

[그림 10-2] 보육과정 구성요소의 개념 모형

보육과정 평가는 보육프로그램의 질과 효과에 대한 평가를 말한다. 즉 보육과정 평가는 보육활동이나 보육프로그램이 얼마나 적절하게, 보육환경을 통해 어느 정도 실현되고 달성되었는지를 판단하는 과정이다.

표 10-1 보육과정 평가기준 내용

평가 항목	내 용
보육목표	· 보육목표는 영유아의 전인적 발달에 적절하게 설정되었는가? · 보육목표는 구체적으로 세분화가 적절히 이루어졌는가?
보육내용	· 보육내용은 보육목표와 일관성을 유지하였는가? · 보육내용은 세부목표를 달성하도록 균형있게 계획되었는가? · 보육내용은 통합성과 연속성이 있게 조직되었는가?
교수 · 학습과정	· 보육활동의 목표는 타당하게 진술되었는가? · 보육활동은 동적인 활동과 정적인 활동, 실내활동과 실외활동, 개별활동과 대 · 소집단활동 등으로 균형있게 이루어졌는가? · 보육활동 중에서 영유아와 교사, 영유아와 영유아, 영유아와 교구의 상호작용이 이루어졌는가? · 보육활동이 영유아의 주도하에 다양한 방법으로 이루어졌는가?
보육평가	· 평가자료는 어떻게 수집되었는가? · 평가과정 및 결과는 타당성 및 객관성이 있는가? · 평가결과는 보육과정의 수립에 어떻게 반영되고 있는가?

2) 보육과정 평가의 기능

보육현장에서 보육과정 평가의 기능은 시각에 따라 여러 가지로 나누어질 수 있으나, 보육활동에 관한 의사결정의 기능을 중심으로 살펴보면 다음과 같다(오성삼 · 구병두, 1996).

(1) 보육목표와 달성도를 파악한다.

평가의 주된 기능은 일정한 보육목표를 정해 놓고 그 목표 달성을 위해 여러 가지 보육활동을 전개해서 얻어진 보육의 성과를 평가하는 데 있다. 즉 보육목표의 달성도에 대한 증거와 정보를 수집하는 데 일차적 기능이 있다.

(2) 보육활동의 개선 방안을 모색한다.

보육과정 평가는 영유아 개개인의 전인적인 성장과 발달을 이해하고 도와주는데 있으므로 영유아보육의 목표가 얼마나 성취되었는가의 여부를 밝혀 보육활동의 전반적인 과정을 개선하기 위해 평가가 필요로 한다. 또 영유아 개개인의 개인차에 따른 학업성취의 결과를 분석하고 이 결과를 토대로 후속 학습을 계획하여 보육활동의 개선 방안을 모색하는 기능도 있다.

(3) 영유아 이해를 위한 기초 자료를 수집한다.

보육과정 평가는 영유아의 생활지도와 학습지도에 있어 기초가 되는 자료를 제공해 준다. 지능검사, 발달선별검사, 학습준비도검사, 사회성숙도검사, 성격검사, 가정환경검사 등의 각종 검사나 관찰을 통해 일반아와 특수아의 판별이나 지진아 및 정신지체아를 조기에 발견하게 되고, 일반 영유아의 성장과 발달 이해 및 효율적인 영유아 행동지도를 위한 기초 자료를 수집하여 영유아를 보다 잘 이해할 수 있다.

(4) 부모에게 필요한 이해자료를 제공한다.

부모들은 자녀들이 어린이집에 보낸 후 자신의 자녀에 대한 보육 성과에 대해 알고 싶어한다. 따라서 각 영유아에 대한 평가 결과를 부모에게 통보하여, 부모는 자녀에 대한 이해를 높이고 가정에서도 자녀의 능력에 맞는 지도를 실시함으로써 보육효과를 증진시킬 수 있다.

(5) 보육교사의 교수법을 개선한다.

보육교사의 교수법은 과제의 특성이나 영유아의 수준에 따라 적절히 강구되어야 하는데, 장기간 교사직을 수행하다 보면, 자신의 틀에 맞는 교수법으로 고정해 버리는 경우가 많다. 그러나 객관적이고 타당한 보육평가의 결과를 통해 보육교사의 교수법을 개선하게 되는 반성적 자료로 활용할 수 있다.

(6) 보육활동에 대한 효과를 파악한다.

보육의 질적인 개선을 위해서 현재 실시되는 각종 보육프로그램이 본래 의도했던 목표를 달성했는지에 대한 과정평가가 이루어진다. 이는 최근 관심을 끌고 있는 프로그램에 대한 평가로서 여기에는 교직원의 자질과 배치, 어린이집 환경 및 운영에 대한 전반적인 평가가 포함된다.

3. 어린이집 평가인증제도

1) 어린이집 평가인증의 필요성 및 목적

(1) 어린이집 평가인증의 필요성

어린이집 평가인증제도란 보육서비스의 질적 수준을 높이는 것을 목적으로 보육전문가들에 의해 개발된 좋은 보육의 질을 나타내는 평가인증지표와 지침에 근거하여 어린이집이 자율적이든 타율적이든 보육서비스의 질적 수준을 평가해 보고 수준을 향상시키고자 노력하는 과정이다.

어린이집 평가인증의 필요성과 목적에 대한 이해를 위해 보육과 유아교육의 질 제고에 성공한 미국과 호주의 평가인증제도 도입사례(평가인증사무국, 2008 : 6~7)를 간단히 소개하면 다음과 같다.

미국의 경우, 민간단체인 전미국 유아교육협의회(NAEYC : National Association for Education of Young Children)에서 1980년대에 모형을 개발하여 1986년부터 실행하고 있으며 1997년, 1998년에 이어 2002년에도 계속적인 연구를 바탕으로 평가인증지표의 수정을 통하여 제도를 더욱 발전시켜 나가고 있다. 미국 평가인증제도의 효과에 관한 많은 연구 결과에서 미국의 평가인증제도 실시가 실제로 보육 및 유아교육기관의 질을 향상시키는 데 많은 기여를 하였음을 보고하였다(Howes & Galinsky, 1996; Whitebook, 1996). 순수한 차원에서 시행되었던 평가인증제도의 성공은 평가인증제도에 관한 정부차원의 관심을 고조시켰으며, 그 결과 지난 5년에서 7년간 지방 정부나 주 정부는 어린이집이 평가인증제도의 참여를 원할 경우 그를 위해 재정을 지원하고 있다(Goffin, 2002).

호주의 경우, 평가인증제도의 운영을 국가에서 지원하고 정부가 직접 영향력을 행사하지만, 정부와 독립적으로 운영되는 보육인증사무국(NCAC : National Childcare Accreditation Council)이 중심이 되어 기관어린이집과 가정어린이집에 대한 평가인증제도를 시행하고 있다. 호주의 기관중심 보육에 대한 평가인증제도(QIAS : Quality Improvement and Accreditation System)는 1993년 시행되기 시작하였으며 미국 NAEYC의 평가인증제도를 기반으로 이루어졌다. 이 제도는 정부의 강력한 지원을 받으면서 성공적으로 실행되고 있는 것으로 평가되고 있다.

이러한 사례를 볼 때, 우리나라에서 실시하고 있는 평가인증제도 역시 성공적으로 보육의 질적인 향상을 가져올 것으로 기대하게 된다. 또한 보육수요자의 입장, 어린이집 원장 및 교사의 입장에서 볼 때 그 필요성은 부각되어 왔다고 볼 수 있다. 따라서 어린이집 평가인증제도는 2년 여에 걸쳐 개발, 준비되어 왔으며 2005년 시범운영 실시에 이어 2006년부터 제도의 본격적인 도입으로 확대 실시되고 있다.

현재까지 전국의 많은 어린이집이 평가인증을 받았으며 평가인증이 영유아기 자녀를 둔 부모들이 어린이집 선택을 위한 정보제공이라는 관점에서도 중요한 역할을 하기 때문에 이에 대해 긍정적인 인식의 변화를 가져오고 있다고 볼 수 있다. 또한 어린이집 원장 및 교사의 경우 평가인증의 과정을 통해 직장인으로서의 단합, 성취, 자부심 등을 느낄 수 있는 계기를 제공한다고 볼 수 있다.

(2) 어린이집 평가인증의 목적

어린이집 평가인증의 도입 목적은 어린이집의 서비스 수준 향상, 어린이집 원장과 보육교사의 전문성 향상, 부모에게 보육서비스의 질적 수준에 대한 정보를 제공하여 합리적 어린이집 선택, 영유아들이 안전한 보육환경에서 건강하게 성장하도록 지원하는 것을 목적으로 실시되었다. 즉 어린이집 평가인증은 다음과 같은 목적을 가진다(평가인증사무국, 2008 : 4).

첫째, 안전한 보육환경에서 영유아가 건강하게 양육될 권리를 보장할 수 있도록 보육서비스의 질적 수준을 향상시킨다.

둘째, 어린이집이 보육서비스의 질적 수준을 높이고자 준비하고 노력하는 과정을 통해 어린이집 원장과 보육교사의 전문성이 증진되도록 한다.

셋째, 부모들이 합리적으로 어린이집을 선택할 수 있도록 보육서비스의 질적 수준에 대한 정보를 제공한다.

넷째, 보육정책 수립의 주체인 정부가 보육현장을 효율적으로 지원하고 관리하는 체계를 확립한다.

2) 영역별 평가인증지표

평가인증지표란 '보육의 질'을 결정하는 구체적인 기준으로 개정 영유아보육법의 주요 내용을 포함하여 영유아의 연령, 특성 등을 고려하여 구성되었다.

어린이집 평가인증지표는 시설 규모 및 유형에 따라 3종으로 구성되어 있다.

2005년 시범운영을 통해 제기된 문제점에 대한 학계 및 현장 전문가의 자문과 어린이집 평가인증 공청회를 거쳐 수정 · 보완하여 평가인증지표는 시설 규모 및 유형별 4종에서 3종으로 조정되었다. 즉 21인 이상, 21인 미만, 영아전담, 장애아전담 어린이집에서 2006년에는 21인 이상, 21인 미만, 장애아전담 어린이집 평가인증지표로 수정되었다.

어린이집 평가인증 활성화를 위하여 2008 평가인증지표 기준 및 운영체계부터는 어린이집 평가인증지표가 어린이집 규모와 유형에 따라 3종으로 조정되었다. 즉 40인 이상 어린이집 경우 7개 영역 80항목, 39인 이하 어린이집의 경우 5개 영역 60항목, 장애아전담 어린이집 경우 7개 영역 85 항목으로 변경되었다. 2012년 평가인증지표 및 운영체계부터는 일부영역과 문항 수가 다시 조정되어 40인 이상 어린이집의 경우 6개 영역 70항목, 39인 이하 경우 5개 영역 55항목, 장애아전담은 6개 영역 75문항으로 문항 수가 조정되어 운영되었다. 최근 2014년 11월부터는 공동지표를 개발하여 6개 영역 50개 지표로 지표수를 감축하여 운영하고 있다. 평가인증 3차 지표의 운영체계를 살펴보면 다음과 같다.

(1) 영역 1. 보육환경

보육환경은 영유아 학습 및 행동습관 형성에 중요한 영향을 미친다. 어린 시기일수록 환경의 영향이 크고 영유아가 어린이집에 장기간 생활하고 있으므로 어린이집의 환경은 매우 중요하다. 영유아를 위한 어린이집의 실내 · 외 환경은 가정과 같이 편안하고 쾌적하며, 영유아의 일상생활이나 놀이를 적극 격려하도록 계획되고 구성되어야 한다. 예를 들면, 영유아가 쉬고 싶을 때나 혼자 놀이를 하고 싶을 때 시간이나 장소, 공간을 마련해 주어야 한다. 한편 영유아는 구체적인 사물을 스스로 보고, 만지고, 느끼며, 놀이를 통해 새로운 지식을 습득한다. 따라서 이들의 흥미나 연령에 적합한 교재 · 교구를 다양하게 마련해 주고, 영유아의 수에 따라 적절하게 제공해 주어야 한다.

보육환경 평가는 영유아의 일상생활 및 보육활동에 필요한 시설과 설비 등 물리적 환경을 의미하며 영유아, 보육교직원 및 부모를 위한 환경 모두를 포함한다. 이 영역은 총 8개 지표로 구성된다.

- *1-1* 보육실은 영유아의 자율적 선택과 능동적 참여를 촉진하는 흥미 영역으로 구성되어 있다.
- *1-2* 실내 공간(보육실 외)은 영유아와 보호자가 편리하게 사용할 수 있도록 조성되어 있다.
- *1-3* 옥외놀이터는 자연을 느끼며 다양한 놀이를 할 수 있도록 조성되어 있다.
- *1-4* 각 반의 크기와 인원은 원활한 운영이 이루어지도록 적절하게 구성되어 있다.
- *1-5* 실내외 설비와 가구는 영유아가 편리하게 사용하도록 마련되어 있다.
- *1-6* 어린이집의 보육활동 자료는 영역별로 다양하고 충분하게 구비되어 관리된다.
- *1-7* 각 반의 놀잇감과 활동자료는 영유아의 발달수준과 흥미를 반영하고 있다.
- *1-8* 보육교사를 위한 공간, 가구, 비품은 쉽게 이용할 수 있도록 마련되어 있다.

(2) 영역 2. 건강

영유아기는 급속한 성장 · 발달이 이루어지는 시기이므로 균형 있는 영양을 필요로 하며, 면역력이 약해 질병에 취약한 시기이다. 영유아에게 청결하고 위생적인 환경을 마련해 주고, 양질의 식사와 간식을 제공하는 것은 영유아의 건강을 유지하기 위해 매우 중요하다. 어린이집 실내공간의 위생과 청결은 어릴 때부터 위생적인 생활습관을 기르는 데도 큰 역할을 할 수 있다. 보육교사는 집단생활에서 예상되는 전염성 질환에 대한 예방대책을 마련하고, 몸이 아픈 영유아에게 적절한 조치를 취해 주어야 한다. 그리고 어린이집에서는 양질의 식품으로 다양하게 조리된 식단을 계획하여 제공함으로써 영유아의 성장을 도와주어야 한다.

건강평가 영역에서는 청결하고 위생적인 환경 구성, 양질의 식사와 간식 제공을 통해 영유아의 성장과 발달 지원 등에 초점을 둔다. 이 영역은 총 8개 지표로 구성된다.

2-1 보육실은 청결하고 쾌적하게 관리된다.
2-2 실내외 공간(보육실 외)은 청결하고 쾌적하게 관리된다.
2-3 보육교사와 영유아는 손씻기 등 위생습관을 실천한다.
2-4 보육교사는 영유아가 아픈지 살펴보고 적절하게 지원한다.
2-5 영유아와 보육교직원의 건강증진을 위한 예방관리와 교육이 이루어진다.
2-6 식자재의 구입 · 보관 및 조리공간은 청결하고 위생적으로 관리된다.
2-7 조리 및 배식과정은 청결하고 위생적으로 관리된다.
2-8 급간식의 내용과 양은 영유아의 영양균형과 건강증진에 도움이 된다.

(3) 영역 3. 안전

어린이집에 영유아를 맡기는 부모나 보호자가 가장 우선적으로 바라는 것은 영유아가 안전하게 보호되는 것이다. 사고나 위험으로부터 영유아를 보호할 수 있는 안전한 보육환경은 영유아로 하여금 보육활동에 마음 놓고 참여하도록 하여 건강한 신체와 심리적인 안정감을 발달시킬 수 있도록 도와준다.

어린이집 원장과 보육교사는 어린이집에서 생활하는 영유아의 안전을 책임지고 있다. 따라서 영유아의 안전을 위해 필요한 시설의 설치는 물론, 관련 설비의 사용 수칙을 잘 알고 있어야 한다. 어린이집의 안전관리 수칙은 문서로 준비하여 세심하게 관리할 필요가 있다. 이렇게 문서화시켜 놓음으로써 평상시 교직원들이 안전사고 예방수칙을 숙지하여 수행할 수 있고, 사고가 발생하였을 때에도 미리 수립되어 있는 대처 요령에 따라 당황하지 않고 효율적으로 행동할 수 있다.

어린이집의 안전관리는 시설과 장비 등에 국한되지 않는다. 보육 일과 전반에 걸쳐 영유아의 안전한 보호에 세심한 주의를 기울어야 한다. 영유아는 항상 성인의 보호 아래 있어야 하며, 등원 및 귀가 시간의 안전, 영유아 인계과정에서의 보호자 신원 확인 등 영유아 안전에 만전을 기해야 한다.

안전평가 영역에서는 어린이집 실내외 시설 및 설비를 안전하게 설치, 관리하고 비상시 대처능력을 키움으로써 어린이집의 하루 일과에 위험이 생기거나 사고가 날 염려가 없는 상태 유지를 포함한다. 이 영역은 총 8개 지표로 구성된다.

3-1 보육실은 영유아의 안전을 위해 위험요인 없이 관리된다.
3-2 실내외 공간(보육실 외)은 영유아의 안전을 위해 위험요인 없이 관리된다.
3-3 실내외 놀잇감이 안전하고, 위험한 물건은 영유아의 손에 닿지 않도록 보관한다.
3-4 영유아는 등원부터 하원까지 성인의 보호 하에 있다.
3-5 어린이집에서 차량을 운행할 경우, 안전요건을 갖추어 관리한다.
3-6 어린이집은 비상사태에 대비할 수 있는 시설 · 설비와 인력이 있다.
3-7 영유아는 비상사태에 대비하여 대피훈련과 다양한 안전교육을 받는다.
3-8 보육교직원은 다친 영유아를 지침에 따라 처치하고, 영유아를 학대로부터 보호한다.

(4) 영역 4. 보육과정 운영

어린이집에서 보육과정을 통해 영유아의 건강하고 조화로운 성장과 발달을 이룰 수 있도록 적합한 보호와 교육을 제공한다. 즉 보육교사가 영유아의 신체발달, 사회 · 정서발달, 언어 · 인지발달 등이 적절한 시기에 고르게 이루어질 수 있도록 이에 적합한 경험을 제공하고 상호작용하는 것이 보육과정의 내용이라고 할 수 있다.

보육과정은 영유아 발달에 적합한 경험 및 학습을 촉진할 수 있는 다양한 활동으로 계획되고 통합적으로 운영되어야 한다. 영유아기는 발달이 급속히 이루어지는 시기이므로 개인 간 발달차가 크고, 개별 영유아 내에서도 발달영역 간의 차이가 날 수 있다. 따라서 보육과정은 반드시 영유아 발달특성과 개별적 차이를 함께 고려해야 한다. 즉 보육교사는 영유아의 발달특성과 흥미,

기질을 최대한 반영함으로써 이들의 개별적 욕구가 충족될 수 있도록 보육과정을 계획하고 운영해야 한다. 특히 영아와 만 3세 유아는 한 가지 활동에 오래 집중할 수 없기 때문에 대집단 활동보다는 개별 또는 소집단 활동이 주로 이루어지는 것이 바람직하다. 또한 만 4, 5세 유아들은 스스로 보육활동을 선택하여 자유롭게 참여할 수 있도록 격려되어야 하며, 보육교사는 활동을 융통성 있게 운영해야 한다.

보육교사는 보육과정을 통해 영유아의 기본생활습관과 사회성 발달을 이루고, 대 · 소근육, 언어, 음률, 미술, 수 · 과학 활동과 역할놀이 및 쌓기놀이를 균형 있게 경험하도록 한다. 또한 영유아의 보육활동을 계획할 때는 기본적으로 일상적 양육활동과 다양한 교육활동을 균형 있게 경험하도록 하며, 영유아의 특성을 고려하여 흥미롭고 친숙한 활동과 새로운 활동을 적절히 안배하는 것이 바람직하다. 이외에 보육과정에서는 실내외 활동 뿐만 아니라 어린이집이 속한 주변 이웃의 일상생활 관련 활동이 포함되도록 하며, 정기적인 보육과정 평가를 통해 그 결과를 운영에 반영할 필요가 있다.

보육과정 운영평가 영역에서는 영유아의 전인적 성장 · 발달을 위해 영유아가 경험할 보육의 목표와 내용을 계획하고, 계획된 내용을 바탕으로 통합적이고 융통적으로 일과를 운영하며, 이러한 운영이 바람직하게 진행되었는가에 대한 평가를 포함한다. 이 영역은 총 8개 지표로 구성된다.

- ***4-1*** 어린이집은 연령에 적합한 보육과정을 계획하여, 이를 운영한다.
- ***4-2*** 어린이집은 영유아의 흥미를 반영하여 보육과정을 통합적으로 운영한다.
- ***4-3*** 보육교사는 일과를 균형 있게 계획하고 융통적으로 운영한다.
- ***4-4*** 보육교사는 영유아의 일상생활이 편안하게 이루어지도록 일과를 운영한다.
- ***4-5*** 보육교사는 여러 영역에서 다양한 놀이와 보육활동이 이루어지도록 운영한다.
- ***4-6*** 보육교사는 영유아의 개별 활동과 놀이에서 동기유발 및 주도적 참여가 지속될 수 있도록 지도한다.
- ***4-7*** 보육교사는 대 · 소집단 활동을 연령에 적합하게 운영한다.
- ***4-8*** 보육교사는 보육과정 및 영유아에 대해 주기적으로 평가한다.

(5) 영역 5. 보육활동과 상호작용

어린이집의 교사는 영유아의 일상적 양육과 상호작용을 통해 영유아의 개별적 차이를 이해하게 되며, 영유아에게 발달적으로 적합한 경험을 제공할 수 있다. 이러한 경험은 영유아가 교사 또는 다른 또래와 긍정적인 관계를 형성하고 대인관계 기술을 습득하는 데 기초가 된다. 또한 적절한 보육교사의 행동과 태도는 영유아의 자존감을 향상시키고, 평등하다는 느낌을 갖게 하며, 또래들과 서로 긍정적인 상호작용을 할 수 있는 능력을 길러 준다.

보육활동과 상호작용에서의 평가는 보육활동과 상호작용이 우수한 환경에서 영유아의 지식, 기술, 태도 등이 최적으로 형성된다는 점을 평가하고, 표준보육과정에 기초한 다양한 보육활동과 놀이 경험 제공, 일과 전반에서의 교사의 상호작용 평가를 포함한다. 보육교사와 영유아 간의 관계형성에 기초가 되는 일상적인 양육에서의 개별화, 교사의 수용적이고 반응적인 태도, 그리고 긍정적인 방법을 사용한 행동지도에 중점을 둔다. 이 영역은 총 10개 지표로 구성된다.

5-1 영유아는 대 · 소근육 발달을 위해 연령에 적합한 신체활동에 참여한다.
5-2 영유아는 연령에 적합한 다양한 언어활동에 참여한다.
5-3 영유아는 연령에 적합하게 자신과 가족, 주변 사회에 관심을 갖는 경험을 한다.
5-4 영유아는 일상에서 예술을 자연스럽게 경험하고 표현할 기회가 있다.
5-5 영유아는 친숙한 주변 환경에서 자발적인 자연탐구활동을 경험한다.
5-6 영유아는 발달수준과 흥미에 적합하게 역할 및 쌓기놀이를 충분히 한다.
5-7 보육교사는 영유아와 신뢰로운 관계를 형성한다.
5-8 보육교사는 개별 또는 집단으로 영유아와 바람직한 언어적 상호작용을 한다.
5-9 보육교사는 영유아들간의 긍정적인 상호작용이 활발히 이루어지도록 격려한다.
5-10 보육교사는 영유아의 어려움과 문제 상황을 파악하고 이를 적절히 지도한다.

(6) 영역 6. 운영관리

어린이집의 운영관리는 어린이집의 철학이 반영되며, 어린이집 원장의 역할이 큰 비중을 차지한다. 질적인 수준이 높은 어린이집이 되기 위해서는 바람직한 운영관리 체계를 갖추고 어린이집의 전문성을 신장시키기 위한 노력이 필요하다. 어린이집의 운영관리 측면에서는 교직원 간 업무분장과 의사소통을 원활히 할 수 있는 체제를 갖추고, 합리적이고 투명한 재정관리와 원아관리를 위한 문서화, 그리고 어린이집의 교사 대 영유아의 비율준수 등이 중요한 평가요소이다.

보육인력 전문성과 합리적인 근무환경은 보육교사가 자신 업무에 최선을 다할 수 있도록 지지해 주는 중요한 요인이 되며, 보육과정을 통하여 영유아 발달에 긍정적인 영향을 미친다. 보육인력의 전문성을 증진하기 위해서는 어린이집 원장은 충분한 재교육과정을 마련하고, 보육교사를 지원하는 시설과 참고 자료 등을 마련하고, 경력교사의 비율을 높이도록 노력해야 한다. 따라서 이 영역에서 평가는 기관의 운영관리 측면과 보육인력 전문성 증진에 중점을 둔다.

어린이집과 가정의 보육방식에 연속성이 있을 때, 영유아는 안정감을 느끼고 부모는 기관과 보육교사를 더욱 신뢰하게 된다. 가정과 어린이집은 영유아의 양육과 교육에서의 공통점과 차이점을 이해하고 상호 존중함으로써 영유아가 안정적으로 생활할 수 있도록 해 주어야 한다. 어린이집에서는 시설을 개방하고, 부모와 영유아의 생활에 대한 의견을 상호 교환할 수 있어야 하며, 부모 간 교류, 부모교육 및 참여 기회를 제공할 수 있어야 한다. 한편 어린이집에서는 지역사회기관과의 다양한 교류를 통해 영유아가 자신의 주변 환경에 대해 더욱 잘 이해하고 적응할 수 있도록 도와주어야 한다. 뿐만 아니라 지역사회의 다양한 물적, 인적 자원을 적극 활용함으로써 어린이집 내 발생하는 문제에 대해 보다 전문적인 지원체계를 구축할 수 있다.

운영관리 평가 영역에서는 운영방침 수립부터 원아관리, 재정관리, 사무관리, 보육교직원 인사관리, 가족지원 등 어린이집 운영 관련 업무에 대한 효율적인 관리 방안을 포함한다. 이 영역은 총 8개 지표로 구성된다.

6-1 어린이집은 질 높고 투명한 운영방침을 수립하여 이를 실행한다.
6-2 원장은 협력적 조직문화 조성을 위한 리더십을 갖추고 있다.
6-3 어린이집은 보육교직원의 적절한 처우와 복지 향상을 위해 노력하고 있다.
6-4 어린이집은 개별 보육교직원의 전문성 향상을 위해 노력하고 있다.
6-5 어린이집은 영유아의 초기 적응을 지원하고 개별 원아의 기록을 관리한다.
6-6 어린이집과 가정 간 의사소통이 원활하게 이루어진다.
6-7 어린이집은 가족을 지원하고 참여 기회를 다양하게 제공한다.
6-8 어린이집은 지역사회와 활발하게 교류한다.

참고 문헌

교육과학기술부(2013. 2). 3-5세 연령별 누리과정 해설서. 교육과학기술부 · 보건복지부.

강문희(2002). **21세기 유아교육**. 서울 : 학지사.

강문희 · 신현옥 · 정옥환 · 정정옥(2004). **아동발달**. 경기 : 교문사.

경기도보육정보센터(2006). 2006 조력전문위원 워크샵. 경기도보육정보센터.

공인숙 · 한미현 · 김영주(2005). **보육학개론**. 파주 : 교육과학사.

김능근(1975). **중국철학사**. 서울 : 탐구당.

김명희 · 이경희 역(1998). Gardner, H.(1993). *Multiple intelligences : The theory in practice*. **다중지능의 이론과 실제**. 파주 : 양서원.

김신영 · 김혜리 · 정미라(1997). **교사를 위한 유아관찰지침서**. 한국어린이육영회.

김연진 · 한성심 · 서지영 · 김현자(2012). **보육학개론**. 서울 : 태영출판사.

김영모 · 장영인 · 김진이 · 백선희(1998). **아동 보육욕구와 보육프로그램 평가**. 한국복지정책연구소 출판부.

김옥련 · 임영서(1995). **유아교육과정론**. 파주 : 교육과학사.

김은희(1998). 교수-학습이론의 최근 동향과 레지오 에밀리아 접근법에 비추어 본 유아교육의 변화방향 탐색. **유아교육연구**, 18(1).

김종서(1984). **교육연구법 및 설계**. 한국방송통신대학교.

김현자(2003). **보육프로그램**(좋은 환경). http://children.seoul.go.kr/

김현자(2004). 다중지능이론 관련 학위논문의 경향분석. **아동복지연구**, 2(1). 1-17, 대한아동복지학회.

김현자(2005). **보육프로그램**(좋은 환경). 서울시 보육정보센터.

김현자 · 한성심(2012). **영유아교수방법론**(개정판). 서울 : 태영출판사.

김희진 · 박은혜 · 이지현(2000). **유아교육기관에서의 관찰**. 서울 : 창지사.

문미옥 · 이혜상.(1995). **바른 부모교육 프로그램**. 서울 : 서원.

박선해 · 정현숙(2006). **보육과정**. 서울 : 형설출판사.

박혜리 · 노은호 · 황성원 · 조미환 · 박종옥 · 이순영 · 곽혜경 · 최효영(2007). **보육과정**. 서울 : 창지사.

보건복지부(2012. 2.). 제2차 표준보육과정 개정 고시(제2012-28호).

보건복지부(2013. 1). 제3차 어린이집 표준보육과정 고시(제2013-8호).

서문희 · 박지혜 · 최진원(2005). **보육교사 자격증 발급기준**. 한국보건사회연구원.

서영숙 역(2002). Reggio Children 저. **어린이들이 본 어린이의 권리**. 서울 : 다음세대.

서영숙 · 김경혜(2006). **보육학개론**. 파주 : 양서원.

서영숙 · 서지영(2002). **레지오 에밀리아 접근법**.-다양성과 협력의 가치- 서울 : 학지사.

서울특별시(2005). **영아보육프로그램**.

서울특별시(2005). **유아보육프로그램**.

서울특별시(2005). **장애 영 · 유아보육프로그램**.

성영혜 · 김현자(2005). **영아보육과 치료놀이 프로그램**. 서울 : 형설출판사.

양승희 · 공병호 · 유지연 · 조현정(2007). **보육과정**. 서울 : 동문사.

여성가족부 육아정책개발센터(2006). 보육시설 평가인증 지침서(21인 미만 보육시설).

여성가족부 육아정책개발센터(2006). 보육시설 평가인증 지침서(21인 이상 보육시설).

여성가족부 육아정책개발센터(2006). 보육시설 평가인증 지침서(장애아전담보육시설).

여성가족부(2005). **표준보육과정**.

여성가족부(2006). 2006년도 보육사업안내.

오성삼 · 구병두(1996). **교육과정 및 평가의 이해**. 파주 : 양서원.

유희정 · 이미화(2004). **보육교사 근무환경 및 직무실태분석**. 한국여성개발원.

육아정책연구소(2011). 5세누리과정운영지원을 위한 교사연수자료집.

윤기영 · 정현숙 · 류칠선 · 차미자 · 신현주(2001). **유아교육실습지도 지침서**. 파주 : 양서원.

윤선영(2002). **발도로프 유아교육 첫걸음**. 서울 : 동문사.

윤애희 · 김온기 · 박정민 · 곽윤숙 · 주영은 · 박정문 · 정정옥 · 임명희 · 정지영(2003). **보육의 이해와 영 · 유아보육프로그램**. 서울 : 창지사.

윤혜미 · 김혜래 · 신영화(2012). **아동복지론**. 서울 : 청목출판사.

윤희경 · 신혜영 · 임미혜 · 김애옥 · 나은숙 · 이분려 · 장미아(2005). **발달에 적합한 영유아교육과정**. 파주 : 양서원.

윤희경 · 임미혜 · 김애옥 · 이분려 · 장미아 · 고영희(2003). **현장중심 유아교수-학습방법**. 서울 : 창지사.

이경우 · 이은화 편역(1999). Deman-Sparks, L. & A. B. C. Task Force. 반편견교육과정.

서울 : 창지사.
이경희 역(1993). **마음의 틀**. 서울 : 문음사.
이경희 · 이경희(1996). **아동발달과 양육**. 서울 : 형설출판사.
이기숙(2000). **유아교육과정**. 경기 : 교문사.
이기숙(2002). **유아교육개론**. 경기 : 교문사.
이남정 · 양영이 · 김헌자(2006). **영 · 유아 보육의 실제**. 서울 : 형설출판사.
이부미(1999). 공동육아 문화의 교육적 해석. 중앙대학교 대학원 박사학위논문.
이소희(1999). 21세기 보육기관의 운영 : 지식경영적 접근, 광주지역 보육시설장 세미나 자료.
이소희(2002). **아동보육론**. 서울 : 양지.
이소희(2005). **보육실습**. 서울 : 대왕사.
이소희(2005). **보육학개론**. 파주 : 양서원.
이순형 · 이성옥 · 권혜진 · 이소은 · 황혜신 · 이혜승 · 한유진 · 정윤주 · 이영미 · 이옥경 · 성미영 · 권기남 · 김지현(2006). **보육과정**. 서울 : 학지사.
이순형 · 이성옥 · 이완정 · 권혜진 · 황혜신 · 이혜승 · 이영미 · 정윤주 · 성미영 · 권기남(2005). **영유아보육 · 교육 프로그램의 이해**. 서울 : 학지사.
이연섭 · 김영주 · 라정숙 · 임정례 · 전경화 · 한은숙 · 홍은경(2005). **유아교육과정**. 파주 : 교육과학사.
이연숙(1998). **실내환경 심리행태론**. 연세대학교 출판부.
이영석(1996). 영아보육프로그램. 서울시 보육시설연합회 세미나 발표자료.
이영석 · 박재환 · 김경중(1985). **유아교육개론**. 서울 : 형설출판사.
이영석 · 임명희 · 이정화(2003). **현대유아교육과정**. 서울 : 형설출판사.
이은화 · 배소연 · 조부경(1995). **유아교사론**. 파주 : 양서원.
이정환 · 박은혜(1995). **교사들을 위한 유아관찰 워크북**. 한국어린이육영회.
임재택(1995). **현대유아교육과정**. 파주 : 양서원.
임재택(2005). **생태유아교육개론**. 파주 : 양서원.
전국보육교사교육원대학협의회 편(1997). **영유아관찰 및 평가**. 파주 : 양서원.
조추용 · 오정옥 · 한성심 · 이채식(2008). **가족복지론**. 서울 : 창지사.
중앙보육정보센터(2006). **평가인증조력프로그램**. 영역 1~영역 6.
중앙보육정보센터(2012). 표준보육과정.
최미현 · 박명화 · 박성미 · 최양미 · 김애자 · 김정신(2000). **영유아 보육의 이해**. 서울 : 창지사.
평가인증사무국(2012). 2012 보육시설 평가인증 지침서(21인 이상 보육시설). 보건복지부.
하대현(1996). 인간 지능이론과 연구의 최근 동향과 과제. **교육심리연구**, 127~161.

한국보육진흥원(2010). 보육교사 전문성 제고를 위한 표준보육과정의 이해와 적용.

한국보육진흥원(2017). 2017년 어린이집 평가인증(3차지표) 운영체계 안내.

한국여성복지연구회(2005). **가족복지론**. 서울 : 청목출판사.

한성심 · 김현자 · 김유진(2011). 만 5세 누리과정 운영에 대한 보육교사의 인식 및 요구조사. 한국보육교사교육연합회 학술세미나 자료집 87~105.

한성심 · 송주미(2012). **아동복지론**. 서울 : 창지사.

한성심 · 장미경 · 김유진(2005). 0-3세 영유아를 위한 반응적 보육과정의 개념 및 구성요인에 관한 고찰. **아동복지연구**, 3(1). 121-133, 대한아동복지학회.

허정경 · 이정우(2002). 유아교육기관의 반편견 교육에 대한 인식 연구. **열린유아교육연구**, 7(2). 207~221.

홍지연(2002). **영유아교육프로그램**. 서울 : 창지사.

황정규(1998). **교육측정 · 평가의 새지평**. 파주 : 교육과학사.

황해익 · 임재택(1996). **영유아 관찰 및 평가**. 보육교사교육원대학협의회.

Bredekamp, S., & Rosegrant, T.(1995). *Reaching potentials : Transforming early childhood curriculum and assessment*(Vol. 2). Washington, D.C. : NAEYC.

Carlson-Paiget, N. & Levin, D. E.(1990). *Who's calling the shots? : How to respond effectively to children's fascination with war play and war toys*. Philadelphia, PA : New Society Publishers.

Crombach, L. J.(1963). Evaluation for course improvement, Teacher College Record, 64, 672-673.

Debra Ren-Etta Sullivan(2003). **유아교사의 리더십**. 정수경 · 김경철 역(2007). p. 62. 파주 : 정민사.

Goffin, S. G.(2002). Succeeding with Accreditation, 영유아교육기관의 인정제 : 한국 · 일본 · 미국 · 영국 · 호주, 2002년 제10회 국제학술대회 자료집.

Katz, L. G.(1980). Mothering and Teaching-Some Significant Distinctions. In L. Katz(Ed.), *Current Topics in Early Childhood Education*, Ⅲ(pp. 47-64). NJ : Ablex Publishing Corporation.

Katz, L. G.(1993). *Multiple perspectives on the quality of early childhood programs*(ERIC Document Reproduction Service No. ED 355 041).

Katz, L. G. & Cesarone, B.(1995). *Reflections on the Reggio Emilia Approach*. ERIC Document Reproduction Service CBIS Federal, Inc.

Katz, L. G. & Chard, S.(1989). *Engaging children's minds :* The project approch.

Norwood, NJ : AblexI.

Kostelnik, M. J.(1997). Spaces to Learn and Grow : Indoor Environments in Early Childhood Education. 삼성복지재단 제5회 국제학술대회 자료집. 어린이와 환경.

NAEYC(1991). Guideline for appropriate curriculum content and assessment in programs serving children ages 3 through 8. *Young Children*, *30*, 21-67.

Robinson, H. K. & Schwartz, S. L.(1982). *Designing Curriculum for Eatly Childhood.* Boston : Allyn and Bacon. Inc.

Roopnarine. J. & Johnson. J.(1993). Approaches to Early Childhood Education. Second edition. New York : Macmillan Publishing Company.

Spodek, B.(1977). What constitute worthwhile experiences for young children. In B. Spodek(ed.), *Teaching practices : Reexamining assumptions.* Washington, D.C. : National Association for the Education of Young Children, 5~20.

보건복지부 http://www.mw.go.kr

저자 소개

✍ 한성심

숙명여자대학교 대학원 아동복지학과 졸업(박사)
KC대학교 아동복지학과 교수

저서 : 아동복지론(제4판, 2人) 공저, 2012, 창지사)
영유아교수방법(3人 공저, 2015, 태영출판사) 외 다수

✍ 김현자

숙명여자대학교 대학원 아동복지학과 졸업(박사)
두원공과대학교 유아교육과 교수

저서 : 아동권리와 복지(5人 공저, 2016, 어가)
영유아발달(6人 공저, 2017, 태영출판사) 외 다수

✍ 서지영

숙명여자대학교 대학원 아동복지학과 졸업(박사)
동원대학교 아동보육복지과 교수

저서 : 아동미술(5人 공저, 2013, 창지사)
보육학개론(4人공저, 2016) 외 다수

보육과정 -개정2판-

초 판 발 행 2009년 3월 5일
개정2판3쇄 2019년 8월 30일

저 자 한성심 · 김현자 · 서지영
발행인 김현태
발행처 태영출판사

주 소 (08371) 서울시 구로구 디지털로31길 90, 115-1601
전 화 02 · 839-3757, 839-3752
팩 스 02 · 837-3754
등 록 2005년 5월 30일 제12-421호
http://www.taeyeongbook.co.kr
E-mail tys2005@hanmail.net
ISBN 978-89-6302-218-5 93330
정 가 17,000원

HanSS
2019. 8.

* 잘못 만들어진 책은 교환해 드립니다.